古代歷史文化研究輯刊

三 編

王 明 蓀 主編

第 17 冊

從南宋中期反近習政爭看道學型士大夫對
「恢復」態度的轉變（1163～1207）

張 維 玲 著

國家圖書館出版品預行編目資料

從南宋中期反近習政爭看道學型士大夫對「恢復」態度的轉變
（1163～1207）／張維玲 著 — 初版 — 台北縣永和市：花木蘭
文化出版社，2010〔民99〕
序 2+ 目 2+162 面；19×26 公分
（古代歷史文化研究輯刊 三編：第 17 冊）
ISBN：978-986-254-102-9（精裝）
1. 政治鬥爭　2. 中國政治思想　3. 南宋史
625.2　　　　　　　　　　　　　　　　　　　99001280

ISBN - 978-986-2541-02-9

9 789862 541029

古代歷史文化研究輯刊
三　編　第十七冊　　　　　　ISBN：978-986-254-102-9

從南宋中期反近習政爭看道學型士大夫對「恢復」態度的轉變（1163～1207）

作　　　者　張維玲
主　　　編　王明蓀
總 編 輯　杜潔祥
出　　　版　花木蘭文化出版社
發 行 所　花木蘭文化出版社
發 行 人　高小娟
聯絡地址　台北縣永和市中正路五九五號七樓之三
　　　　　　電話：02-2923-1455／傳眞：02-2923-1452
網　　　址　http://www.huamulan.tw 信箱 sut81518@ms59.hinet.net
印　　　刷　普羅文化出版廣告事業
初　　　版　2010 年 3 月
定　　　價　三編 30 冊（精裝）新台幣 46,000 元

從南宋中期反近習政爭看道學型士大夫對「恢復」態度的轉變（1163～1207）

張維玲　著

作者簡介

張維玲，1984 年生，台大歷史系學士班、碩士班畢業，目前就讀台大歷史系博士班，師從梁庚堯老師，研究領域與為宋代，目前以政治史為主要方向。

提　要

　　本文主旨是藉皇權、近習、道學型士大夫、恢復議題四因素的相互作用，架構起南宋中期的歷史進程，以闡述南宋中期的政治特色。道學型士大夫是余英時先生在《朱熹的歷史世界》提出的概念，指該士大夫與道學家有共同的理想或理念「型態」，此即是與朱熹「氣類相近」之處，他們之間存有複雜的交遊網絡；近習則是皇帝身旁、處於內朝的寵臣；「恢復」即指「恢復中原」，是南宋特殊政治環境下的專有指稱。

　　第一章以事件為軸，並分析參與者的身分，說明在隆興元年至乾道六年，不斷向宋孝宗聲討近習之害的士大夫，即以所謂「道學型士大夫」為主。他們共同的反近習態度，就是使他們凝聚成「道學集團」的因素。道學型士大夫反對近習的深層原因，乃因近習干政破壞了「紀綱」，使外廷臣僚無法守其「職分」。此外，自秦檜當政時，便與高宗朝近習聯合，結成主和陣營；這種政治態勢延續至孝宗隆興時期，反映在主和宰相湯思退與近習龍大淵合作，並與以張浚為首的反和議派鬥爭，道學型士大夫則多支持張浚。而近習對和議的參與，多少使道學型士大夫感到和議更具不正當性。

　　第二章討論在道學型士大夫反近習的政局中，政策性議題「恢復」為何發生質變。歷來論宋孝宗的著作，一方面無法忽視孝宗寵信近習，一方面又肯定他對「恢復」的努力，彷彿兩者毫無關聯、可以分開看待。本章指出近習對「恢復」事業廣泛、深入的參與，使外廷部分官僚職權被侵奪，而軍中賄賂公行，也使恢復事業弊病叢生；其次，近習與主恢復宰相所採取的恢復策略是「急進」的，在朝野迎合急進恢復的言論充斥下，南宋很有可能未準備充分就與金開戰。這都使「恢復」在道學型士大夫心目中發生變質，成為非正義群體獲取己利的招牌，於是道學型士大夫不得不放棄與金「不共戴天」的復仇論調，並轉而強調修政「十年」，甚至贊成暫時與金和議，以攻擊急進的恢復政策。近習不論是在隆興時主和，或乾道時轉為積極參與恢復工作，都可見其配合皇帝的意志。朱熹曾說：「言規恢於紹興之間者為正，言規恢於乾道以後者為邪。」這個評論，便要置於此政治態勢下才得以真正理解。

　　第三章討論道學型士大夫諫近習與恢復後，如何面對不利的政治局勢。張說事件中，浙東事功學派也加入聲討近習。龔茂良（亦為道學型士大夫）事件尤為重要。近習曾覿為了打擊道學集團，利用諫官以「不談恢復」等罪名彈劾參政龔茂良，爾後，更以「植黨」罪名打擊與龔茂良要好的道學型士大夫，這即是南宋中期道學首次被控結黨。但因孝宗急採煞車，而未使黨論擴大，但也因此學界容易忽略龔茂良事件。到了淳熙八年，孝宗有感於恢復之無成，一方面逐退了內廷的近習，一方面外廷的趙雄罷相，結束了急進的恢復政策。

　　第四章討論淳熙九年到開禧北伐（1182～1207）時期的政局，在那些方面延續自淳熙八年以前的政治態勢，「慶元黨禁」在此脈絡下將可看出其深刻意義。韓侂胄的近習身分使他遭到道學型士大夫激烈的反對，因此，他實比余英時先生筆下的「官僚集團」更有理由對道學反感。依此而論，慶元黨禁絕非獨立的政治事件，而是南宋中期道學集團與近習最後也最激烈的對決。而韓侂胄過去受到孝宗影響而產生的恢復意識，使他當權後留意軍事，似無愧於他的前輩近習，爾後更將恢復付諸實踐。未充分準備的開禧北伐，仍得到朝野蜂起的迎合聲浪，道學型士大夫則有不少人站出來呼籲謹慎，反對北伐，這也重演了孝宗乾道六年急進恢復與道學集團穩健態度的對立。

目
次

序 言

　　這篇論文是以四個要素（皇權、近習、道學型士大夫、恢復議題）的互動來討論南宋中期的政治史，但最初與這個問題結緣是從「近習」開始的。2007 年暑假，我在讀《建炎以來朝野雜記》時，讀到宋孝宗逐近習龍大淵、曾覿一章，引發了我的興趣。寫成後卻發現近習是最受史料限制的一群，因為幾乎沒有任何一份史料是站在同情近習的立場發言；然而，透過文中勾勒的政治環境，或許多少也能揣想近習在歷史時空中的難為吧！

　　很多人認為，社會經驗不足的年輕歷史學工作者，討論起政治史很可能無法深切。我雖然同意這個看法；但也必須坦誠，自己總是不由自主地被活在歷史舞台上的人物互動所吸引，選擇一個政治史的題目對我而言或許是很自然的。我只有透過善用同理心，彌補自己人生經驗的貧乏。在文中描寫的「故事」中，我努力在歷史學分析式的論述與呈現歷史人物活潑的個性與心緒之間找平衡，成敗與否，就由讀者來判定。

　　這篇論文寫作於 2008 年 8 月至 2009 年 2 月，初步完稿後，經過多次的修改，好幾次甚至將整節重新編寫。在這過程中，我最要感謝的就是我的指導老師，梁庚堯教授。梁老師對我的論文付出很大的關心，前後多次仔細地幫我看論文；有一陣子，老師見到我，都會告訴我他想到哪些修改方向，讓我很有一種老師和我一起努力的感動。梁老師以他對宋代深厚的了解為基礎，對我和我的論文有著很深的理解，也因此，他所提出的意見總讓我有「的確就是應該這樣」的欣喜；當然，很多因為我學識淺薄而犯的錯誤，在他的指正下得以避免。其次，我要感謝我的論文口試委員，黃寬重教授和柳立言教授，他們的意見給我很大的啟發，口試後的論文修改，主要就是吸收了兩

位教授的意見，他們對於我這晚輩的叮嚀與期許，使我深深感激。此外，許多曾跟我討論過論文的師長、朋友，也都有助於我不斷反思，而使論點更為清楚。在此一併致謝。

我還要感謝閣鴻中老師，在碩士班生涯，我曾一度感到迷惘，是他的指引讓我對生命重拾信心。李文良老師對我有知遇之恩，在我碩士班時，也一直給予我幫助，也很謝謝他。當然，還有一直陪在我身邊的昱丞、婉茹、劍儀和皓雲，以及我最親愛的家人，因為他們的關心，我才能順利完成碩士論文。

這篇論文的寫成不只象徵一個階段的結束，也宣示著另一個階段的開始。我希望將來能繼續在歷史學中耕耘，以回報所有關心我的師友。

張維玲　2009.06

序　論

　　宋代政治史研究，存在著時代分佈不平均的現象，寺地遵先生在《南宋初期政治史研究》便說：「在時代上，北宋的優勢，正突顯南宋的貧弱。」〔註1〕朱瑞熙、程郁的《宋史研究》則具體統計了宋代帝王研究的分佈，他們指出：「至今為止，有關北宋帝王研究的論著約占總數的 80％，其中太祖、太宗及徽宗三帝的論著即占總數的 65％；而有關南宋後七位皇帝的論著單占總數的 3％。」〔註2〕這便是說，南宋除了高宗以外，後七位皇帝總共 116 年（1163～1278）的統治，雖占整個宋代統治時期的 36％，但目前學術界對其投入的關注是不成比例的少。這也表示，如果我們要填補對宋代政治史認識的不足，或許更應該把心力放在研究尚不充分的時期。

　　南宋政治史不但存在著研究比例的不均衡，還受到研究觀點的制約。寺地遵指出：「宋代政治史研究所關心的問題，……在北宋方面，是王朝的創建與變法，在南宋方面，則是與異民族抗爭、對決並妥協之諸過程。」〔註3〕張其凡的〈論宋代政治史的分期〉也表示：「南宋政治的主線，則是生死存亡之爭。」〔註4〕許多宋代通論性著作便深受這種觀點影響，幾乎把南宋政治史描寫成一部民族興亡史。〔註5〕南宋與外族的互動，當然是南宋政治史十分重要

〔註1〕寺地遵著，劉靜貞、李今芸譯，《南宋初期政治史研究》（台北：稻禾，1995年），〈序章〉，頁5。

〔註2〕朱瑞熙、程郁，《宋史研究》（福建：人民出版社，2006年），頁32。

〔註3〕《南宋初期政治史研究》，〈序章〉，頁5。

〔註4〕張其凡，〈論宋代政治史的分期〉，《中華文史論叢》，第五十一輯（1993年，上海），頁1～16。

〔註5〕如張孟倫，《宋代興亡史》（上海：上海書店，1996年），在南宋部分便著重對金、對蒙的和戰問題；金毓黻，《宋遼金史》（台北：樂天，1971年），則將南宋政治分成對金之和戰與宋、金之滅亡兩方面來討論；方豪的《宋史》（台北：

的一部分，但絕不是全部，如果把關注焦點過多的放在南宋與外族的交涉與對抗，便很容易忽略南宋內政的發展，甚至因此無法理解其與外族互動情況的根本因素。

在把南宋政治史看作是一部民族興亡史的脈絡下，研究的焦點也很容易集中在幾位與外族交涉或對抗特別有影響力或代表性的人物上。朱瑞熙、程郁的《宋史研究》在討論宋代政治史的重大爭論一章，將之分成五節，分別討論宋代帝王、岳飛、王安石及其變法、民變、范仲淹及慶曆新政，〔註6〕足見北宋的研究多於南宋，南宋的研究熱點則是「民族英雄」岳飛；而從山根幸夫主編的《中國史研究入門》對宋代研究的介紹也可發現，南宋政治史的研究聚焦在岳飛、秦檜、韓侂冑、朱熹、文天祥幾位人物。〔註7〕這反映了對南宋政治史的研究，與其說是關心政治史的發展走向，不如說是關心這些人物所表現出的民族熱情或禍國之罪。我們很難想像，「眾多官僚」參與的政治，能夠透過了解「少數個人」便弄明白，這樣的研究方式，容易有見樹不見林的危險。因此，若要了解政治的發展過程，更應該把人物當作透視時代的研究取徑或視角，〔註8〕這也將使政治史研究很難滿足於聚焦在單一個人，而更可能將重心放在對當時政治發展有關鍵影響力的各色人物或群體。

在研究取向上，寺地遵也提出了很好的反省，他指出：「在範圍的分佈上，制度、機構研究的卓越性，也反映出政治事件、政策決定、政治過程研究的不完全。」〔註9〕所謂「政治過程」，作者並未具體說明，鄧小南在其《祖宗之法》的序文中說：「就『過程』而言，如今，從事政治史研究的學者無不注意到長時段研究的必要性。」〔註10〕據此，筆者認為「政治過程」應該是指一連串前後相關的大小政治事件所構成的政治發展，這將能把政治事件放在前後的發展脈絡下來理解，以使我們了解個別政治事件的歷史意義，而以這種方式來研究政治史，也勢必拉長研究年限。寺地遵並指出，重視制度而忽

中華文化，1954 年），則將南宋政治分成「南宋之建國與金人渡江之失敗」、「劉豫之立與宋金之媾和」、「宋金和戰之繼續」、「南宋之亡」四部分來討論。

〔註 6〕 《宋史研究》，頁 1～2。

〔註 7〕 山根幸夫主編，田人隆，黃正建等譯，《中國史研究入門》（北京：社會科學文獻出版社，2000 年），第六章，〈宋元時代（一）：五代、宋〉，頁 523～524。

〔註 8〕 鄧小南，《祖宗之法‧北宋前期政治述略》（北京：三聯，2006 年），〈序引〉，頁 5。

〔註 9〕 《南宋初期政治史研究》，〈序章〉，頁 5。

〔註 10〕 《祖宗之法‧北宋前期政治述略》，〈序引〉，頁 5。

視過程的研究取向是受到唐宋變革假說的影響，因爲爲了明瞭唐、宋間如何
變革，宋代又如何成爲中國帝制後半期的原型，便「透過把宋代史當作類型
加以比較的過程進行理解。」〔註11〕作者爲了突破此閉塞，寫作了《南宋初
期政治史研究》，此書「不是著眼於政治權力的型態、結構，而是擺放在其運
動、力學、動態的方面。」〔註12〕這種研究取向，或許更能活生生地映照出
歷史人物在政治場域中的活動，與他們是如何影響政治發展的走向。

　　接下來需要談談有關南宋政治史的分期問題。寺地遵的《南宋初期政治
史研究》專論高宗朝的政治史，可見其所謂南宋「初期」是指宋高宗一朝的
統治；黃寬重先生的〈從和戰到南北人──南宋時代的政治難題〉，在討論「南
宋中期的和戰」時，敘述了孝宗朝到寧宗開禧北伐的和戰問題，可見這段時
間是作者所定義的南宋「中期」，〔註13〕與寺地遵的斷限恰可聯結。山根幸夫
主編的《中國史研究入門》論及南宋中期的政治研究，也包含了有關朱熹和
韓侂冑的討論。本文亦將南宋中期定位爲從孝宗即位到寧宗朝開禧北伐（1162
～1207），本研究就是要去挖掘這時期的政治特色。

　　基於以上的認識，本論文希望能對宋代政治史研究的不足做一點努力。
具體來說，本文的研究時期在目前研究成果尚不很充分的南宋中期，即孝宗
到寧宗開禧北伐的一段政治史，尤其著重孝宗即位到淳熙八年（1181）之一段
歷史；在研究取向上，本文重視內政的發展遠過於重視與異民族的對抗；重
視「政治事件、政策決定、政治過程」遠過於對制度、機構的探討；對於人
物在政治場域中的活動，重視政治「集團」遠過於重視單一「個人」。就論述
方法而言，本文取法寺地遵《南宋初期政治史研究》和余英時《朱熹的歷史
世界》；就所論時代而言，則希望能塡補兩書之間的部分空白。

　　依據筆者對史料的閱讀，認爲可由四項關鍵要點來把握南宋中期政治
史，即皇權、近習、道學型士大夫，以及「恢復」議題。南宋中期的許多政
治事件，便由此四要素互相糾結而成，以至若單論任何一方或乎略任何一方
都不足以明瞭南宋中期的政治動向；而這些政治事件又是環環相扣，並構成
南宋中期所謂的「政治過程」。以下便將此四要素作一介紹或定義，並概述本

〔註11〕《南宋初期政治史研究》，〈序章〉，頁13。
〔註12〕同註11，頁19。
〔註13〕黃寬重，〈從和戰到南北人──南宋時代的政治難題〉，收入《中國歷史上的
　　　　分與合學術研討會論文集》（台北：聯合報系文化基金會出版，1995年），頁
　　　　169～189。

文的論述重點。

統治南宋中期最久的皇帝就是宋孝宗（1163～1189）。孝宗的統治風格，可用王應麟的一句話來概括：「隆興至淳熙（分別爲孝宗第一和最後一個年號），萬機獨運，而大臣充位。」〔註14〕呂祖謙也曾向孝宗說：「天下徒聞陛下獨運萬機。」〔註15〕顯示孝宗是位大小事都要管的皇帝。乾道三年（1167），剛任參知政事的陳俊卿便勸諫孝宗：「至於細務，宜歸有司。」〔註16〕孝宗這樣的統治模式對南宋中期政局有著根本性的影響，光宗和寧宗朝前期，在很大程度上便是延續了孝宗的統治模式。因此討論孝宗的統治特色和其對政局的影響即爲本文要處理的重點之一。

「近習」一詞，是宋代人常用的稱呼，在正史中，又稱之爲「佞幸」。司馬遷在《史記・佞幸列傳》稱近習爲「天子中寵臣」，〔註17〕意思即爲在皇帝左右、處於內朝，並得到皇帝寵信的臣子。在〈太史公自序〉更清楚簡要地定義了近習：

> 夫事人君能說主耳目，和主顏色，而獲親近，非獨色愛，能亦各有
>
> 所長。作佞幸列傳第六十五。〔註18〕

可見近習得以受寵乃因具備兩個條件，其一即是靠著巧言令色的本領，得以取悅皇帝，其二，他們具備各種才能，以獲得皇帝的賞識與重用。可以想見，每位皇帝身旁都多少會有這樣有色有能的人物，因此司馬遷可說是點出了帝制時代的一項弱點。但皇帝身旁的近習，是否足以成爲一個值得探討的問題，關鍵則在於皇帝個人的施政風格。

宋孝宗一朝，便是近習異常活躍的時期。《宋史・佞幸》指孝宗「剛好專任，明好偏察」，〔註19〕這樣的專權性格，使孝宗不易信任外廷臣僚，而傾向任用與自己親近的近習。孝宗一朝近習眾多，南宋後期的張端義在《貴耳集》提到：

〔註14〕王應麟，《困學紀聞》，收入《四部叢刊續編・三編》（台北：商務，1966年），卷十五〈考史〉，頁8。

〔註15〕呂祖謙，《東萊集》，收入《四庫全書》（台北：商務，1983年），卷三〈淳熙四年輪對箚子二首〉，頁14。

〔註16〕《皇宋中興兩朝聖政》，收入《宋史資料萃編》（台北：文海，1967年），卷四十六，乾道三年十一月，頁15。

〔註17〕司馬遷，《史記》（台北：鼎文，1983年），卷一二五〈佞幸〉，頁3194。

〔註18〕同註17，卷一三〇〈太史公自序〉，頁3318。

〔註19〕《宋史》，卷四七〇〈佞幸〉，頁13677。

> 孝宗朝幸臣雖多，其讀書作文不減儒生，應制燕閒不可輕視，當倉
> 卒汗墨之奉，豈容凡撰。曾覿、龍大淵、張掄、徐本中、王抃、趙
> 弗、劉弼；中貴則有甘昺，張去非弟去爲；外戚則有張說、吳琚；
> 北人則有辛棄疾、王佐；伶人則有王喜；綦國手則有趙鄂。當時士
> 大夫少有不游曾、龍、張、徐之門者。〔註20〕

除了說明孝宗朝近習有「讀書作文」之「能」外，也可看出，近習可能具有
宦官或外戚身分。文中更舉出多達十五位近習，但張端義所舉，未必皆合於
事實，也未必皆重要，〔註21〕如中貴甘昺之兄甘昇文中不提，但他在孝宗朝
的重要性遠大過甘昺。諸近習在《宋史》中有傳者，應可代表其人具有重要
性。《宋史・佞幸》中的孝宗朝近習有龍大淵、曾覿、王抃、張說四人，而甘
昇則在《宋史・宦者四》有傳，這五人在當時的影響力，又可由朱熹在淳熙
十五年（1188）所上〈戊申封事〉看出：

> 至於左右便嬖之思，恩遇過當，往者淵、覿、說、抃之徒，勢焰熏
> 灼，傾動一時。〔註22〕

可見此四人最受孝宗寵信，也勢力最大；所謂「傾動一時」，即指他們曾引起
政治紛擾。〔註23〕而這年朱熹所極力攻擊的近習則是宦官甘昇：

> 時曾覿已死，王抃亦逐，獨內侍甘昇尚在，熹力以爲言。〔註24〕

因此，本文所要探討的孝宗朝近習，便只限於這較爲重要的五位。他們因爲
都在皇帝左右，彼此乃相互交結：

> （曾）覿始與龍大淵相朋，及大淵死，則與王抃、甘昇相蟠結，文
> 武要職多出三人之門。〔註25〕

可見五人中，除了具有外戚的身分的張說，〔註26〕沒有史料直接表明他與其

〔註20〕 張端義，《貴耳集》（鄭州：中州古籍，1995 年），卷下，頁 56。
〔註21〕 岳珂，《桯史》，收入《歷代史料筆記叢刊》（北京：中華，1981 年），附錄，〈諸
　　　 家著錄與論跋・十七李慈銘越縵堂讀書記〉云：「張正夫端義貴耳集，……頗
　　　 自夸詡，而文尤拙，其所引據之謬，四庫提要已備列之。」頁 188，可見《貴
　　　 耳集》被認爲多有疏漏，其中將辛棄疾列爲幸臣，即明顯不可信。
〔註22〕 朱熹，《晦庵先生朱文公文集》（收入朱傑人、嚴佐之、劉永翔主編《朱子全
　　　 書》第 20～25 冊，上海：古籍，2002 年），卷十一〈戊申封事〉，頁 593。
〔註23〕 將在各章節陸續提及。
〔註24〕 《宋史》，卷四三九〈道學三・朱熹〉，頁 12758。
〔註25〕 《宋史》，卷四七〇〈佞幸〉，頁 13691。
〔註26〕 《宋史》，卷四七〇〈佞幸〉：「張說，……受父任爲右職，娶壽聖皇后（孝宗
　　　 妻）女弟，由是累遷知閤門事。」頁 13692。

餘四人交好；乾道四年（1168），與曾覿交好的龍大淵死後，曾覿又與王抃、甘昇互相援引，結成勢力。五位近習中，除了甘昇外，其餘四位都在淳熙八年底以前去世或被逐出京城，〔註27〕因此討論孝宗朝近習，不免對孝宗前期的統治有較多著墨。〔註28〕

　　許多論宋孝宗統治的文章，都會提及近習問題。其中以柳立言先生的博士論文"The Absolutist Reign of Sung Hsiao-tsung (r. 1163~1189)"最爲詳實，作者將孝宗因寵信近習而與宰執、臺諫官起的衝突，放入孝宗專制統治的脈絡中來考察，使讀者對孝宗的專權得到鮮明的印象；並認爲孝宗因高宗的影響而對權力感到患得患失，且鑑於前朝宰相秦檜的專權，而思將大權獨攬於己。〔註29〕不過，目前與孝宗朝近習相關的論著，重點都在孝宗各層面的統治、用人策略，近習問題不過是其中一個側面，〔註30〕亦即，這樣的論述並

〔註27〕將在各章陸續說明。

〔註28〕有關孝宗朝近習，有幾點須略做說明。其一，這個時期活躍的爲何是近習而非宦官？如果這個問題可以成立，那麼或許與宋代較爲防範宦官弄權，且兩宋之際宦官勢力遭到嚴重打擊有關，宋高宗也曾聲明宦官用事，「理宜痛革」，見張邦煒，《宋代政治文化史論》，〈南宋宦官權勢的削弱〉（北京：人民，2005年），頁78～95。其二，孝宗朝的近習是否可視作「內朝」？據張邦煒，〈兩宋無內朝論〉，《河北學刊》。第一期（1994年，河北），頁88～95，引《韓非子‧孤憤》：「外謂百官也，內謂君之左右也」；又引錢穆先生的意見，認爲內朝的實質是「用私臣」，據此，近習親近皇帝的特質，使其應被視爲內朝；更實際的判斷方式是看孝宗朝的官僚如何看待近習，從後文陸續將引用的史料可見，當時人常將近習與外朝對立，將近習視爲與「外」相對的「中」或「內」，例如袁樞在淳熙五年向孝宗諫近習問題時便說「內庭行廟堂之事」，即處於內朝的近習做了原本應由外朝負責的事。因此，本文亦將近習的性質視爲內朝。其三，據鄧小南，〈掩映之間——宋代尚書內省管窺〉，《漢學研究》。第二十七卷第二期（2009年，台北），頁5～42，指出尚書內省有「與外人不相見」的特性，然宦官因處於內外的通道上，容易竊權，或與外廷官員勾結，因此容易受外廷士大夫的激烈批評；同樣地，近習也有類似的性質，即雖處於內朝，但與外廷士大夫時有接觸，並因而易遭士大夫猜防。

〔註29〕Lau Nap Yin, (1986). The Absolutist Reign of Sung Hsiao-tsung (r. 1163~1189). (PhD diss: Princeton University, 1986.) p. 92~106、132~147。亦可參考柳立言，〈南宋政治初探——高宗陰影下的孝宗〉，《宋史研究集》，第十九輯（1989年，台北），頁203～256。

〔註30〕如劉伯驥，《宋代政教史》（台北：中華，1971年），頁404～408，對孝宗朝政治及近習問題有較詳細的介紹；林瑞翰，《宋代政治史》（台北：正中，1989年）於〈孝宗政治〉一節亦提及近習，頁350～351；大陸學界如王德忠，〈宋孝宗加強專治集權淺論〉，《東北師大學報（哲學社會科學版）》，第一期（1989年，吉林），頁42～46；陳曉瑩，〈宋孝宗治國政策與成效之評析〉，《甘肅社

不能讓我們認識近習問題在孝宗朝的特殊性與重要性。專論孝宗朝近習問題的有安倍直之〈南宋孝宗朝の皇帝側近官〉，該文重點在討論孝宗如何透過近習直接掌控軍政大權，可增加我們對孝宗朝近習作用的認識。〔註31〕

　　如果近習單牽涉到孝宗的統治方式，那麼我們大可滿足於既有的研究成果。然而，孝宗朝近習，深深牽動了當時士大夫的政治活動，其影響範圍之廣、程度之深，也引人注目。前引張端義《貴耳集》便說：「當時士大夫少有不游曾（覿）、龍（大淵）、張（說）、徐（本中）之門者」。近習既接近皇權，外廷士大夫想與近習交結，自然不足為奇。然而偏偏有一群士大夫，對近習抱持異常的反對態度。朱熹在〈戊申封事〉中感慨良多的向孝宗說：

> 抑臣於此又竊有感而自悲焉：蓋臣之得事陛下，於今二十有七年矣，而於其間得見陛下，數不過三。自其始見於隆興之初，固嘗輒以近習為言矣；辛丑再見，又嘗論之；今歲三見，而其言又不過此。〔註32〕

足見朱熹一生中三次面見孝宗，都有意識地提到近習，他對此問題的重視不言可知。朱熹的摯友張栻在乾道末任吏部員外郎，曾與近習曾覿有互動，據說：

> 張南軒待小人甚嚴，為都司日，肩輿出遇曾覿，覿舉手欲揖，南軒急掩其窗櫺，覿慚，手不能下。〔註33〕

可見曾覿遭到張栻不留情面的拒絕。曾受學於張浚（張栻之父），而被勉以「正心誠意之學」，〔註34〕且與張栻等道學家友好的楊萬里，在其文集中記錄了一段文字：

會科學》，第三期（2001年，甘肅），頁45～47；方如金，〈試評宋孝宗的統治〉，《浙江師範大學學報（社會科學版）》，第六期（2003年，浙江），頁9～13；王明，〈宋孝宗及其宰相王淮〉，《通識研究集刊》，第五期（2004年，台北），頁175～235；何忠禮、徐吉軍，《南宋史稿》（浙江：杭州大學出版社，1999年），頁223。

〔註31〕安倍直之，〈南宋孝宗朝の皇帝側近官〉，《集刊東洋學》，第八十八卷，2002年，頁83～103。

〔註32〕《晦庵先生朱文公文集》，卷十一〈戊申封事〉，頁613。

〔註33〕《宋人軼事彙編》，卷十四〈張浚子栻〉，頁780。

〔註34〕《宋史》，卷四三三〈儒林三·楊萬里〉：「張浚謫永，杜門謝客，萬里三往不得見，以書力請始見之。浚勉以正心誠意之學，萬里服其教終身，乃名讀書之室曰誠齋。浚入相，薦之朝。」頁12863。又周揚波，〈楊萬里詩社與南宋孝宗朝政治〉，對楊萬里詩社中的友人有細緻的考證，其社友包含林光朝、謝諤等理學家，也指出楊萬里是理學的信徒。

> （李）宗質乾道庚寅（六年）為洪倅時，予為奉新縣令，屢謁之。……
> 明年，予官中都，宗質造朝，除知台州。朝士云：「李台州，曾覿姻
> 家也，覿無子，子台州之子。」予一見不敢再也。〔註35〕

可見楊萬里雖曾與李宗質過從甚密，然一旦得知李宗質與曾覿的關係，便不
再與之往來，顯示楊萬里對與近習交結的士大夫避之唯恐不及。朱熹、張栻、
楊萬里對近習的排斥態度，使我們合理懷疑，孝宗朝反對近習的士大夫很可
能與道學有關。南宋後期的理學家真德秀在〈著作劉公奏藁〉，印證了這個推
測：

> 夫方乾道、淳熙間，中外既已大治，獨近習有窺覦笑竇福威者，一
> 時端士正人指陳闕失，必以是為先，若相國陳正獻公（俊卿）、參政
> 龔公（茂良）、朱文公、張宣公（栻）、鄭自明、魏元履數君子，與
> 著作公（劉夙），前後若出一口，卒之，佞幸小人消縮摧沮不能大為
> 姦慝。〔註36〕

真德秀一方面強調了近習問題在孝宗朝的重要性，另一方面則舉出七位諫近
習者，他們有些是道學家，有些是與道學家交情深厚的士大夫，〔註37〕這顯
示反對近習者，是一與道學有關的特定群體；〔註38〕說他們「前後若出一口」，
更透露了他們私交甚篤，且有共同的信念。

　　若反近習的士大夫，確與道學有密切關係，那麼如何指稱、界定這群士
大夫，便成為本文必須說明的問題。余英時先生在《朱熹的歷史世界》，認為
孝宗統治後期，即淳熙八年以後的政局是兩大集團——「官僚集團」與「道
學集團」的對立，余英時先生對「道學」有如下的說明：

〔註35〕 楊萬里，《誠齋集》，收入《四部叢刊正編》，卷一一七〈李台州傳〉，頁 11。

〔註36〕 真德秀，《西山先生真文忠公文集》，卷三十五〈著作劉公奏藁〉，頁 8～9。

〔註37〕 這些人物與道學家的關係，將在各章節陸續論及，此處暫不贅論。

〔註38〕 南宋中期士大夫對近習的批判，有一些相關論著。如周揚波，〈楊萬里詩社與
南宋孝宗朝政治〉《景岡山學院學報》，第五期，2006 年，浙江，頁 10～14，
認為支持道學運動的楊萬里及其詩友，對近習加以反對；趙峰，《朱熹的終極
關懷》，（上海，華東師範大學，2004 年），依據對朱熹文集的詳細閱讀，對朱
熹向孝宗進言近習問題，有較完整的介紹，但因主要只從朱熹文集作討論，
故對當時的政治背景，較缺乏深刻的分析。金春峰，〈宋代的學派與政派——
從“紹興學禁”到“慶元黨禁”〉（《湖南科技學院學報》，第二十八卷第三
期，2007 年，湖南），頁 1～12，運用了「道學型士大夫」的概念，認為其對
近習皆持反對意見，但此文只用了清人畢沅的《續資治通鑑》為史料，且未
對此論點提出具體論證。

通孝、光、寧三朝而論，<u>朝廷上</u>的士大夫隱然存在著反對「道學」和支持「道學」兩大壁壘，而一以朱熹爲其樞紐人物。……「道學」兩個字確不是專指程、朱學派，而擴大到一切與朱熹氣類相近的士大夫。〔註39〕

可見這兩大集團的分野，不在學術意見上的差異，而在於政治立場的選擇；並且，余先生也對道學採取了比較寬廣的定義，即擴大到「一切」與朱熹「氣類相近」的士大夫，意爲他們與朱熹有相似的理念與行事風格，因而在政治上採取相近的立場或態度。余先生也認爲支持道學和反道學的團體，雖在樵川樵叟的《慶元黨禁》中，開列了兩張名單，但兩張名單「當然遠不夠完整」，因爲名單是以在黨禁時未去世者爲限，故而，像是曾經推薦過朱熹的宰相陳俊卿、參知政事龔茂良便未算在內。〔註40〕這似乎是認爲，支持過朱熹的陳俊卿、龔茂良，因爲與朱熹「氣類相近」，故也可算是道學集團的成員；由此亦可知，道學集團的規模和成員，隨著時間的發展而不斷有所變動。〔註41〕

　　然而，余先生畢竟沒有對文中使用頻繁的「道學型士大夫」或「道學集團」下明確定義。余先生在第十章舉出薛叔似、尤袤、詹體仁、黃裳、劉光祖、羅點六人，分析他們思想中的道學色彩，及其與道學領袖（朱熹、張栻、呂祖謙、陸九淵）的交遊，以論證孝宗晚年擢用「道學型士大夫」；這表示，一位士大夫具備了道學思想，且和道學領袖有深厚交情，便是道學集團的成員。余先生又論孝宗晚年擢用三相：周必大、留正、趙汝愚，認爲他們與同時代的理學家領袖都很有交情，並深得理學集團的信任，他們當政時，也大量擢用「道學型士大夫」；不過，他們代表北宋儒學的主流，而未服膺理學。〔註42〕那麼，他們是否可算是道學型士大夫或道學集團的成員？就成爲界定這幾個專有名詞的關鍵。對此問題，余英時先生似乎並未提出明確意見。但周必大等人，確實參與了官僚集團與道學集團的鬥爭，且堅決支持、甚至領導後者，因此將之排除於道學集團之外似乎並不妥當，田浩先生爲《朱熹的

〔註39〕《朱熹的歷史世界》（北京：三聯書局，2004 年），第七章〈朱熹時代的黨爭〉，頁 336、339。

〔註40〕《朱熹的歷史世界》，第七章，〈朱熹時代的黨爭〉，頁 336〜337。

〔註41〕田浩，《朱熹的思維世界》，增訂版（台北：允晨，2008 年）：「我們很難對這個群體下嚴格的定義，因爲它的規模和成員不斷變化。」頁 34。

〔註42〕《朱熹的歷史世界》，第九章第五節，〈周必大與理學家〉，頁 497〜524、第十章第一節〈孝宗晚年部署之一〉，頁 531〜551。

歷史世界》寫的書評便認爲，與道學家友好的周必大等人，應可歸入道學集團。〔註43〕

　　事實上，「道學」一詞，在南宋中期已高度政治化。朱熹在〈戊申封事〉中說：

> 一有剛毅正直、守道循理之士出乎其間，則群讒眾排，指爲道學之人，而加以矯激之罪，上惑聖聰，下鼓流俗。蓋自朝廷之上以及閭里之間，十數年來，以此二字禁錮天下賢人君子。〔註44〕

這段文字包含了支持道學和反道學雙方對「道學集團」的不同詮釋：「剛毅正直、守道循理」這樣的正面形容絕不會出於道學敵對者之口，而是朱熹對被指爲道學之人的描述，這正可說是朱熹對與自己「氣類相近」的「賢人君子」的形容；但對於反道學者而言，他們將道學家及其政治支持者皆指爲「道學之人」，這個籠統的指稱，顯示在該政治集團中，道學家具有核心或領導的地位，亦可見被指爲道學者不一定本身講理學。《宋史》尤袤本傳也有類似記載，同樣說明被指爲道學之人，並不限於理學家，而是一些人格美好的「君子」。〔註45〕據此，「道學型士大夫」即可從相互關聯的三方面來定義：第一，他們有共同的理想或理念「型態」，爲了實踐理想，寧可犧牲政治機緣，〔註46〕此即是與朱熹「氣類相近」之處；第二，既是「氣類相近」，則他們在政治立場上，自易支持道學友人，這使他們結爲政治集團，也是他們都被稱爲「道學

〔註43〕田浩，〈余英時：《朱熹的歷史世界》〉，《湖南大學學報》，第十八卷第五期（湖南，2004 年）：「但是余先生還是剎住了腳步，沒有承認他（周必大）是道學中人。周必大本有資格充當道學聯盟的領袖，因爲他不單受到四位思想領袖（朱熹、張栻、呂祖謙、陸九淵）的高度尊重，而且他還認同他們的政治主張與改革理想。……難道單單因爲某人批評了道學，他就應被排斥於道學之外嗎？……在我看來，余先生的這些討論，很可能反映了視道學單爲一種哲學派別的流行偏見。」頁 35～38。

〔註44〕《晦庵先生朱文公文集》，卷十一〈戊申封事〉，頁 603。

〔註45〕《宋史》，卷三八九〈尤袤〉：「方乾道、淳熙間，程氏學稍振，忌之者目爲道學，將攻之。袤在掖垣，首言：『夫道學者，堯、舜所以帝，禹、湯、武所以王，周公、孔、孟所以設教。近世此名，詆訾士君子，故臨財不苟得所謂廉介，安貧守分所謂恬退，擇言顧行所謂踐履，行己有恥所謂名節，皆目之爲道學。此名一立，賢人君子欲自見於世，一舉足且入其中，俱無得免，此豈盛世所宜有？』」頁 11929，可見在尤袤的觀察中，被指爲「道學」者也不限於一定要講理學，而是一些「君子」型的行事風格。

〔註46〕錢穆，《國史大綱》（台北：商務，2002 年，第三版），第四十一章，〈社會自由講學之再興起〉，認爲正統派的道學家，「對政治的態度，寧可犧牲機緣，絕不肯降低理論。」頁 797。

之人」的因素；第三，他們有些是服膺理學的道學家，另外一些則對理學存
在一定的認同或同情，這表現在他們與道學家深交、交遊圈遍及道學中人、
或讓子弟從學道學家上。〔註47〕因此，周必大、趙汝愚等人雖不講理學，但
在政治表現上，與道學家有近似的行事作風，而符合上述三個條件，故也可
認作是「道學型士大夫」。再以余先生認爲因早死而未列入「僞黨」名單的龔
茂良爲例，雖沒有史料表明他有深厚的理學思想，但朱熹曾說：

> 予嘗從公（龔茂良）遊甚久，蓋嘗與公反覆論此（指恢復議題），雖
> 兩有所持，然竟不能以相屈也。〔註48〕

可見朱熹與龔茂良相交時間既久，交情也深，否則不可能對同一議題雖意見
時有不同，還反復討論，且仍能保持友誼。朱熹在〈再跋參政龔公陛辭奏藁〉
中又說：

> 蓋天下之事，必至於久而後是非之實可見，此君子之立言制行所以
> 不屑流俗一時之毀譽，而唯欲其無所愧悔於吾心也。〔註49〕

此即稱讚龔茂良爲「君子」，可說是對龔茂良人格修養的肯定。就此而言，龔
茂良確與朱熹「氣類相近」。以此，龔茂良自可算作是「道學型士大夫」。總
之，本文所定義的「道學型士大夫」或「道學集團」成員，便是以服膺伊洛、
二程之學的道學家爲核心，再擴大到同情理學、在行事作風上與道學家有類
似型態的士大夫，他們彼此存在著一複雜的交遊網路，這使他們在私交往來
中，易建立共同的政治立場，而成爲一政治集團。

　　學界對南宋中期道學集團的存在，可說已有共識，問題在於，道學集團
在何時、因何事而形成？可以想見，道學型士大夫之間的交遊網路，早於「道
學集團」的成形，因爲政治集團的形成，還須仰賴道學群體在具體的政治事
件中凝聚。余英時先生便認爲：「這兩個集團（道學集團和官僚集團）是在彼
此互動中同時出現的，也在互動終止時同歸於寂滅。」〔註50〕故而，余先生
應認爲道學集團形成於淳熙八年以後。〔註51〕田浩先生在《朱熹的思維世界》
則認爲，因爲道學家特別重視個人修養，在十二世紀又受到三次大規模的禁

〔註47〕若有這三個行爲其中之一，應該不可能對理學持排斥態度。
〔註48〕《晦庵先生朱文公文集》，卷八十二〈記參政龔公陛辭奏藁後〉，頁3883。
〔註49〕同註48，〈再跋參政龔公陛辭奏藁〉，頁3886。
〔註50〕《朱熹的歷史世界》，第十一章第二節，〈從陳賈禁僞學談起〉，頁627。
〔註51〕但《朱熹的歷史世界》，第七章，〈朱熹時代的黨爭〉，余先生注意到淳熙三年、
　　　　五年，朝廷上已經有反道學的現象出現，因此說「這兩大壁壘的對立早在淳
　　　　熙十年前便已開始了。」頁344。

錮（元祐黨禁、紹興學禁、慶元黨禁），因此雖然沒有嚴格的組織，但彼此確實緊密的團結在一起，形成一個「fellowship」；〔註 52〕又指出：「道學成員逐漸採用分別人我內外的字眼，例如『吾儒』、『吾道』、『斯文』，到了 1170 年代甚至不避諱『吾黨』。」〔註 53〕似乎認為道學集團的形成早於淳熙八年。前引朱熹〈戊申封事〉也顯示指「賢人君子」為道學之人，已有十數年之久。〔註 54〕本文將透過對史料的梳理，說明南宋中期「道學集團」的形成與他們一致且激烈的反近習立場密不可分；換句話說，反近習對道學型士大夫的意義，即是使他們凝聚成一政治集團；我們不可能對道學集團的形成提出明確的時間點，因為道學集團的出現，本身就是一個漸進，且越來越顯著的過程，但透過分析具體的反近習事件，仍可看到反近習者多為道學型士大夫，他們私下也為此互相支持、打氣，這即是本論文要處理的重要面向之一。

其次，本文試圖把孝宗朝最重要的政策議題——「恢復」，放在道學集團反近習的立場中來考察。首先對「恢復」略作說明。「恢復」一詞，在北宋時只是個普通動詞，必須透過上下文才能知其所指。〔註 55〕然而，北宋末、南宋初，因為經歷了靖康之難，「恢復」乃快速成為「恢復中原」的省稱。靖康二年（1127）四月，有「奉迎二聖，恢復中原」之說，〔註 56〕「恢復」似尚未獨立運用，七月，宋高宗剛即位，〈中興記表〉就說：

> 遭奸臣變更之餘，至國制搶攘之後，幾及詩人小雅之變，惟思創業大風之歌，金國肆殘暴之威，彼萬方并告於上下皇天，有恢復之意。〔註 57〕

〔註 52〕《朱熹的思維世界》，頁 33。

〔註 53〕《朱熹的思維世界》，頁 457。

〔註 54〕〈戊申封事〉作於淳熙十五年（1188），因此按朱熹的說法，指「賢人君子」為道學之人，約在乾道末，淳熙初。

〔註 55〕如李燾，《續資治通鑑長編》（北京：中華，2004 年），卷一五四，元豐四年第十五條：「（俞）充知上有用兵意，屢請討伐西夏。先是一月，又言：『……臣平時守邊，惟慕羊祜及其伐國，志為李靖而已，經營於此已三年矣。策求萬全，一舉而就恢復漢、唐兩河之地。』」頁 7585。又如徐夢莘，《三朝北盟會編》，收入《宋史要籍彙編》（上海：古籍，1987 年），卷十三〈政宣上帙〉，宣和五年正月初四日條：「（王）黼一箚子云：『燕地乃中國北戶，自祖宗以來有志恢復。』」頁 90-1。

〔註 56〕《三朝北盟會編》，卷九十〈靖康中帙〉，靖康二年四月四日癸亥條，頁 669-2。

〔註 57〕《三朝北盟會編》，卷一〇八〈建炎下帙〉，建炎元年六月十七日條，頁 795-1。

可見「恢復中原」已可省略成「恢復」。〔註58〕往後，更常在不提到金朝或靖康之難的情形下，獨立使用「恢復」二字，如隆興元年（1163），張浚上奏說：「今陛下紹隆祖宗，方務恢復。」〔註59〕孝宗本人也常提及「恢復」一語，淳熙四年（1177），孝宗抱怨道：「士大夫諱言恢復」。〔註60〕類似例子，十分眾多，不再舉例。總之，靖康之難給宋朝的震撼，使恢復中原成為南宋上至皇帝，下至士大夫共同關心的議題，在頻繁提及的情況下，恢復中原很快就被省略成「恢復」二字；在當時的歷史脈絡下，也能只憑此一詞就知其所指。「恢復」從一普通的動詞，轉變成特有所指的名詞，便是南、北宋之交歷史發展下的產物。

　　相對於近習問題受到當時與後代史家的批評，孝宗的恢復意識，是其獲得史家讚賞的主要因素。〔註61〕孝宗在淳熙六年（1179）仍說：「朕不忘恢復者，欲混一四海。」〔註62〕當時的士大夫如朱熹，也曾說過孝宗「銳意恢復」。〔註63〕此外，余英時先生在《朱熹的歷史世界》論〈黨爭與士大夫的分化〉一章寫到：

　　　　趙雄是助孝宗謀「恢復」的最後一任宰相，淳熙八年繼他相位的
　　　　便是王淮。所以孝宗不談「恢復」，轉求安靜，必在趙、王交替之
　　　　際。……孝宗的政治風格也從事必躬親變成無為而治了。〔註64〕

〔註58〕又如李心傳，《建炎以來繫年要錄》，收入《四庫全書》（台北：商務，1983年），卷十六，建炎二年七月條，提到宗澤在死前說：「爾等能爲我殲滅強敵，以成主上恢復之志，雖死無恨。」頁 262-1。

〔註59〕《晦庵先生朱文公文集》，卷九十五〈張浚行狀下〉，頁 4428。

〔註60〕《皇宋中興兩朝聖政》，卷五十五，淳熙四年五月甲子條，頁 9。

〔註61〕陳曉瑩〈宋孝宗治國政策與成效之評析〉，《甘肅社會科學》，第三期（2001年，甘肅），頁 45～47；朱丹瓊、范立舟〈南宋中期政治特性之形成與治國理念之嬗遞——以宋孝宗、韓侂胄爲例〉，《中國礦業大學學報（社會科學版）》，第二期（2005 年，江蘇），頁 100～105；陳振，《宋史》（上海：人民出版社，2003 年），頁 487，皆對孝宗的主恢復加以讚許。而王德忠〈宋孝宗"恢復"圖治述評〉《東北師大學報（哲學社會科學版）》，第一期（1991 年，吉林），頁 57～62；方如金〈試評宋孝宗的統治〉，《浙江師範大學學報（社會科學版）》，第六期（2003 年，浙江），頁 9～13，雖亦對孝宗主恢復加以肯定，但認爲在淳熙以後，孝宗便失去了恢復熱情，或對恢復失去信心。

〔註62〕《皇宋中興兩朝聖政》，卷五十七，淳熙六年九月條，頁 13。

〔註63〕黎靖德編、王星賢點校，《朱子語類》（北京：中華，1986 年），卷一一一〈論財〉：「封樁內藏，孝宗時銳意恢復，故愛惜此錢，不肯妄用。」頁 2720，稱「孝宗」而非「上」，可見這是在孝宗去世以後所說。

〔註64〕余英時，《朱熹的歷史世界》（北京：三聯書局，2004 年）〈上篇〉第七章〈黨

認為孝宗在淳熙八年後不談「恢復」；這也表示，孝宗在淳熙八年以前對「恢復」具有熱情。然而，學者一方面批評孝宗重用近習，另一方面肯定孝宗積極於恢復，彷彿評價相反的兩者毫無關聯。葉適在為胡沂寫的〈胡尚書奏議序〉說到：

> 余聞隆興、乾道中不能擊龍大淵、曾覿不得為有名臺諫，公（胡沂）
> 不但備禮彈劾，必極論罷斥乃已；又聞不能諫恢復不得為有名侍從，
> 公既辭大用，出知括蒼小州。〔註65〕

點出近習與恢復並列為隆興、乾道時的兩大事，而胡沂既諫恢復又諫近習，且此兩事又都合於「公議」，便透露近習與恢復存有關聯。事實上，近習在孝宗朝活躍的時期，也正是孝宗熱衷於恢復的時候（皆在淳熙八年以前）；並且，近習身為孝宗的左右手，又怎麼可能違背孝宗的意志？這使我們合理懷疑，近習對孝宗的恢復事業有所參與，甚至可能是助孝宗恢復的最重要助手。其中具體的細部論證，便是本文要處理的另一面向。

朱熹曾說「言規恢於紹興之間者為正，言規恢於乾道以後者為邪。」〔註66〕這句話未必能看做當時普遍的想法，但至少能代表與朱熹「氣類相近」之道學型士大夫的意見。原本道學家認為與金朝有不共戴天之仇，「恢復」當然有其高度正當性；然乾道以後，道學集團竟改變了態度，批判這時談恢復者「為邪」，這豈不值得好好探究？這樣帶有道德判斷的評論，提示我們在觀察乾道以後道學型士大夫的恢復意見時，不應只看做是其個人對南宋客觀軍事實力

爭與士大夫的分化〉第四小節〈王淮執政與黨爭的關係〉，頁 355。但孝宗是否真的「無為而治」，恐怕仍有商榷餘地。

〔註65〕葉適，《水心先生文集》，收入《四部叢刊正編》（台北：商務，1979 年），卷十二〈胡尚書奏議序〉，頁 21。其中「有名臺諫」、「有名侍從」應該是指胡沂攻近習、諫恢復時的職位，而非指攻近習、諫恢復者只能為侍從、臺諫。據《宋史》，卷三八八〈胡沂〉本傳，頁 11909～11910，胡沂於孝宗即位時，「擢殿中侍御史」，即所謂「臺諫」；乾道八年為禮部尚書，即所謂「侍從」，此兩個時間點，正好分別是他攻近習、諫恢復的時間。見本文第一章第一節、第二章第三節的討論。

〔註66〕黎靖德編、王星賢點校，《朱子語類》（北京：中華，1986 年），〈饒州刊朱子語續錄後序〉，頁 4356～4357。錢穆《國史大綱》（台北：商務，2002 年，第三版），第三十四章，〈南北再分裂〉亦舉朱熹此語：「朱子言：『言規恢於紹興之前者為正，言規恢於乾道以後者為邪。』故當孝宗初政，朱子上封事陛對，尚陳恢復之義，後乃置而不論。淳熙十五年戊申十一月上封事，謂：『區區東南，事猶有不勝慮者，何恢復之可言乎！』遂極論當時弊政。」頁 619，但對於朱熹為何指乾道以後言恢復者「為邪」，亦未作說明。

的評估〔註67〕，而應放在當時的政治動態與氛圍中來考察。〔註68〕既然道學集團反對近習，近習又很可能參與了恢復事業，那麼朱熹之所以把孝宗乾道以後談恢復者視為「邪」，是否便與近習參與恢復有關？這樣的思考，便使皇權、近習、道學集團、恢復議題四者之間，形成一有意義的複雜互動。

綜合上述，本文主旨便是藉皇權、近習、道學型士大夫、恢復議題四因素的相互作用，架構起南宋中期的歷史進程，以闡述南宋中期的政治特色。在章節安排上，第一章將論述隆興元年到乾道六年（1163～1170），道學型士大夫如何、又為何要反對近習，並從中觀察道學型士大夫如何凝聚成一政治團體；第二章論近習如何參與恢復工作，與道學集團對恢復態度的轉變；第三章論道學集團批判近習與恢復的立場，使其在乾道七年到淳熙八年（1171～1181）面臨哪些不利的政治際遇，又如何因此被控植黨；第四章論淳熙九年

〔註67〕南宋中期理學家或道學型士大夫對「恢復」的意見，歷來不是學者所關注的問題，大多在個別人物的傳記性論著中才會被提及。最受學者看重的朱熹也有最多的相關討論，束景南，《朱子大傳》（福建：福建教育社，1992年），認為朱熹是主戰派，頁198；其他不少研究則注意到朱熹對「恢復」態度的轉變，如朱瑞熙，〈朱熹是投降派、賣國賊嗎？〉（《歷史研究》1978年九期）、高令印，《福建朱子學》（福建人民出版社，1986年），頁36～40；陳榮捷，《朱子新探索》（台灣學生書局，1988年，初版），頁772～775；田浩，《功利主義儒家‧陳亮對朱熹的挑戰》（江蘇人民出版社，1997年7月一版），頁121；錢穆，〈朱子之史學〉，（《朱子新學案》第五冊，收入《錢賓四先生全集》，台北：聯經，1995年），頁82～93，彼此論點雖有所出入，但基本上都認為朱熹從較強硬的主戰派，轉變為較溫和的主守或主和派，其中原因則都指出，朱熹認識到恢復必先自治。然而，對朱熹個人的分析，容易將其態度的轉變理解為個人內在認知的變化，而忽略其所處政治環境的影響。其他如潘富恩，徐余慶，《呂祖謙評傳》（南京，南京大學，1992年），頁194～199；朱迎平，《永嘉鉅子：葉適傳》（杭州：浙江人民，2006年），頁117～121；盧敦基，《人龍文虎：陳亮傳》（杭州：浙江人民，2006年），頁31；束景南，〈陳亮生平若干重要問題新考〉（收入盧敦基、陳承革主編，《陳亮研究》，上海：古籍，2005年），頁147，也都提到他們或激烈或穩健的「恢復」態度。這些士大夫對「恢復」的態度之所以會被注意，很大程度是重視他們學術思想的附屬品；但若只論士大夫「個人」對「恢復」的意見，而不把他們的意見放入當時複雜的政治脈絡來考察，將無法明白他們的政治意見如何受到政治環境的影響。並且，南宋中期對「恢復」表達過意見的士大夫遠多過上述提到的這些人，缺乏對「恢復」議題的專門討論，也反映學界忽略「恢復」在南宋中期實具有高度爭議性。

〔註68〕既然孝宗對恢復有熱情，則前引葉適〈胡尚書奏議序〉說有名侍從諫恢復之說，便是反對孝宗推動的恢復政策，其中原因也應透過觀察當時的政治動態來了解。

到開禧北伐（1182～1207）時期的政局，在那些方面延續自淳熙八年以前的政治態勢。宋孝宗做為近習的製造者和恢復的熱衷者，對南宋中期的政局發展，自有其關鍵性影響；道學集團對近習與恢復的批判，當然也影響了道學型士大夫與孝宗的關係，甚至影響了道學集團的命運，這與道學在慶元時期遭黨禁有何關聯？十分耐人尋味。

最後，需做四點說明。其一：以「道學集團」來討論問題，即因此團體對近習與恢復議題有高度一致性，但這並不否定個別成員對同一議題的態度仍存在程度上的差異，例如他們對近習的態度，有人較為激烈，有人則較為溫和，這可能緣於個別成員的個性或職位之不同，因此在各章節中，也將附帶敘述他們的「同中有異」，以免過度簡化了歷史事實。其二，不屬於道學集團的士大夫，在面對近習與恢復時，與道學集團有何異同？他們可說是道學集團的「對照組」，因此也將在各章節附帶提及，以使我們更了解當時士大夫面對近習與恢復所呈現的複雜面向與矛盾情結。其三，透過史料，我們能夠很清楚地了解道學型士大夫對近習觀感，也有不少史料能反映孝宗在相關事件中的態度；但近習卻是相對沉默的一群，本文雖也試圖從近習的角度看事情，然而他們的相關記載，多出於道學型士大夫或同情道學者之手，可能難以準確反映近習的處境與想法，這是令人遺憾之處。其四，既是討論道學「集團」對近習與恢復的意見，則亦重視他們私下往來的書信史料，將之穿插於各章節，以顯示個別成員的意見如何受道學團體中其他成員的影響，而更趨一致；透過私信也較能呈現他們面對當時的政治空氣所表現出的緊張、激憤之情，這將使距離我們已八百年之久的士大夫，至今仍不失其生動、人性化之一面。

第一章　道學型士大夫的凝聚——
反近習主力的形成

　　近習問題，從孝宗即位便浮出檯面，這除了反映孝宗的統治風格外，也牽動許多外廷士大夫的政治活動，並因而影響孝宗與士大夫之間的關係。本章便要透過敘述孝宗即位到乾道六年（1170）與近習相關的政爭事件，來分析參與人物的政治意見，與他們彼此間的交遊網絡，以探討他們是否屬於特定群體（即序章所定義的道學型士大夫）。本章也將近習問題放入隆興時候對金主和、反和政爭中來考察，以說明近習如何參與、甚至影響政爭和對外事務；此外，也將追溯高宗朝秦檜去世後的政局，以明高宗後期與孝宗初期的政局延續性。最後，要探討士大夫反對近習背後所根基的政治理念。

第一節　反近習的序幕——曾龍事件

　　宋高宗紹興二十五年（1155），權傾一時的宰相秦檜去世了。隨著他的逝世，南宋也步上了新的階段。〔註1〕這不僅是時代強人退出舞臺，或是和、戰議題的重新討論，同時政治上也出現了新風氣。張栻在為友人李浩寫的墓誌銘上提道：

　　　自檜扼塞言路，士風寢衰，及太上總攬萬機，激厲忠讜，而餘習猶

〔註 1〕 寺地遵著，劉靜貞、李今芸譯，《南宋初期政治史研究》（台北：稻禾，1995年），〈終章〉認為秦檜的去世造成南宋政局的新走向，高宗紹興二十五年到孝宗隆興二年，是一過度期，其過程伴隨的「秦檜體制」的破壞，和「今日之和，所以成他日之恢復」的政策形成，頁421～477。

未殄，朝士多務緘默，至是百官轉對。公（李浩）與王十朋、馮方、查籥、胡憲始相繼有所開陳，聞者興起，太學之士爲五賢詩以述其事。〔註2〕

這顯示秦檜死後，高宗刻意地改變緘默政風，而部分官員在轉對時也勇於打破不敢言事的風氣，以致「聞者興起」，開啓了新的氣象。《建炎以來朝野雜記》（以下或簡稱《雜記》）甲集也提到類似的情況：

秦相當國久，惡聞人言，於是百官當對者多託疾不上。……自孝宗臨政，垂意人才，乾道、淳熙閒，朝士抱才氣者，皆以得見上爲喜，而碌碌者頗以轉對爲憂。〔註3〕

可見到了孝宗乾道以後，政治風氣已與秦檜當政時大不相同。參照兩條史料，我們可以想見，由緘默到敢言的轉變，不會在一天之內出現，而是漸漸形成於高宗末年到孝宗初期（隆興時），這是皇帝從上鼓勵和官員由下應和的成果。這種敢於言事的政風，又以最鮮明的樣貌表現於反對近習的風潮上。

孝宗初期最重要的兩位近習是龍大淵和曾覿。《宋史‧佞幸》：

曾覿字純甫，其先汴人也。用父任補官。紹興三十年，以寄班祗候與龍大淵同爲建王（按，即後來的孝宗）內知客。〔註4〕

所謂「內知客」，是爲孝宗引接賓客的工作。他們與孝宗的老師不同，〔註5〕沒有師生關係，使龍大淵和曾覿更容易爲孝宗親近，《寶慶四明志》提到：

（史）浩爲司封員外郎、建王府直講。建王以內知客龍大淵、曾覿善飲酒，多置酒會之。〔註6〕

雖說是建王（孝宗）置酒款待老師史浩，但「善飲酒」的曾、龍，恐怕更常與孝宗一起飲酒唱酬、建立情誼。〔註7〕劉夙便指孝宗與曾、龍「觴詠唱酬，

〔註2〕 張栻，《南軒集》（台北：廣學社，1975年），卷三十七〈吏部侍郎李公墓銘〉，頁9。因墓誌銘寫於孝宗時候，因此「太上」指的是高宗。

〔註3〕 李心傳，《建炎以來朝野雜記》（台北：藝文，1973年，據吳興張氏采輯善本彙刊本影印）甲集，卷九〈百官轉對〉，頁202。

〔註4〕 《宋史》，卷四七○〈佞幸〉，頁13688。

〔註5〕 孝宗的歷任老師，可參考王明，〈正色立朝的賢相‧陳俊卿〉，《通識研究集刊》，第二期（2002年，台北），頁35、36的整理。

〔註6〕 羅濬等，《寶慶四明志》（台北：成文，1983年，據清咸豐四年刊本影印），卷九〈先賢事蹟下〉，頁4。

〔註7〕 同註6，史浩勸諫建王不要飲酒過度，於是「建王瞿然起曰：『謹受教。』自此節飲，大淵、覿由是銜恕。」可見曾、龍兩人至少在史浩勸諫前常與孝宗一起飲酒。

字而不名」，〔註8〕隆興元年（1163）的參政張燾也質問孝宗「豈宜與臣下燕狎如此？」〔註9〕都足見龍、曾與孝宗關係親密。

紹興三十二年（1162）六月，孝宗受禪，曾、龍隨即遷官，反近習的聲音也隨之而來：

> 紹興三十二年六月左武大夫龍大淵爲樞密院副都承旨，武翼郎曾覿帶御器械兼幹辦皇城司。二人上爲建王時内知客也。其年十月，劉汝一度除右諫議大夫，汝一入對，首論待小人不可無節，因奏潛邸舊察宣召當有時，蓋爲二人言也。〔註10〕

諫官劉度在孝宗即位後四個月，首論曾、龍，所謂「不可無節」、「宣召當有時」，便因劉度認爲孝宗與曾、龍兩人過於親近。同年十一月，陳俊卿入對，向孝宗面陳十事，其中亦提及近習：

> 比年以來，左右近習稍有以名聞於外者，士大夫奔走趨附，將帥納賂買官，遠近相傳，道路以目。願深察而痛懲之，無使或爲聖德之累也。〔註11〕

陳俊卿指出文官對近習的趨附、武官對近習的賄賂，已經「遠近相傳」，但又說左右近習其實不過「稍」以名聞於外而已。總之，紹興三十二年，近習問題已受注意，但未引發風潮。

然而，到了隔年，孝宗隆興元年三月，〔註12〕近習問題以震動朝野的強度出現。因爲牽涉人物眾多，筆者引較爲簡要的《宋史・佞幸》作概述：

> 諫議大夫劉度入對，首言二人潛邸舊人，待之不可無節度……。大淵遂除知閣門事，而覿除權知閣門事。度言：「臣欲退之，而陛下進之，何面目尚爲諫官？乞賜貶黜。」〔註13〕中書舍人張震繳其命至再，出知紹興府。殿中侍御史胡沂亦論二人市權，既而給舍金安節、周必大再封還錄黄。時張燾新拜參政，亦欲以大淵、覿決去就，力

〔註 8〕葉適，《水心文集》（台北：商務，1979 年），卷十六〈著作正字二劉公墓誌銘〉，頁 8。

〔註 9〕周密，《齊東野語》，收入《唐宋史料筆記叢刊》（北京：中華書局，1983 年），卷十一〈陸務觀得罪〉，頁 199。

〔註 10〕《建炎以來朝野雜記》乙集，卷六〈臺諫給舍論龍曾事始末〉，頁 765。

〔註 11〕《晦庵先生朱文公文集》，卷九十六〈正獻陳公行狀〉，頁 4454。

〔註 12〕較爲清楚的時間先後，參考《建炎以來朝野雜記》乙集，卷六〈臺諫給舍論龍曾事始末〉，頁 765～770。

〔註 13〕劉度的彈劾在隆興元年三月六日到九日，亦參見《雜記》。

> 言之，帝不納。熹辭去，遂以內祠兼侍讀。劉度奪言職，權工部侍
> 部，而二人仍知閤門事。必大格除目不下，尋與祠，二人除命亦寢。
> 未幾，卒以大淵爲宜州觀察使、知閤門事；覿，文州刺史、權知閤
> 門：皆兼皇城司。不數月間，除命四變。〔註14〕

這回同樣是由劉度首先發難，另一諫官胡沂加入，指兩人「市權招士，望屏
遠之，以防其微」。〔註15〕中書舍人張震則繳兩人除命，新拜參政的張燾更表
示與曾、龍勢不兩立，站在同一陣線發言的給舍金安節、周必大也拒絕草擬
兩人的除狀。近習的職位任命，顯然已遭到外廷異常強大的反對聲浪。孝宗
在逐去不配合的官員之後，〔註16〕到了八月，〔註17〕龍大淵順利地除知閤門
事，曾覿除權知閤門事。由於此事件引起頗大風潮，且也有其重要性，因此
我們給它一個專有的稱呼——「曾龍事件」。〔註18〕

　　在參與曾龍事件的士大夫中，金安節、周必大兩人的意見，至今仍保存
在周必大的文集中，能讓我們一窺他們反對近習的理由。周必大在三月十三
日，與金安節同上的〈繳駁龍大淵曾覿差遣狀〉說道：

> 聖人於己欲尚能舍，而況進退小臣豈係輕重，何必咈諫爭之忠言，
> 戰天下之公議乎？臣等於大淵、覿功過能否初不詳知，但見搢紳士
> 民指目者多，又聞臺諫相繼有言，臣等亦不知其所劾何事也。……
> 臣等若奉明詔，則臣等負中外之謗，大臣若不開陳，則大臣來中外
> 之責，陛下若不俯從，則恐中外紛紛未止也。……所有錄黃，臣等
> 未敢書讀。〔註19〕

這裡傳達的重要訊息是，周、金二人坦白承認自己對於曾、龍的功過並不清

〔註14〕　《宋史》，卷四七○〈佞幸〉，頁 13688。

〔註15〕　《建炎以來朝野雜記》乙集，卷六〈臺諫給舍論龍曾事始末〉，頁 767。

〔註16〕　前引《宋史》，卷四七○〈佞幸〉的敘述中唯一未寫明去職的是胡沂，以《宋
史》，卷三八八〈胡沂〉作補充：「時龍大淵、曾覿以藩邸舊恩除知閤門事，……
而諫官劉度坐抗論左遷。沂累章，益懇切，……好進者嫉其言，共排之，沂
以言不行請去，遂以直顯謨閣主管台州崇道觀。」頁 11910。

〔註17〕　《建炎以來朝野雜記》乙集，卷六〈臺諫給舍論龍曾事始末〉，頁 770。

〔註18〕　可參見 Lau Nap Yin, (1986). *The Absolutist Reign of Sung Hsiao-tsung (r.
1163~1189).* (PhD diss: Princeton University, 1986.) p. 132~140，對曾龍事件有詳
實的敘述。但與本文的論述重點有所不同，筆者也無法對此重要事件省略不
談，因此本文還是花了篇幅介紹曾龍事件。

〔註19〕　周必大，《文忠集》，收入《四庫全書珍本・二集》（台北：商務，1971 年），
卷九十九〈繳駁龍大淵曾覿差遣狀〉，頁 18～19。

楚，甚至不知道諫官爲了何事彈劾曾、龍，只是因爲反對曾、龍除命的聲
音，已經成爲有強大輿論力量的「公議」，因此自己爲了避免「負中外之謗」
而不敢書讀，也勸孝宗「俯從」，以平息公議。然而，孝宗顯然難以放下面
子、屈伏於公議，隔日，孝宗令左、右相宣示御札，「大略謂安節等爲人扇
動，議論群起；又謂在太上時，小事不敢如此。」〔註20〕一句「太上時，小
事不敢如此」，充分顯示孝宗對自己受挫的權威感到不滿，甚至憤怒，於是
周、金二人皆居家待罪。〔註21〕次日（即三月十五），周必大寫給右相史浩的
信中說到：

> 爲今之計，使二人者出奉外祠，則士氣自伸，公論自息，然後某自
> 以私計，或疾病爲請求依宮觀差遣，仰以釋上朋黨之疑，下以解二
> 人報復之怨，此上策也。……顧某以爲莫若臺諫給舍因此二人稍稍
> 引去，庶幾聖慮稍回，知士大夫不可輕，近習不可親。〔註22〕

這是周必大考慮各方面後想出的解決辦法，他希望曾、龍離京奉祠，而得罪
皇帝的臺諫給舍也「引去」，以使孝宗息怒後，明白近習不可親近，士大夫的
意見不可輕視的道理。這雖只是周必大一廂情願的意見，但也可見他執意不
願書讀的原因，是認爲「公議」代表著士大夫的力量，其輸贏標示著士大夫
地位的輕重，因此絕不能敗給皇帝身旁的近習。此外，信中也顯示孝宗懷疑
外廷結成朋黨，《雜記》提到：「方大淵初用事時，宰輔臺諫合一辭以爲當去，
故上意有朋黨之疑。」〔註23〕這或許是宋代皇帝對「朋黨」的敏感神經，在
剛即位的孝宗身上發作。

　　將作爲本文靈魂人物的朱熹，自始便未置身於近習問題之外。就在「曾
龍事件」發生的第一時間，汪應辰寫信告訴朱熹此事：

> 諫省二公論龍大淵、曾覿，未報間，卻各除知閣，仍兼舊職。金給
> 事、周舍人相繼論其不可，中批語甚峻，二人皆待罪，有旨無罪可
> 待，劉諫除工侍，而張眞甫（即張震）以待制知會稽，眞甫陳義甚
> 力，引富韓公、司馬溫公辭副樞事，未知能必行其志否。〔註24〕

〔註20〕《建炎以來朝野雜記》乙集，卷六〈臺諫給舍論龍曾事始末〉，頁767。
〔註21〕《文忠集》，卷九十九〈同金給事待罪狀〉，頁21，言：「爲臣如此，罪當萬死，
　　　　臣等見歸家待罪，伏望聖慈重賜誅斥，以爲百官之戒，臣等無任惶懼，俟命
　　　　之至。」顯示出周、金的慌恐。
〔註22〕同註21，〈與史丞相箚子〉，頁19。
〔註23〕《建炎以來朝野雜記》乙集，卷六〈臺諫給舍論龍曾事始末〉，頁772。
〔註24〕汪應辰，《文定集》，收入《四庫全書珍本‧十集》（台北：商務，出版年不詳），

從「中批語甚峻」、「眞甫陳義甚力」，可見汪應辰十分了解「曾龍事件」的激烈程度。該月孝宗正好召對朱熹，朱熹於四月以「學術空疎」爲理由辭免，〔註25〕實際上頗有可能是受到「曾龍事件」的影響。十月，再次召對朱熹，朱熹於十一月六日奏對垂拱殿時，便提到了近習問題：

> 然而戎虜憑陵，包藏不測，中外之議咸謂國威未振，邊備未飭，倉廩未充，士卒未練，一旦緩急，何以爲計？臣獨以爲今日之憂非此之謂，所可憂者乃大於此，而恨議者未及之也。臣竊觀今日諫諍之塗尚壅，佞幸之勢方張，爵賞易致而威罰不行，民力已殫而國用未節。〔註26〕

朱熹認爲「佞幸」問題比對金問題更加令人憂心，可見他對此問題的重視，所謂「諫諍之塗尚壅」，實是暗諷孝宗不肯聽從「公議」，疏遠近習。奏對後，朱熹在寫給好友魏元履的信上說：

> 熹六日登對，初讀第一奏，論致知格物之道，天顏溫粹酬酢如響，次讀第二奏，論復讎之義，第三奏論言路壅塞，佞幸鴟張，則不復聞聖語矣。〔註27〕

朱熹描述孝宗的反應，原先似乎君臣相談甚歡，但一提到近習，孝宗便沉默不言，「曾龍事件」對孝宗的衝擊，亦可藉此窺見。而從汪應辰寫信給朱熹，到朱熹寫信給魏元履，也可見他們反近習的態度可能在私交中強化。

然而，「曾龍事件」並未完全落幕。隆興二年（1164）三月，離「曾龍事件」已過一年，但孝宗似乎仍對挑起事端的劉度耿耿於懷：

> 汝一（即劉度字）之罷建寧也，實自內批出，給舍黃通老（中）、馬德駿（騆）封還錄黃，上大怒，再批劉度黨附欺罔，可依已降放罷指揮施行。時二年春矣。〔註28〕

卷十五〈與朱元晦〉，頁3。

〔註25〕 王懋竑，《朱子年譜》（北京：中華，1998年），卷一：「孝宗隆興元年癸未，三十四歲，春三月。復召，辭。有旨趣行，冬十月，至行在。十一月六日，奏事垂拱殿。」頁22。又《晦庵先生朱文公文集》，卷二十二〈辭免召命狀癸未〉作在四月十二日，頁971。

〔註26〕 《晦庵先生朱文公文集》，卷十三〈癸未垂拱奏箚三〉，頁637。

〔註27〕 同註26，卷二十四〈與魏元履〉，頁1082～1083。

〔註28〕 《建炎以來朝野雜記》乙集，卷七〈史文惠以直諫去位〉，頁782。更精確的時間在隆興二年三月十四日己亥，見《雜記》乙集，卷六〈臺諫給舍論龍曾事始末〉，頁770。

原出知建寧的劉度，突然以內批的方式罷職，黃中、馬騏封還錄黃，引起孝宗「大怒」，最後黃、馬兩人只好書行。〔註29〕約於此時，侍御史周操十五次上章勸諫，但沒有得到孝宗的回應。〔註30〕

然而，仍然有人不怕得罪皇帝，繼續上諫。隆興二年七月大雨成災，劉夙輪對，與孝宗有一番對話：

> 著作（即劉夙）輪對見上曰：「群臣不以堯舜事陛下，臣不識忌諱，竊深憤之。」上遽曰：「天下事可言者，卿第言勿隱。」對曰：「……古者災沴皆爲臣□君之□。〔註31〕今一二大臣奉行且不暇，何足語此。殆左右近習盜陛下權耳。」〔註32〕

可見劉夙很明白近習是「忌諱」所在，但依然不願迴避，直指近習盜權。該月因爲大雨釀成災害，孝宗下詔求言，於是：

> （龔）茂良時爲監察御史，亦言：「水至陰，其占爲女寵，爲嬖倖，爲小人，蓋專指左右近習也。」帝諭以二人皆潛邸舊人，非近習比；且俱有文學，敢諫諍，杜門不出，不預外事，宜退而訪問。茂良再上疏言：「……大淵、覿所爲，行道之人能言之，特陛下未之覺耳。」疏入不報。茂良待罪，除太常少卿，五辭不拜，出知建寧府。〔註33〕

龔茂良將水災的原因歸咎於近習，孝宗則設法爲曾、龍辯護，並認爲龔所言不實，要他「退而訪問」，龔茂良卻不死心，再次上疏，最後不得不待罪補郡。約於此時，林光朝、劉朔（劉夙之弟）「以名儒薦對，頗及二人罪，皆補縣。自是無敢言者。」〔註34〕

至此，我們可對事件作一評論。首先，臺諫給舍的反近習，一方面是秦檜死後，新政風的鼓舞，一方面則是迫於「公議」的壓力。但正如同孝宗說

〔註29〕《建炎以來朝野雜記》，卷六〈臺諫給舍論龍曾事始末〉在敘述黃中、馬騏諫罷劉度後說：「二十三日戊申，詔通老（黃中字）、德駿同班進對，上問：『卿等已書行罷度文書否？』通老曰：『蒙陛下批已書行矣。』上曰：『甚善。』」頁770，可見後來黃、馬兩人迫於孝宗壓力而書行。

〔註30〕《宋史》，卷四七○〈佞幸〉：「劉度出知建寧府，尋放罷。群臣既以言二人得罪去，侍御史周操章十五上，不報。」頁13688～13689。

〔註31〕原文即缺兩字。

〔註32〕《水心文集》，卷十六〈著作正字二劉公墓誌銘〉，頁8～9。按，劉夙爲兄，字賓之，官至著作郎；劉朔爲弟，字復之，官至祕書省正字。

〔註33〕《宋史》，卷四七○〈佞幸〉，頁13689。

〔註34〕《建炎以來朝野雜記》乙集，卷六〈孝宗黜龍曾本末〉，頁773。

「給舍未知功過，臺諫止是防微」，〔註35〕他們最多只能說是防微杜漸，而非發現近習的具體危害。既然無法具體指出近習的缺失，便很難說服孝宗放棄近習除命。就孝宗而言，即位之初，正是要建立自己威信的時候，卻因爲任命親信，遭到眾口一詞的反對，孝宗感受到的挫折與憤怒可想而知。從前引《宋史・佞幸》一條可知，凡反曾、龍者不是補外州縣，就是出奉外祠，這樣的結果，除了展現新皇帝的權威外，給朝臣的印象便是：若要反對近習，便要有丟官的心理準備。即便如此，隆興二年，仍有些士大夫不計利害地諫近習，而他們不是得面對孝宗的怒氣，就是出補外郡。留正曾以「從諫帝王之盛烈」，將宋孝宗與貞觀年間的唐太宗、皇祐年間的宋仁宗相提並論，而認爲：

> 隆興之初，士氣激昂，蓋駸駸乎皇祐之盛。〔註36〕

隆興期間確實「士氣激昂」，甚至可能一掃秦檜當政遺留下來的不敢言事風氣，但諷刺的是，孝宗其實並未「從諫」，相反的，論及曾、龍的士大夫，幾乎都被逐出了臨安。「近習」也從此成了孝宗朝最敏感、最忌諱的話題，我們將在後文陸續看到孝宗因近習爭議而發怒，與朝臣對近習問題的高度關切與小心謹慎。

以上大致說明了「曾龍事件」。若將參與人物加以考察，將發現其中許多士大夫早已彼此認識，甚至熟識。以下便以朱熹爲核心，盡量以層層遞進的方式，探討本節提及的諫近習士大夫之間的關係，並藉此說明其中意義。

前面提到，在「曾龍事件」發生的當下，汪應辰便向朱熹說明情況，信中汪應辰直言無諱，顯示他對朱熹的友善與信任。朱熹在爲汪應辰寫的祭文中，自稱自己是汪的「從表姪」，〔註37〕顯示兩人有親戚關係。汪應辰也對朱熹十分賞識，幾次寫信向陳俊卿大力推薦朱熹。〔註38〕而汪應辰自身則「聞伊、洛之學」，〔註39〕他的岳父是理學家楊時的弟子喻樗，〔註40〕可見汪應辰

〔註35〕《建炎以來朝野雜記》乙集，卷六〈臺諫給舍論龍曾事始末〉，頁768。
〔註36〕《皇宋中興兩朝聖政》，卷五十三，頁12。
〔註37〕《晦庵先生朱文公文集》，卷八十七〈祭汪尚書文〉，頁4068。
〔註38〕《文定集》，卷十四〈與吏部陳侍郎〉一：「朱元晦在建安相遇問學，才識足爲遠器。」頁3。又同書同卷〈與吏部陳侍郎〉二：「朱迪功熹，進修日新，疏未可量也，不知朝廷有以處之否。」頁4。
〔註39〕《宋元學案》，卷四十六〈玉山學案〉，頁97。
〔註40〕《宋元學案》，卷二十五〈龜山學案〉，頁25。

自身即為道學中人。陳俊卿與汪應辰「雅善」，〔註41〕並且也早已認識朱熹，朱熹在為陳俊卿寫的祭文中說「我從公遊，出入三紀」，〔註42〕陳俊卿於孝宗淳熙十三年（1186）去世，因此兩人相識應在紹興二十年（1150）；〔註43〕兩人交情之深厚，又可由這段文字得知：

> 仰止堂者，丞相正獻陳公（俊卿）舊第之東偏，晦菴文公朱先生嘗館焉。文公樂其道而忘人之勢，不遠千里而勤館人；正獻公樂道而忘勢，折節行館而與之友。二公之在此堂，道相與也。……文公之館于此，正獻公之子皆摳衣焉。太府寺丞宓，長而益嗜學，思文公而不得見，登其堂、望其山，如見其人焉。〔註44〕

陳俊卿請朱熹到家中來教學，並讓自己的兒子都從學朱熹，可見陳俊卿對理學存在一定的同情或認同。龔茂良在本文序章已有若干說明，朱熹說自己「從公（龔茂良）遊甚久」，〔註45〕乾道元年（1165），陳俊卿也已稱龔茂良為「故交」。〔註46〕並且，陳、龔兩人都是福建興化軍莆田人。

金安節與朱熹亦有交情，金安節的家傳說：

> 晦菴朱文公有書答汪伯虞云：「尚書金公，先友也。熹頃歲嘗獲拜於臨安，俯仰十有七載，三復來誨，……起敬起慕甚矣。」〔註47〕

金安節於乾道七年（1171）去世，因此朱熹應於紹興二十四年（1154）就已認識金安節；文中也顯示朱熹對金安節人格的敬仰。〔註48〕在曾龍事件中與金

〔註41〕《晦庵先生朱文公文集》，卷九十六〈正獻陳公行狀〉：「（陳俊卿）雅善故端明殿學士汪公應辰、敷文學士李公燾，嘗曰：『吾待罪宰相，所以幸無過舉者，二公之力也。』」頁4482。

〔註42〕《晦庵先生朱文公文集》，〈祭陳福公文〉，頁4084～4085。

〔註43〕隆興元年朱熹寫給老師李侗的信中，請李侗若要回信給自己，可由陳俊卿轉交，可見朱、陳這時已經有一定的交情。《晦庵先生朱文公文集》，卷二十四〈與延平李先生書〉：「若蒙賜教，只以附建寧陳文處可也。」頁1082。

〔註44〕黃榦，《勉齋集》，收入《文淵閣四庫全書》（台北：商務，1983年），卷十八，頁7～8。

〔註45〕《晦庵先生朱文公文集》，卷八十二〈記參政龔公陛辭奏藁後〉，頁3883。

〔註46〕《建炎以來朝野雜記》乙集，逸文，卷六〈龔實之論曾龍〉：「陳正獻公自吏部侍郎請外，除漳州改建寧，乾道元年七月，陳公言：『茂良前以言事補郡，且臣故交，今往奪之，於義有不安者。』不許。」頁1188。

〔註47〕程敏政，《新安文獻志》（合肥：黃山書舍，2004年），卷七十三〈金忠肅公家傳〉，頁1807。

〔註48〕《朱子語類》，卷一三二〈中興至今人物下〉，載朱熹言：「金安節為人好。」頁3180。

安節言論一致的周必大，在其文集也記載了金安節「聞義則徙」的「聖德」。〔註49〕有關周必大與道學家的交遊，余英時先生已有詳細的說明，余先生指出周必大與理學宗師朱熹、張栻、呂祖謙都有很深的交情；周必大雖不講理學，但得到理學家的信任與期待；在乾道三年（1167）也已與張栻討論過學問。〔註50〕雖無法確定周必大在隆興時是否已與朱熹等理學家往來，但可確定周必大與汪應辰已熟識，在前者的文集中便保留數封周必大在紹興二十九年到隆興二年寫給汪應辰的信，信中雖未提及曾龍事件（很有可能已被銷毀），但周必大對汪應辰的態度十分尊敬且坦白。〔註51〕因此至少可說，周必大在隆興時期已與金安節和汪應辰友好。

林光朝是南宋理學前輩，據說「南渡後，以伊、洛之學倡東南者，自光朝始。」〔註52〕他與諸道學家也多有往來。朱熹曾說：

> 某少年過莆田，見林謙之（光朝字）、方次榮說一種道理，說得精神，極好聽，爲之踴躍鼓動！退而思之，忘寢與食者數時。好之，念念而不忘。〔註53〕

朱熹自言被林光朝的學問吸引，既然是在「少年」時，則應該是紹興時候的事。林光朝受當時理學家的尊崇，可由這段文字得知：

> 東萊（呂祖謙）帖云：艾軒（林光朝）與張欽夫（栻）所居連牆，日夕講論，殊以自幸。南軒帖云：伯恭（呂祖謙）鄰牆，無日不相見。謙之（林光朝）所居，亦隔一橋耳。又云：此間謙之時得往來，蓋相去數步。〔註54〕

可見呂祖謙和張栻都以能夠親近林光朝爲喜。其他如陳俊卿，本身雖不講理學，但也與林光朝交情匪淺。〔註55〕而同樣在隆興時候諫近習的劉夙、劉朔

〔註49〕《文忠集》，卷四十六〈跋金給事彥亨文集〉，頁19～20。

〔註50〕《朱熹的歷史世界》，第九章，〈權力世界中的理學家‧周必大與理學家〉，頁497～523。

〔註51〕《文忠集》，卷一八九〈汪聖錫尚書應辰〉，頁3～6。

〔註52〕《宋史》，卷四三三〈儒林三〉，頁12862。

〔註53〕《朱子語類》，卷一三二〈中興至今人物下〉，頁3177。

〔註54〕林光朝，《艾軒集》，收入《四庫全書珍本‧初集》（台北：商務，1969年），卷十〈遺事〉，頁4。

〔註55〕同註54：「吾黨之識與不識皆以艾軒尊之，朱文公謂公爲後學之所觀仰，葉水心（葉適）謂公爲時人之所推尊，著庭劉賓之則曰：『艾軒吾師也。』故相陳正獻公（陳俊卿）則曰：『艾軒吾友也。』其爲人所尊敬如此。」頁17～18。

兩兄弟，皆以林光朝爲師。〔註 56〕林光朝、陳俊卿、劉夙、劉朔的師友關係，
與他們都爲莆田人或許有關。〔註 57〕

　　至於黃中，在孝宗剛即位，就向之陳述理學的核心概念「正心誠意、致
知格物」。〔註 58〕黃中死後，朱熹爲他寫的墓誌銘提到：

> 朱熹辱公知甚厚，且嘗受命以識先大父先夫人之墓矣。不復敢辭，
> 乃敬敘其事而銘之。〔註 59〕

可見朱熹不但與黃中私交甚篤，且爲其父母寫墓誌。〔註 60〕周必大在爲黃中
寫的〈跋黃通老尚書奏稿〉，則說自己與黃中「道同志合」。〔註 61〕而胡沂的
父親胡宗伋，「篤於道德性命之旨，其交遊子弟，非是莫取。」〔註 62〕可見胡
沂的父親是道學中人，也很注意子弟的交遊，只讓他們與道學相關人士往來。
孝宗曾要胡沂推薦人才，胡沂「以汪應辰、周必大、龔茂良對」，〔註 63〕恐怕
並非偶然，而是反映了胡沂平常的交遊圈。

　　以上對人物往來的分析，足見他們早在隆興以前就存在一複雜的人際網
路。他們有些是道學家（朱熹、汪應辰、林光朝、劉夙、劉朔、黃中），有些
則是同情道學，並與這些道學家交好（陳俊卿、龔茂良、金安節、周必大、
胡沂）。他們的往來，除以理學爲重要因素，其中也不乏同鄉的地域因素。然
無論如何，他們對彼此的人格都有高度的肯定，因此他們皆可被視爲是「氣
類相近」的「道學型士大夫」。他們對於近習，也就不難在私交中建立一致的
反對立場。因此他們前後相繼的諫近習舉動，恐怕不能只看作是人物的個別

〔註 56〕《水心文集》，卷十六〈著作正字二劉公墓誌銘〉：「隆興、乾道中，天下稱莆
　　　　之賢，曰二劉公。……二公及甥，蓋師中書舍人林公，事之終身。林公名光
　　　　朝，莆人所謂艾軒先生者也。」頁 7～8。

〔註 57〕在第三章第二節也將提及林光朝對同爲莆田人的龔茂良的支持。

〔註 58〕《晦庵先生朱文公文集》，卷九十一〈端明殿學士黃公墓誌銘〉，頁 4217。

〔註 59〕同註 58，頁 4223。

〔註 60〕田浩，《朱熹的思維世界》，認爲道學中人會依據亡者是否爲道學同類來決定
　　　　要不要爲其寫墓志，如果此說可參考，那麼便可憑此肯定黃中的道學身分，
　　　　頁 34。當然，除了「墓誌銘」外，應該也包含是否願意爲其寫「行狀」或「神
　　　　道碑」。

〔註 61〕《文忠集》，卷五十〈跋黃通老尚書奏稿〉，頁 15。

〔註 62〕黃宗羲，《宋元學案》（台北：河洛，1975 年），卷三十五〈陳鄒諸儒學案〉，
　　　　頁 18～19。

〔註 63〕施宿，《嘉泰會稽志》（台北：成文，1983 年，據清嘉慶十三年刊本影印），卷
　　　　十五〈侍從〉：「胡沂，字周伯，……孝宗嘗問翰苑闕官誰可，沂以汪應辰、
　　　　周必大、龔茂良對，曰：『是皆不徒能文者。』」頁 21。

意見，而是受他們所屬道學群體的影響。〔註 64〕這些道學型士大夫既然在政治場域中發現共同的反對目標，他們便越來越彼此凝聚，「道學集團」的雛形可說已然出現。

　　當然，我們也不能忽略非道學型士大夫在曾龍事件中扮演的角色。下面將分析不屬道學群體的反近習者之身分，以作為本節之結束，藉此進一步評估道學群體在曾龍事件中扮演角色的輕重。首先，隆興元年參與反對近習除命的劉度、張震，所留下的史料並不多，難以了解他們的身分。參政張燾雖與道學家張栻的父親張浚友好，但無法就此認定其道學身分，因從其《宋史》本傳和〈神道碑〉看不出其人具道學特色。〔註 65〕隆興二年，與黃中同議的馬騏，也沒有留下太多的資料。周操亦未有足夠史料考其身分，但據說周操「素同（陳）良翰議」。〔註 66〕陳良翰將在下一節提及，他的行狀即由朱熹所撰，有言：「元壽（良翰子）……以熹辱公知待薦寵之厚，俾次行其事。」〔註 67〕且陳良翰也是支持道學的張浚之門人，〔註 68〕因此陳良翰可算是道學型士大夫。周操既與良翰「素同議」，則周操的政治立場應亦偏向道學團體。綜合而言，隆興元年反曾龍除命的劉度、張震、張燾，皆非道學中人，可見隆興元年，道學群體在近習除命的風潮中，並未占據主導力量。但陳俊卿早在孝宗剛即位的紹興三十二年，就已向孝宗勸諫過近習，因此難以認為道學群體是在隆興元年才從曾龍事件中意識到近習問題。然而到了隆興二年，諫近習者只有馬騏、周操兩人不確定是否與道學群體有密切關係，但他們都與道學中人「同議」，由此可見，道學型士大夫在隆興二年的反近習政爭中，已占有相當明顯的主要力量。並且，道學型士大夫在隆興元年近習除命案告一段落後，仍透過輪對等機會「主動」諫近習，亦可見他們對近習的反對有過於他人的積極態度。這樣的態度，將在下面各章節，越來越清晰明顯。

〔註 64〕　前引周必大和金安節的繳駁狀說「但見搢紳士民指目者多」，亦頗可能就是指與自己熟識的道學型士大夫之議論。

〔註 65〕　見黃寬重，〈鄉望與仕望——厚經營的張氏家族〉，收入《宋代的家族與社會》（台北：東大，2006 年），頁 215～219。

〔註 66〕　《晦庵先生朱文公文集》，卷九十五〈張魏國公行狀〉：「侍御史周操素同（陳）良翰議。」頁 4436。

〔註 67〕　同註 66，卷九十七〈陳公行狀〉，頁 4535。有關陳良翰，在後文中亦會多次述及。

〔註 68〕　《齊東野語》，卷二〈張魏公三戰本末略〉：「浚既入見，屢奏欲先取山東。時顯官名士如王大寶、胡銓、王十朋、汪應辰、陳良翰等，皆魏公門人，交贊其謀。」頁 27。

第二節　近習參與下的和議與反和議鬥爭

　　隆興時期，與「曾龍事件」同樣重要的，是與「恢復」相關的和、戰之爭。〔註69〕當時朝臣對和、戰有各種不同意見，很難簡單二分為主和與主戰兩派。本節不是要處理各種分歧的意見，而是要將範圍縮小到分別以湯思退和張浚為代表的主和與反和兩派，因為雙方不單是意見對立，彼此還有劇烈的臺面下人事鬥爭，而近習更是參與其中。

　　首先我們必須釐清雙方的爭執焦點所在。湯思退原是秦檜黨羽，在孝宗隆興元年七月第二度任相，〔註70〕繼續堅持對金和議。〔註71〕隆興二年十一月，金朝再度南侵，湯思退因此罷相，十二月：

> 太學諸生數百人前後伏闕，……請斬思退、（王）之望、尹穡、洪适
> 以謝天下，謂之四姦。〔註72〕

可見隆興時期與湯思退為黨的應有王之望、尹穡、洪适。其中王之望是湯思退為了和議而特地拔擢的通問使，〔註73〕尹穡則是依附湯思退的諫官，〔註74〕洪适也是黨附湯思退的主和議者。〔註75〕

〔註69〕見蔣義斌，〈史浩與南宋孝宗朝政局〉，《中國歷史學會史學集刊》，第十五期（1982年，台北），頁56。

〔註70〕高宗紹興二十七年六月到三十年十二月是湯思退首度任相。見《宋宰輔編年錄》，收入《宋史資料萃編》（台北：文海，1967年），卷十六，頁49、50。

〔註71〕《宋史》，卷三六一〈張浚〉：「時湯思退為右相。思退，秦檜黨也，急於求和。」頁11309。

〔註72〕《晦庵先生朱文公文集》，卷九十七〈陳公（良翰）行狀〉，頁4530。

〔註73〕《宋史》，卷三七二〈王之望〉：「湯思退力主息兵，奏除之望吏部侍郎、通問使。」頁11538。

〔註74〕《宋史》，卷三八三〈陳俊卿〉：「諫臣尹穡附思退，議罷浚都督。」頁11785。

〔註75〕洪适在《盤洲文集》，收入《四部叢刊正編》（台北：商務，1979年），卷三十三，自傳〈盤洲老人小傳〉提到：「湯岐公（思退）策免，聞侍御史晁公武嘖有語相擊，（洪适）因奏乞身，上曰：『前日公武云，湯思退有罪，而卿稱之為大臣，制詞中無譴責一語，乃其死黨，朕曰「朕令作平詞，非其罪。」』」頁9，洪适雖是引晁公武的批評，但並未對「乃其死黨」有任何辯駁，且敬稱湯思退為「岐公」；又同書卷四十三〈請祠劄子〉，中說：「伏念臣與湯思退舊不相識，思退以臣叨中詞科在其前，嘗遭秦檜無辜廢錮，連蹇在外二十餘年，所以召臣入朝供職。……乃聞談者指為思退之黨，臣既備數禁近，不能盡忠奉公，陷於朋比，烏可苟逃譴責？」頁9，可見洪适欲澄清自己與湯思退並無深厚交情，但卻不否認被指為湯思退之黨，且還自責自己「陷於朋比」，等於承認自己是湯黨。隆興二年十二月宋金和議已成，同書卷四十四，洪适在〈論邊事劄子〉說道「且觀敵人犯淮，終成和議，如期斂兵，初無過外邀求，有

　　與湯思退對立的張浚，因爲有隆興元年五月的北伐與符離之敗，所以歷來認爲他主戰。但考察張浚身旁的幕僚或支持者，他們絕非「主戰」二字所能概括。其一如王十朋，他是張浚門人，〔註76〕紹興三十二年十月輪對時，向孝宗說：

> 臣謂養今日之氣莫如守，伸今日之氣莫如戰，挫今日之氣莫如和，今我兵寡力弱，國威未振，故未能與之決雌雄於一戰，以伸天下之氣也，正須養之使壯，俟時而動。〔註77〕

可見王十朋在考量國內實力下，認爲須「養之使壯」，並不冒然主戰。隆興元年任張浚參贊軍事的陳俊卿，也勸張浚「俟萬全而後動」，〔註78〕朱熹在隆興元年十一月面見孝宗時說：

> 蓋戰誠進取之勢，而亦有輕舉之失。守固自治之術，而亦有持久之難。至於和之策，則下矣。……恭惟國家之與北虜，乃陵廟之深仇，言之痛切，非有臣子所忍聞者，其不可與共戴天明矣。……合戰守之計以爲一，使守固而有以戰，戰勝而有以守，奇正相生，如環之無端，持以歲月，以必復中原，必滅胡虜爲期而後已。〔註79〕

可見朱熹認爲與金有「不共戴天之讎」，因此反對講和，但他也並未如一些學者所說般主戰，而是看到戰、守各有得失，所以應該合兩者爲一計，且認爲恢復須「持以歲月」，有萬全的準備才能談恢復。朱熹此時也結識了張浚之子張栻，隔年張栻向孝宗論及恢復，意見就與朱熹非常相似，〔註80〕可能多少

以知其本無侵犯猖獗之意。」頁2：又《建炎以來朝野雜記乙集》，卷八〈晦庵先生非素隱〉提到乾道元年，朱熹因爲：「洪丞相力主和議，與所論不合，復請嶽祠而歸。」頁811，可見洪适確實主張和議。

〔註76〕《齊東野語》，卷二〈張魏公三戰本末略〉：「浚既入見，屢奏欲先取山東。時顯官名士如王大寶、胡銓、王十朋、汪應辰、陳良翰等，皆魏公門人，交贊其謀。」頁27。除了王十朋外，《宋史》，卷三八六〈王大寶〉：「張浚復起爲都督，大寶力贊其議，符離失律，群言洶洶。……未幾，湯思退議罷督府，力請講和，大寶奏謂：『今國事莫大於恢復，莫讎於金敵，莫難於攻守，莫審於用人。』」頁11857。可見張浚另一門人王大寶也反對和議，但並未主戰。

〔註77〕王十朋，《梅溪王先生文集》，收入《四部叢刊正編》（台北：商務，1965年），卷二〈輪對箚子三首〉，頁8。

〔註78〕《晦庵先生朱文公文集》，卷九十六〈正獻陳公行狀〉：「隆興改元，都督府建，改參贊軍事。……張公初謀大舉北征，公以爲不若養威觀釁，俟萬全而後動。張公從之。」頁4454。

〔註79〕同註78，卷十三〈癸未垂拱奏箚二〉，頁633～636。

〔註80〕同註78，卷八十九〈張栻神道碑〉：「吾與虜乃不共戴天之讎，向來朝廷雖亦

是受朱熹影響。就連張浚本人，也未必一意主戰：

> （隆興元年）三月，召公（張浚）赴行在。公中道具奏曰：「今之議
> 者，孰不持戰、守之說？其下則欲復遵舊轍，重講前好。以臣觀之，
> 戰、守之說是也。」〔註81〕

可見張浚明確反對和議，但至少在北伐前兩月，並未在戰、守中明白偏向任
何一方。張浚本身也親近理學，〔註82〕圍繞在他身旁的理學家或道學型士大
夫，〔註83〕本著與金的「不共戴天之讎」而反對和議，但其實並未主戰，因
為他們雖懷抱「恢復」熱情，但也十分重視自身的實力。因此，湯思退與張
浚兩派實非「主和」與「主戰」之爭，而是「主和」與「反和」之爭。

　　在此必須說明的是，本文在序章雖認為孝宗在淳熙八年以前熱情於恢
復，但在孝宗即位的前兩年（即隆興時期），面對要與金和還是戰，孝宗的態
度其實搖擺不定。自海陵王破壞宋金和議後，雙方的緊張關係一直延續到隆
興時期，金朝對宋和談條件的反復，與南宋朝臣議論的紛雜，都使孝宗時而
傾向對金強硬，時而傾向妥協，且即位初期，孝宗也比較需要尊重太上皇高
宗的意思。〔註84〕因此，孝宗初政對金態度的不確定，便使張浚和湯思退兩
派都致力爭取皇帝的支持。

　　張浚於隆興元年十一月到隆興二年四月任右相，湯思退時任左相，原本
彼此政治立場就已對立，一旦同時為相，更是互相排擠鬥爭。已有學者注意
到湯思退對張浚的排擠，〔註85〕但卻未注意近習龍大淵也密切參與其中。近

> 嘗興縞素之師，然玉帛之使未嘗不行乎其間，是以講和之念未忘於胸中。……
> 繼今以往，益堅此志，誓不言和，專務自強，雖折不撓，使此心純一，貫徹
> 上下，則持以歲月，亦何功之不成哉！」頁4132。

〔註81〕同註78，卷九十五〈張魏公行狀〉，頁4423。
〔註82〕同註78，朱熹稱張浚：「公之學一本天理，尤深於易、春秋、論、孟。」又田
　　　　浩，《朱熹的思維世界》說張浚的思想背景雖然複雜，但棄官以後（指秦檜當
　　　　權後）似乎更加認同他的道學朋友，思想隔閡也比以前少，也讓張栻向胡宏
　　　　學習二程之學，頁81。
〔註83〕王大寶和王十朋在《宋元學案》，卷四十四〈趙張諸儒學案〉分列為趙鼎、張
　　　　浚門人，而張栻還曾經師從王大寶，頁59～60。
〔註84〕見《建炎以來朝野雜記》甲集，卷二〈癸未甲申和戰本末〉，頁584～600，有
　　　　完整詳細的敘述。王德忠，〈金世宗與宋孝宗之比較研究〉，《史學月刊》，第
　　　　六期（1999年，河南），認為孝宗在隆興時期「從對宋金間整體形勢的認識和
　　　　把握，以及因勢利導、當機立斷等方面都比金世宗要遜色許多。」頁39。
〔註85〕如寺地遵著，劉靜貞、李今芸譯《南宋初期政治史研究》，〈終章〉，頁455～
　　　　468。

習對和議的參與便是接下來論述的重點。

隆興二年三月，孝宗命張浚按視江淮，[註86] 張浚不得不暫時離開臨安，此時，和黨對張浚的攻擊加深，朱熹在爲張浚寫的行狀上說：

> （張浚）既出國門，思退遂與右正言尹穡通謀，日夜汲汲益求所以間公者。公未抵鎮江，道遇王之望等還，見之望力主和議，因密奏之。而思退等亦相與陰謀，謂不毀守備則公不可去，和不可成，乃令之望等盛毀守備，一無以恃者。又陰以官爵諷諸將，令入文字，稱虜盛強，爲畏怯語。而穡專主其議，百計毀公。[註87]

隆興元年十一月，王之望被命爲通問使，龍大淵爲其副，[註88] 因此所謂王之望「等」，即是指王之望和近習龍大淵，「令之望等盛毀守備」似乎便暗示了龍大淵與和黨合作，不惜破壞守備以促成和議。又《宋史》湯思退本傳更表明湯思退爲了排擠張浚，命令龍大淵、王之望向孝宗宣稱己方錢缺勢弱，[註89] 在王之望的文集中，也確實可見其上疏言：

> 臣等至盱眙四十日，問之將帥，劉寶輩深以兵少力分不足制敵爲懼，問之漕臣，宋曉輩亦以錢糧缺乏，支用不繼爲憂。泗州雖城壁，而樓櫓器械未具。……兩淮事勢單弱，……自敵人用兵未嘗由泗州入寇，城中諸將以爲可守者，蓋徼倖其不來耳。[註90]

上奏的既然是「臣等」，即應包含了龍大淵，藉由孝宗親信的進言，或許更能說服孝宗同意議和。文中可見，王、龍二人力言兩淮的守備能力非常薄弱，而「劉寶輩」、「宋曉輩」可能就是朱熹所謂被湯思退以官爵收買，以稱虜強

〔註86〕據《宋史》，卷三十三〈孝宗一〉：「（隆興二年）三月丙戌朔，詔張浚視師于淮。」頁 626。

〔註87〕《晦庵先生朱文公文集》，卷九十五〈張魏公行狀〉，頁 4434。

〔註88〕《建炎以來朝野雜記》甲集，卷二〈癸未甲申和戰本末〉：「上猶欲止割泗、海，徐議唐、鄧，侍御史周操、右正言陳良翰聞之，相繼入見，論其不可十一月十一日。戊戌，上命執政出虜書示之，執政不出。湯相遽奏以戶部侍郎王之望爲通問使，知閤門事龍大淵副之十二日庚子。」頁 592，可見王、龍出使爲湯思退所薦，時間在隆興元年十一月十二日。

〔註89〕《宋史》，卷三七一〈湯思退〉：「思退大駭，陰謀去浚，遂令之望、大淵驛疏兵少糧乏，樓櫓、器械未備，人言委四萬眾以守泗州，非計。」頁 11530～11531。

〔註90〕王之望，《漢濱集》，收入《叢書集成續編》（上海：上海書店，1994 年），卷六〈乞熟議和守奏議〉，頁 16～17，又文中雖要孝宗「或和或守，宜速決大計」，但又力言軍備虛弱，其意或許可知。

己弱的「諸將」。這些史料也顯示，龍大淵支持或暗助湯思退與王之望的主和立場。

　　至於「專主其議，百計毀公」的尹穡，與龍大淵也有交結，朱熹在為陳良翰寫的行狀中說到：

> 正言尹穡素以諂事龍大淵得進用。……初，公（陳良翰）惡穡姦邪，而舉韓魏公「富貴易求，明節難保」之語以警竊之。穡大愧恨，至是既得陰結近幸以售其姦，遂連中外之力，先排公去之，然後罷督府，退張公。〔註91〕

尹穡既交結龍大淵，則所謂「連中外之力」，便應是指屬於「內朝」的龍大淵與「外朝」的湯思退、尹穡等合作，先是排擠陳良翰（為張浚門人），〔註92〕繼而又逐走張浚。

　　和黨的另一人物洪适，也未在排張浚的鬥爭中缺席，洪适在《辭免兼直院箚子第二》說：

> 談者又謂臣來自淮東，奏陳張浚妄費，致浚因此罷相，黨枯骨者，視臣如仇敵，故投匭之章連瀆淵聽。〔註93〕

洪适雖引他人攻己「言張浚妄費」，但他並未對此指控加以辯駁；而所謂「枯骨」可能就是指張浚，〔註94〕也就是說，他反過來向孝宗控訴自己被張浚黨攻擊。《雜記》寫道：

> 晁子西乃謂景伯（按，景伯即洪适字）、惠夫皆附大淵者。〔註95〕

可見洪适也依附龍大淵。龍大淵既與湯思退等四人皆有交情，又幫助和黨鬥爭張浚，則龍大淵亦可算是和黨。汪應辰在寫給朱熹的信中，也談及和黨對張浚的排擠：

> 王、龍二使還自盱眙，力言淮上無備，士心不固，所以遣宣諭、更戍兵。又督府方治淮東總領司事，而洪總領入對，復言督府之失，

〔註91〕《晦庵先生朱文公文集》，卷九十七〈敷文閣直學士陳公行狀〉，頁 4529～4530。

〔註92〕《齊東野語》，卷二〈張魏公三戰本末略〉：「浚既入見，屢奏欲先取山東。時顯官名士如王大寶、胡銓、王十朋、汪應辰、陳良翰等，皆魏公門人，交贊其謀。」頁 27。

〔註93〕《盤洲文集》，卷四十三〈辭免兼直院箚子第二閏十一月六日〉，頁 10～11。

〔註94〕李運益主編，《漢語比喻詞典》（成都：四川辭書出版社，1992 年）：「枯骨：白骨，比喻老朽無能的人。」頁 289。隆興二年，張浚已六十七歲。

〔註95〕《建炎以來朝野雜記》乙集，逸文，〈陳正獻公論外戚不可為宰相〉，頁 1190。

> 所以令總領每半歲或一歲入奏，魏公（即張浚）必以罪去，但未知
> 輕重如何耳。〔註96〕

其中督府即指張浚，洪總領便是洪适。〔註97〕汪應辰本就與張浚私交甚篤，
〔註98〕在信中敬稱張浚爲「魏公」，其支持張浚的立場十分清楚。

和黨對張浚的排斥，亦波及支持張浚者。除了前述的陳良翰外，至少還
有黃中：

> 諫官劉度坐論近習龍大淵忤旨補郡，已復罷之，（黃）中皆不書讀。
> 〔註99〕群小相與媒糵，中罷去。尹穡希意詆中爲張浚黨。〔註100〕

黃中既然不願書讀罷斥劉度，便得罪了龍大淵，加上他親張浚的政治立場，
使尹穡不論是爲與龍大淵同仇敵愾，或爲排擠張浚黨，都使之有動機詆毀黃
中。

然而，「反和議」一派絕非單方面受到「主和」一派的排擠。事實上，張
浚一派也對和黨展開攻擊，前引洪适箚子便說張浚黨不斷攻擊自己。隆興初，
張浚的門人王大寶任諫官，便曾言王之望有罪。〔註101〕對於派遣和黨出使金
朝，張浚也盡力阻止：

> 遣盧仲賢持書報金。〔註102〕浚言仲賢小人多妄，不可委信。已而仲
> 賢果以許四郡辱命。朝廷復以王之望爲通問使，龍大淵副之，浚爭
> 不能得。〔註103〕

盧仲賢是尹穡的姻親，〔註104〕張浚先是反對派遣盧仲賢，接著又反對王之望、
龍大淵，自是因爲他們的主和立場與自己絕不相容。張浚的門人陳良翰，時

〔註96〕《文定集》，卷十五〈與朱元晦〉，頁4～5。

〔註97〕《宋史》，卷三七三〈洪适〉：「會完顏亮來侵……升尚書戶部郎中，總領淮東軍馬錢糧。……隆興二年二月，召貳太常兼權直學士院。」則洪适應是於隆興二年二月自淮東總領召回時，向孝宗言張浚的缺失，頁11563。

〔註98〕《宋元學案》，卷四十六〈玉山學案〉：「先生（即汪應辰）故與張魏公相知。」頁98。

〔註99〕黃中確實爲繳劉度罷郡罷祠，引起孝宗「大怒」，但後來迫於孝宗壓力而書行，見前節。因此《宋史》黃中本傳說他「皆未書讀」，並不全然正確。

〔註100〕《宋史》，卷三八二〈黃中〉，頁11764。

〔註101〕《宋史》，卷三七二〈王之望〉：「隆興初，右諫議大夫王大寶疏之望罪。」頁11538。

〔註102〕據《宋史》，卷三十三〈孝宗一〉，派盧仲賢出使在隆興元年八月，頁624。

〔註103〕《宋史》，卷三六一〈張浚〉，頁11309。

〔註104〕《晦庵先生朱文公文集》，卷九十七〈陳公（良翰）行狀〉：「正言尹穡……本仲賢姻黨。」頁4529。

為右正言，也站出來攻擊和黨：

> 公（陳良翰）因疏論思退姦邪誤國，宜早罷黜，以靖中外，張浚精
> 忠老謀，不宜以小人之言搖之。〔註105〕

然而，張浚最終不敵和黨的攻擊。於隆興二年四月罷相，「浚既去，猶上疏論尹穡姦邪，必誤國事」。〔註106〕

　　總之，隆興兩年間的和議與反和議之爭，兩派相攻可謂激烈，近習龍大淵則支持和黨，積極參與對張浚的攻擊。那麼，「曾龍事件」與湯、張之爭是否有所關連？我們只能有一些間接的推論。首先，張浚不太可能不知道龍大淵對和黨的支持，從他反對龍大淵出使，可以看出他對近習應無好感，隆興元年，當金安節幾次反對近習，張浚還稱讚地說：「金給事真金石人也。」〔註107〕但張浚須要得到孝宗的支持，這使他不可能明白地挑動皇帝的敏感神經。此外，在隆興年間反近習的士大夫中，亦可找到不少人是支持張浚的，如被指為張浚黨的黃中，另外，隆興元年十一月，孝宗要群臣討論對金事宜，周操曾與陳良翰同奏「乞令張浚參決」，〔註108〕而陳俊卿、汪應辰、朱熹當然也是張浚的支持者。應該注意的是，參與「曾龍事件」的反近習者，多已被逐出臨安，他們即使支持張浚，也難有發言的機會。因此，張浚的支持者雖不完全等於隆興期間的反近習者，但兩方有部分人物重疊，且都帶有道學色彩，則可確定。並且，龍大淵在「曾龍事件」中已被「公議」所鄙，又幫助和黨排擠張浚，那麼，支持張浚者即使未（有機會）在朝廷上反對過近習，也可說他們對近習應無好感。因此，對於許多道學型士大夫而言，反近習與反和議，並非全然無關的兩事，近習對和議的參與，可能加深了和議給他們感到的不正當性，甚至對於一些道學型士大夫而言，反近習已被延伸至反和議抗爭了。

第三節　道學型士大夫的排曾龍運動

　　隆興時期，道學型士大夫不論是在「曾龍事件」，或是反對近習參與的和議上，都已成為主要的力量。然而，兩件大事都使一些道學型士大夫遭到驅

〔註105〕同註104。
〔註106〕《宋史》，卷三六一〈張浚〉，頁11310。
〔註107〕《宋史》，卷三八六〈金安節〉，頁11860。
〔註108〕《建炎以來朝野雜記》甲集，卷二〈癸未甲申和戰本末〉，頁593。

逐。此後，反近習的聲浪平息了一陣子。

　　宋孝宗乾道二年（1166）十二月，陳俊卿由吏部尙書除同知樞密院事，兼權參知政事，〔註109〕用宋人的話來說，他已經位居「執政」，是僅次於宰相的「大臣」了。孝宗剛即位時，他就曾向孝宗勸諫過近習問題，〔註110〕如今，身爲執政的他，並沒有忘卻逐近習的使命。《建炎以來朝野雜記》乙集，卷六〈孝宗黜龍曾本末〉說：

> 陳應求（按，應求即陳俊卿字）除執政。一日，起居舍人洪景盧（按，景盧爲洪邁字，洪邁爲洪适弟）來見，曰：「聞鄭仲一當除右史，邁當遷西掖，信乎？」應求曰：「不知也。公何自得之？」景盧以二人（指龍大淵、曾覿）告。明日，應求至漏舍語葉（顒）、魏（杞）二相及同列蔣子禮（按，蔣芾字子禮），曰：「外議久指此兩人漏泄省中語。而未得其實狀，故前此言者雖多，而不能入，今幸得此，不可不以聞。」諸公皆以爲然。入奏事畢，應求獨進，且以景盧語質於上前曰：「臣不知平日此等除目兩人實與聞乎？抑其密伺聖意而播之於外，以竊弄陛下威福之權也？」上曰：「朕何嘗謀及此輩，必竊聽而得之，卿言甚忠，當爲卿逐之。」應求歸，未及門，已有旨出二人於外。中外快之。……（乾道三年，1167）二月四日癸酉昭慶軍承宣使龍大淵爲江東副都總管，建康府駐箚；和州防禦使曾覿爲淮西副都總管，和州駐箚。明日，大淵改浙東路駐明州，覿改福建路駐福州。〔註111〕

曾、龍之逐，不過是在陳俊卿除執政的兩個月後，足見陳俊卿對近習問題十分關切。不過，陳俊卿也承認，過去對於近習的過失「未得其實狀」。孝宗這次以令人驚訝的決斷力逐走曾、龍，與隆興時期的做法可說是有天壤之別。然而由於史料的不足，我們不可能眞正知道孝宗的動機爲何，從孝宗指近習「必竊聽而得之」，或許顯示孝宗對曾、龍有所厭惡，〔註112〕其中可能因龍大淵對主和派的支持，使有恢復大志的孝宗感到不滿；〔註113〕但也有可能是孝宗想藉逐近習以獲得「公議」的肯定；又或者因爲孝宗打算重用陳俊卿，以

〔註109〕據《宋宰輔編年錄》，卷十七，乾道二年十二月，陳俊卿自吏部尚書除同知樞密院事兼權參知政事，頁29。

〔註110〕時爲紹興三十二年十一月，見第一章第一節。

〔註111〕《建炎以來朝野雜記》乙集，卷六〈孝宗黜龍曾本末〉，頁773。

〔註112〕這與隆興二年龔茂良論曾、龍，孝宗爲二人辯護有明顯落差，參見第一章第一節。

〔註113〕見第一章第二節。

致眞願意「爲卿逐之」。〔註114〕不過，這都只能是有可能但無法確定的推測。

可以確定的是，曾、龍儘管已離開皇帝，但道學型士大夫們，並未因此放鬆防範近習的神經。張栻當時雖不在朝，但對時局仍密切注意，他在寫給朱熹的信中說到：

> 共甫之召，蓋是此間著績有不可掩，然善類屬望在此行也。數日來聞二豎補外第，未知所以如何，若上心中非是見得近習絕不可邇，道理分明，則恐病根猶在，二豎去，復二豎生，不然又恐其覆（原文即用此「覆」字）出爲惡，若得有見識者，乘此時進沃心妙論，白發其姦，批根塞源，洗黨羽一空之，然後善類朋來，庶有瘳乎！〔註115〕

張栻認爲曾、龍「二豎」雖然補外第，但如果孝宗心中不了解近習不可親的道理，那麼將來若不是有新的近習出現，就是曾、龍「覆出爲惡」，因此他期望有見識的人，向孝宗說明其中道理，他很可能把希望寄託於剛召回的「共甫」身上。「共甫（或寫作共父）」，即劉珙字，他的叔父劉子翬是朱熹少年時候的老師；〔註116〕朱熹的父親於紹興十三年去世後，便將朱熹託付給友人劉子羽，子羽即劉珙父親，〔註117〕因此朱熹和劉珙幼時便相識。朱熹爲劉珙寫的祭文中說：「我以孤童，來託公家，公不鄙我，勸導有加，公姿鸞鵠，我性駑駑，豈無異同，卒莫疵瑕。……公之知我，亦晚而最。」〔註118〕可見朱熹對劉珙的稱許，並說兩人雖然意見時有不同，但並不影響兩人的情誼。劉珙

〔註114〕陳俊卿是孝宗一朝，最積極排斥近習的宰相。但孝宗對他的忠誠十分欣賞，朱熹在〈正獻陳公行狀〉（卷九十六，頁1758）有言：「時上猶未能屏鞠戲，又將游獵白石。公（陳俊卿）上疏力諫，至引漢咸靈、唐敬穆及司馬相如之言以爲戒。後數日入對，上迎謂公曰：『前日之奏，備見忠讜，朕決意用卿矣。』公再拜謝。上曰：『朕在藩邸，已知卿爲忠臣矣。』」孝宗對陳俊卿的嚴詞力諫，不但不生氣，反而決定加以重用，並且在陳俊卿任執政後，原本事必躬親的孝宗，「於俊卿之言多所聽從，大抵政事復歸中書矣。」因此陳俊卿在請求逐曾、龍時，孝宗說：「卿言甚忠，當爲卿逐之」，或許有一定的眞實性。

〔註115〕《南軒集》，卷二十一〈答朱元晦秘書三〉，頁3。

〔註116〕《宋元學案》，卷四十三〈劉胡諸儒學案〉，頁52。

〔註117〕《晦庵先生朱文公集》，卷八十八〈少傅劉公神道碑〉：「嗚呼！共父（劉珙）遽至此耶！且吾蚤失吾父，少傅公（劉子羽）實收教之，共父之責，乃吾責也。……熹之先人，晚從公游，疾病，寓書以家事爲寄，公惻然憐之，收教熹如子姪，故熹自幼得拜公左右。」頁4100～4106。

〔註118〕《晦庵先生朱文公文集》，卷八十七〈祭劉共父樞密文〉，頁4072。

與張栻亦爲世交，劉子翬曾從張浚任職於川陝，於是張浚「於其兄弟父子之間眷眷如此」。〔註119〕劉珙乾道元年在潭州任職，重修嶽麓書院，便聘請張栻講學其間，〔註120〕顯見劉珙對道學存在一定程度的同情；劉珙在潭州時，還常向張栻「訪問籌策」，兩人必然也討論過近習問題。〔註121〕因此，劉珙當然是一道學型士大夫。劉珙也不負張栻所望，一入朝就向孝宗論近習之害：

> （乾道三年七月）癸巳，劉珙自湖南召還。初入見，首論獨斷雖英主之能事，然必合眾智而質之以至公。……若棄僉謀，徇私見，而有獨御區宇之心焉，則適所以蔽其四達之明。而左右私昵之臣，將有以乘之，以干天下之公議者矣。〔註122〕

劉珙指出孝宗的專權獨斷，將使「左右私昵之臣」有機可乘。與張栻相同，劉珙也把近習問題的根源指向皇帝。

　　至於龍、曾二人在地方上的活動，留下的史料很少，但朱熹在爲傅自得寫的行狀中，提及傅自得與曾覿在福州的往來：

> 先是，公（傅自得）嘗以事過三山，副總管曾覿先來謁公曰：「聞公之名久矣。」因自誦其詩數十篇，且請公誦近作。公辭以憂患廢忘，時其亡而往報之。即爲郎，復嘗遇於客次。覿詫數從官曰：「某人某人嘗辱來訪，公獨見鄙，何也？」公遜謝而已，竟不往。〔註123〕

傅自得先是找理由拒絕了曾覿以詩拜謁，〔註124〕以後又趁曾覿不在時去拜訪他，曾覿後來當面質問，傅自得仍不肯改變不見近習的態度。按，傅自得與朱熹爲世交，自得在其遺文中說：

> 予少時學詩，嘗以作詩之要扣公（朱松），公不以晚輩遇我，而許從游。……公幼小喜讀書綴文，冠而擢第，未嘗一日捨筆硯。年二十

〔註119〕《晦庵先生朱文公文集》，卷八十一〈跋張魏公與劉氏帖〉，頁3853。

〔註120〕王懋竑撰，何忠禮點校，《朱子年譜》（北京：中華，1998年），卷四，紹熙五年五月：「修復嶽麓書院，前帥忠肅劉公（珙）特因舊基，復創新館，延請故侍講張公先生往來其間，使四方來學之士得以傳道授業解惑焉。」頁227；《朱子年譜・考異》，卷四，紹熙五年五月：「修復嶽麓書院，按嶽麓書院創於開寶九年，祥符八年賜額。南渡後廢。乾道乙酉（元年），建安劉共甫知潭州，重建，悉還舊規，南軒爲之記。」頁389。

〔註121〕《晦庵先生朱文公文集》，卷八十九〈張公神道碑〉：「湖南帥守劉公珙雅善公（張栻），時從訪問籌策。」頁4135。

〔註122〕《皇宋中興兩朝聖政》，卷四十六，乾道三年七月條，頁10。

〔註123〕《晦庵先生朱文公文集》，卷九十八〈傅公行狀〉，頁4548。

〔註124〕曾覿應該十分有文采，至今仍有《海野詞》一卷留存。

七、八，聞河南二程先生之遺論，皆先賢未發之奧，始捐舊習，朝
夕從事於其間，既久而所得益深。……故公之嗣子今南康太守熹能
紹公之訓，早踐世科，而益篤志於伊洛之學。……獨念自少至老，
游南康父子間為最久，相知為最深，得其父子之賢為悉，故不敢以
不能為辭。〔註125〕

可見傅自得從學於朱熹之父朱松，雖然未表示自己曾學習二程之學，但文中
對二程之學表達了高度認同。因此毫不意外，傅自得讓二子伯壽、伯成從學
於朱熹，〔註126〕服膺了理學。自得雖然長期在福建作官，但他與朱熹的深交
可能使他獲得陳俊卿的賞識，而得陳俊卿推薦。〔註127〕因此傅自得也可算是
道學型士大夫。傅自得既然與朱熹友好，則他對曾覿避不見面的態度，便是
在預料之中。

　　好景不長（至少對道學型士大夫而言如此），近習被逐後過了一年，乾道
四年六月，龍大淵去世，這時，孝宗表示同情曾覿，想要將他召回。〔註128〕
當時已為執政（同知樞密院事）〔註129〕的劉珙立即上諫：

奏曰：「此曹奴隸耳，憐之則厚賜之可也。今引以自近，而賓友接之
至使得以與聞政事、進退人才，則臣懼非所以增光聖德，整飭朝綱
也。」上納其言，為止不召。〔註130〕

陳俊卿也進言：

公（陳俊卿）曰：「自陛下出此兩人，中外無不稱誦聖德。今若復召，
必大失天下望，臣請得先罷去。」上納公言，遂止不召。〔註131〕

陳試圖以「公議」的力量來說服孝宗，並表示情願罷執政，也要阻止召回曾

〔註125〕李清馥，《閩中理學淵源考》，收入《四庫全書》（台北：商務，1983 年），卷
　　　　三十一〈提刑傅至樂先生自得‧遺文〉，頁 23～25。
〔註126〕見《宋史》，卷四一五〈傅伯成〉，頁 12441；陸心源輯，《宋史翼》（台北：
　　　　鼎文，1998 年），卷四十一〈傅伯壽〉，頁 21。
〔註127〕《晦庵先生朱文公文集》，卷九十八〈傅公行狀〉：「今少傅福國陳公（即陳俊
　　　　卿）入為吏部尚書，雅知公之為人，則與侍從官數人露章薦公侍親孝、居官
　　　　廉……遂再除知興化軍。」頁 4545。
〔註128〕《建炎以來朝野雜記》乙集，卷六〈孝宗黜龍曾本末〉：「明年夏，大淵死六
　　　　月十二日致仕。覿時為福建副總管，上憐覿，欲還之。」頁 774。
〔註129〕《宋宰輔編年錄》，卷十七：乾道三年十一月，劉珙自翰林學士知制誥除同知
　　　　樞密院事，頁 30。
〔註130〕《建炎以來朝野雜記》乙集，卷六〈孝宗黜龍曾本末〉，頁 774～775。
〔註131〕《晦庵先生朱文公文集》，卷九十六〈正獻陳公行狀〉，頁 4464。

覿，可見他的態度異常堅決。《續資治通鑑長編》的作者李燾於九月輪對，也向孝宗諫近習：

> 公（李燾）輪對，言：「唐、虞、三代專倚輔弼，漢、唐或謀卿士，今捨二塗，近習必進。此治亂之機，惟聖明深慮過防。」蓋有所指也。〔註132〕

李燾告訴孝宗，如果不信用大臣、卿士，那麼「近習必進」，所謂「有所指」，應該便是孝宗欲召曾覿之事。在陳、劉、李等人的極諫下，孝宗只好作罷。過了四個月（乾道四年十月），陳俊卿拜右相，〔註133〕可見孝宗這時仍欲重用陳俊卿，然而，君臣為近習而出現的矛盾，卻也從來未停止。

在此，我們有必要說明李燾與道學型士大夫的關係。李燾與許多道學中人都有往來，除與陳俊卿向來友好；〔註134〕隆興二年，他和汪應辰同在四川任官，兩人常相過從，〔註135〕乾道五年（1169），李燾之子李垕應制舉，即由汪應辰推薦。〔註136〕乾道六年，劉朔去世，李燾與林光朝、呂祖謙、趙汝愚一起參加劉朔的喪禮，〔註137〕可見他與這些道學中人都有交情。淳熙五年（1178），李燾和張栻皆任職於湖北，呂祖謙寫信給李燾說：

> 張欽夫帥荊南，不知已到官未？同在一路，凡事可相應接，亦非小補也。〔註138〕

〔註132〕 李燾，《續資治通鑑長編》（北京：中華，2004 年），〈李文簡公燾神道碑〉，頁 26。據同書〈李燾年譜〉，李燾輪對在乾道四年九月，〈年譜〉中稱「近習『新』進」（頁 60），與〈神道碑〉有一字之差，但應以〈神道碑〉為是，因為此時曾覿在外，而此時正是孝宗「憐曾覿」欲召之回的時候。

〔註133〕 《宋宰輔編年錄》，卷十七，頁 33。

〔註134〕 《建炎以來朝野雜記》甲集，卷八〈乾道制科本末恩數・李仲信本末〉：「仁父（即李燾字）與應求素善」，頁 315。

〔註135〕 王德毅，《李燾父子年譜》（台北：商務，1963 年），頁 22。

〔註136〕 徐松輯，《宋會要輯稿》（北京：中華，1957 年），〈選舉十一・舉賢良方正能直言極諫等科〉：「五年三月六日，詔應賢良方正能直言極諫科眉州布衣李垕，詞業令繳進。用翰林學士汪應辰之薦也。」頁 28。

〔註137〕 《艾軒集》，卷十〈遺事〉：「乾道辛卯五月，太史劉公（劉夙）卒，艾軒（林光朝）謁告，攜家出精舍哭之。周益公（必大）方以少蓬領三館之士，乃相語曰：『師友道喪久矣，新太史哭其友故太史，古道一振，風俗之機，吾儕弔可廢乎？且復之（劉朔）之喪，仁父（李燾）、伯恭（呂祖謙）、子直（趙汝愚）嘗向艾軒舉行斯禮矣。』遂縞衣哭於艾軒之前。」頁 3～4，此亦可見周必大與林光朝等人也都有交情，可作為第一章第一節的補充。

〔註138〕 呂祖謙，《東萊外集》，收入《四庫全書》（台北：商務，1983 年），卷六〈與李侍郎仁父〉，頁 11。

呂祖謙關心兩人在湖北的狀況，並認爲可互相照應，此亦可見李燾與呂祖謙、張栻皆很有交情。李燾與張栻既然同在一路，李燾便讓兒子李壁，李埴從學於張栻，李燾的後人就服膺了理學，〔註139〕張栻還曾用「霜松雪柏」形容李燾的人格，〔註140〕可見李燾亦與道學家「氣類相近」。故，李燾本身雖不鑽研理學，但平常既與眾道學型士大夫交好，自然也對理學抱有同情與認同。因此他的成就雖在史學，但也可算作道學型士大夫。是故，李燾藉輪對向孝宗諫近習，便不令人意外。

到了乾道五年，曾覿在福建的任職期滿，須回京受命，道學型士大夫的敏感神經又再度繃緊。此時劉珙已去位，只有陳俊卿再次諫言，他與孝宗有這樣一段對話：

> （曾）覿官滿當代，應求度其必將復入，預請以浙東總管處之，上曰：「覿意似不欲爲此官。」應求曰：「外閒藉藉，謂覿必復來，願陛下且損私恩，以伸公議。」〔註141〕

但是這回，他沒有得到孝宗的首肯。此時，許多道學型士大夫紛紛加入排曾覿的運動。傅自得寫信給陳俊卿說：「覿入必留，留必爲善人正論之害。」〔註142〕曾覿在回臨安的途中，經過衢州，衢州太守正是隆興二年曾向孝宗諫近習的劉夙，劉夙要人告訴曾覿絕不見他，曾覿只好繞道城外。〔註143〕

在這場阻止曾覿回臨安的運動中，應屬時任太學錄的魏元履最爲激烈。魏元履與朱熹皆曾師從理學家胡憲，兩人交情甚篤，雖曾因社倉之法相互詰難，但絲毫不影響朱、魏之間的交情；朱熹形容魏元履「少好學，有大志」，並認爲魏元履的意見雖與自己不同，但其「忠厚懇惻之意，藹然有三代王政

〔註139〕魏了翁，《鶴山先生大全集》，收入《四部叢刊正編》（台北：商務，1979年），卷六十四〈跋靜春先生劉子澄帖〉：「靜春先生劉公（清之），淳熙五年八月十九日所與張宣公帖也。宣公時爲祕閣修撰、荊湖轉運副使……是歲，石林李公（壁）年二十，悅齋李公（埴）年十有八，而靜春以二公屬宣公。」頁1，劉清之本身即爲道學中人，可見其《宋史》本傳；雖說是劉清之讓李壁、李埴從學於張栻，但李燾本人應也首肯。李燾子弟先後所學皆道學家，可見李燾對道學應有認同。

〔註140〕《宋史》，卷三八八〈李燾〉，頁11919。

〔註141〕《建炎以來朝野雜記》乙集，卷六〈孝宗黜龍曾本末〉，頁775。

〔註142〕《晦庵先生朱文公文集》，卷九十八〈傅公行狀〉，頁4551。

〔註143〕《建炎以來朝野雜記》乙集，卷六〈孝宗黜龍曾本末〉：「覿之代歸也，道過衢州守臣劉賓之（夙），遣人諭以入城決不相見，覿乃取道城外。」頁775。

之餘風」。〔註144〕早在隆興元年底，朱熹便已將向孝宗諫近習的情況告訴魏元履（見第一節），魏元履反近習的態度，很有可能便受朱熹影響。而今魏元履受汪應辰、陳俊卿的推薦，以布衣身分任職太學，〔註145〕自然不放棄上諫的機會：

> 太學錄魏元履聞（曾）覿且來，亟上封事以諫，又見應求切責之，應求亦不堪，乃因其告歸，罷爲台州州學教授，待六年闕。覿時至龍山已久，伺候元履之去，然後入國門焉。〔註146〕

這條史料傳達出許多訊息。其一，曾覿雖然是孝宗的親信，但他的態度十分卑微，先是因劉夙不願見他而繞道，後又因魏元履未出國門，而在龍山徘徊不敢前進；其二，陳俊卿的立場似乎與魏元履不同，才會受魏的「切責」，而感到「不堪」，而魏敢於這樣責備與自己地位懸殊的宰相，亦可見兩人平日應頗有交情。六月，魏元履罷太學錄。〔註147〕七月初，朱熹尚未獲得此訊息，在寫給汪應辰的信上說：

> 聞元履數有論建，最後者尤切，至若一旦眞以此去，則有志之士雖欲不視之以爲去就，亦不可得矣。……諸公果能協成元履之論，使聖德日新，讒佞屏遠，逆耳利行之言，日至於前而無所忤焉，則熹失所望於前者，猶或可以收之於後。〔註148〕

可見朱熹此時雖未任職，但密切注意著朝廷的一舉一動。朱熹對魏元履的切諫期望很高，並希望「諸公」能助魏元履一臂之力，所謂「諸公」至少包含時爲右相的陳俊卿和史部尚書汪應辰。「尤切」的「最後者」，當然即是指曾覿之召。朱熹很快又得知了魏元履罷職之事，他再度寫信給汪應辰，語氣於前封信的殷切期待大爲不同：

> 陳公之待天下之士乃如此，明公又不稍加調護，而聽其所爲，則熹亦何恃而敢來哉？蓋熹非敢視元履爲去就，乃視諸公所以待天下之士者而爲進退耳。〔註149〕

〔註144〕《晦庵先生朱文公文集》，卷七十九〈建寧府建陽縣長灘社倉記〉，頁3778～3779。

〔註145〕《南軒集》，卷四十〈教授魏元履墓表〉，頁14。

〔註146〕《建炎以來朝野雜記》乙集，卷六〈孝宗黜龍曾本末〉，頁775。

〔註147〕《南軒集》，卷四十〈教授魏元履墓表〉：「元履之請予告使歸，既行，則罷爲台州州學教授，五年六月也。」頁15。

〔註148〕《晦庵先生朱文公文集》，卷二十四〈答汪尚書七月二日〉，頁1101。

〔註149〕《晦庵先生朱文公文集》，卷二十四〈答汪尚書七月二十六日〉，頁1103。

朱熹對陳、汪二人表達了失望與不滿，當時陳俊卿再三催促朱熹任樞密院編修官，朱熹也因此拒絕赴任。〔註150〕然而，我們應該要了解陳、汪二人當時是在朝高官，朱熹卻是在野，雙方儘管交情深厚，但因位置不同而有立場上的差異，陳、汪二人必然得承受孝宗給與的沉重壓力，因此陳俊卿的反近習立場雖然鮮明，但不得不有所讓步，甚至將言論激切的魏元履罷官，這卻不免受到道學集團內部的譴責。張栻也未在排曾覿運動中缺席，張栻在寫給魏元履的信中一方面讚許他，一方面也感嘆他因此去職：

> 兄抗論切直，悚動一時，此書亦庶幾不虛矣。但非惟善言之不用，
>
> 而遽使直士引去，使人重憂嘆耳。〔註151〕

魏元履死後，張栻在替他寫的墓誌銘上，也慎重地紀錄魏諫近習之事。〔註152〕

眼見曾覿即將召回，正好這時虞允文（有關虞允文將在第二章第二節作更仔細的討論）從四川回到臨安，且正受孝宗寵信，於是和陳俊卿一起面奏不可留下曾覿，孝宗便說：「然，留必累朕。」於是曾覿就被任命為陳俊卿原先建議的浙東副總管了。〔註153〕然而，孝宗並未打消召回曾覿的念頭，他仍不時在陳俊卿等人的意見和自己的意志間猶疑不定。〔註154〕乾道六年（1170）

〔註150〕《建炎以來朝野雜記》乙集，卷八〈晦庵先生非素隱〉：「丁亥之冬，陳魏公（俊卿）行丞相事，劉忠肅在樞府，乃奏除樞密院編修官，待次五年，魏公獨相，促就職者三，將行矣，而聞魏元履以論曾覿事去國，先生遂止。」頁811。

〔註151〕《南軒集》，卷二十六〈答魏元履〉，頁13。

〔註152〕同註151，卷四十〈教授魏元履墓表〉：「元履念上恩厚，言雖不見用，未忍去也。於是時事有係安危治亂之幾，而自宰相以下無敢救正指陳者，懷不自已，每抗疏力言之，至於三四，不報，則移疾杜門，以書切責宰相，宰相病之，遂因元履之請予告使歸，既行，則罷為台州州學教授，五年六月也。」頁14～15。所謂「係安危治亂之幾」當然便是指召曾覿之事，魏元履死於乾道九年，當時曾覿正得勢，張栻不直書何事，當是為了避禍。《晦庵先生朱文公文集》，卷八十三〈跋魏元履墓表〉作於慶元元年，朱熹自白道：「元履之塋，熹實銘之，而刻石納壙中矣。其曰：『事有繫安危治亂之機者』，則曾覿召還之命也。時覿勢方盛，熹竊過憂，恐貽異時丘隴之禍，故不欲察察言之，而敬夫（即張栻）復表其墓，亦放此意，故常私念，使吾亡友盡言之忠不白於後世，其咎乃縣於我，每竊愧焉。」頁3933。

〔註153〕《建炎以來朝野雜記》乙集，卷六〈孝宗黜龍曾本末〉，頁776。

〔註154〕同註153：「又月餘，上復以墨詔進覿一官為觀察使，舍人胡長文繳還詞頭，以為不因事除拜，必有人言，應求亦持不可，上未聽，應求曰：『不爾，亦須有名。』乃遣介汪仲嘉賀金主正旦。邸報五年十月十六日曾覿朝見。比還，進一官。六年二月二十九日庚戌。而竟申浙東之命。又介閤門吏趣覿朝辭。

五月陳俊卿罷相後不久，曾覿終於召回。史書上說：

> 俊卿既去，覿亦召還，遂建節旄，歷使相以躋保傅，而士大夫莫有
> 敢言者矣。〔註155〕

乾道三年到六年的排曾、龍運動，參與者：陳俊卿、劉珙、汪應辰、李
燾、朱熹、張栻、魏元履、劉夙、傅自得，皆是道學型士大夫。〔註156〕他們
不論在朝或在野，都密切注視著朝廷的一舉一動，並往往把逐近習看得比自
己的仕宦前途來得重要，不惜上書切諫，在私底下也互通聲息，彼此商討意
見與感觸。我們要如何解讀這個現象？道學型士大夫本來就是「氣類相近」
的一群人，他們在「曾龍事件」中既已居主要力量，則他們在乾道時期對近
習引人注目的敏感與排斥，很可能便是在「曾龍事件」後，反近習的信念在
他們的私交網絡中持續傳佈而更加堅確；他們之中一旦有人任宰執（即陳俊
卿），反近習的言行便很容易浮上檯面。在排曾覿運動中，道學型士大夫已以
前後相繼的努力成爲對抗近習的主要力量，「道學集團」可說已然形成。

在排曾、龍運動中，一開始近習異常順利地被逐出，爾後道學型士大夫
繼續爲阻止曾覿的召命而奮鬥不止；然而，隨著孝宗給予的壓力增加，身爲
宰相的陳俊卿不得不有所讓步；在陳去位之後，曾覿終於召回，道學集團的
排近習運動暫告失敗。值得注意的是，**觀察乾道年間道學型士大夫與近習的
互動，不難發現前者的姿態甚高，曾覿則甚爲謙卑**，這或許便與道學集團凝
聚的力量與排近習受「公議」支持有關，且曾覿不在皇帝身邊，其政治勢力
恐怕也小得多。往後，曾覿雖然平步青雲，不再有人大聲討伐，但道學型士
大夫對抗近習的運動，仍還有很長的路要走。

第四節　紹興末反近習的端倪

近習問題，儘管在宋孝宗一朝引起喧然大波，但並非孝宗朝所獨有。如
果加以追溯，可發現高宗朝同樣有影響力大的近習，那麼，兩朝的近習問題，
是否有所延續？本節將以前三節的討論爲基礎，進一步追溯高宗末期的近習

邸報六年四月十三日曾覿朝辭。覿怏怏而去，明年（乾道六年）夏應求罷知
福州。其十月曾覿以京祠召。」
〔註155〕《皇宋中興兩朝聖政》，卷四十八，頁10。
〔註156〕當然，這些不會是這個時期參與排龍、曾的所有人物，但應已包含其中比較
重要的部分。

與國策問題。

　　寺地遵在《南宋初期政治史研究》指出，秦檜聯合宋高宗身旁的倖醫王繼先和內侍張去爲，以「闚微旨於內朝。」〔註157〕《三朝北盟會編》說道：「大抵主上以國事委之檜，以家事委之去爲，以一身委之繼先。」〔註158〕負責高宗「家事」的張去爲，和負責「身事」的王繼先，可說就是高宗朝最重要的兩近習。〔註159〕寺地遵也指出，在完顏亮南侵時，「曾經是秦檜專治體制主要支持者，在皇帝身邊活動的侍醫王繼先、宦官張去爲等人，都在這段時間，因主戰論道義派官僚杜莘老的彈劾而遭貶逐。」〔註160〕考諸史實，杜莘老對王繼先的彈劾十分順利，〔註161〕但對張去爲的彈劾則經歷了一翻波折，且過程中並非孤軍奮鬥。以下我們便對後者作更仔細的探究。

　　紹興三十年十二月，秦檜黨羽、時任左僕射的湯思退因侍御史陳俊卿的彈劾而去位。〔註162〕緊接著，陳俊卿就把矛頭指向內朝的近習：

　　　　三十一年春正月既望，大雷電，……公（陳俊卿）又言：「……近
　　　　習有撓權而大臣無任責者歟？左右阿諛者眾而忠讜之論不聞歟？」
　　　　〔註163〕

到了五月：〔註164〕

　　　　是時，虜人侵軼之勢已形，……內侍張去爲陰沮用兵之策，且陳避
　　　　敵之計。公（陳俊卿）遂抗言：「去爲竊弄威福，虧損聖德，今復沮

〔註157〕寺地遵著，劉靜貞、李今芸譯，《南宋初期政治史研究》，第十一章第二節，
　　　　〈紹興十八年時期——掌握皇帝周邊人士〉，頁311～314。《建炎以來繫年要
　　　　錄》，紹興十七年四月辛丑條，注：「呂中大事記：人君起居動息之地曰內
　　　　朝、曰外朝、曰經筵三者而已。執政、侍從、臺諫皆用私人，則有以彌縫於
　　　　外朝矣；又陰結內侍及醫師王繼先闚微旨於內朝矣；獨經筵之地乃人主親近
　　　　儒生之時，（秦）檜慮其有所浸潤，於是以熺兼侍讀，又以巫伋爲說書，除言
　　　　路者必預經筵，以察人主之動息、講官之進說，而臣無復天子之臣矣。」頁
　　　　183-2。
〔註158〕《三朝北盟會編》，卷二三○〈炎興下秩〉，紹興三十一年八月十一日辛亥條，
　　　　頁1569-1。
〔註159〕王繼先在《宋史》，卷四七○〈佞幸〉也有傳，張去爲則在卷四六九〈宦者四〉
　　　　有傳。
〔註160〕《南宋初期政治史研究》，〈終章〉，頁445。
〔註161〕時間在紹興三十一年八月。見《宋史》，卷三十二〈高宗九〉，頁602。
〔註162〕《宋史》，卷三七一〈湯思退〉，頁11530。
〔註163〕《晦庵先生朱文公文集》，卷九十六〈正獻陳公行狀〉，頁4448～4449。
〔註164〕《宋史》，卷三十二〈高宗九〉：「（紹興三十一年）五月……庚子……殿中侍
　　　　御史陳俊卿言，內侍張去爲竊權撓政，乞斬之以作士氣」，頁600～601。

> 撓成算，請按軍法斬之，以作士氣。」上愕然曰：「卿可謂仁者之勇
> 矣。」明日，除權兵部侍郎。〔註165〕

陳俊卿乞斬張去爲，言論可謂激切，高宗驚訝之餘，表面上稱讚陳俊卿，但第二天陳俊卿就落諫官職、除兵部侍郎，暗示了高宗對張去爲的維護。〔註166〕這時候，杜莘老站出來爲陳俊卿講話：

> 陳俊卿自副端爲兵部貳卿，求去甚力，公（杜莘老）因奏事從容曰：
> 「人才實難，況多事之際，如俊卿輩，令在論思之地，必有補益。」
> 上以爲然。〔註167〕

從杜莘老諫留陳俊卿，和陳俊卿「求去甚力」，使我們更清楚看到高宗對後者彈劾張去爲感到不快。到了十月，杜莘老趁張去爲受輿論譴責之際，再次彈劾張去爲：

> 內侍張去爲取御馬院西兵二百髡其頂，都人異之，口語籍籍。莘老
> 彈治，上疑其未審，不樂。莘老執奏不已，竟罷去爲御馬院，致仕，
> 而莘老亦以直顯謨閣知遂寧府。給事中金安節、中書舍人劉珙封還
> 制書，改司農少卿，尋請外，仍與遂寧。〔註168〕

這條史料傳達出不少訊息。其一，張去爲不只負責高宗的家事，還負責兵事；其二，杜莘老的彈劾同樣受到皇權的壓力，張去爲雖然致仕，但杜莘老也因此補外；其三，「給舍」金安節、劉珙以封還制書的方式聲援杜莘老，而金、劉二人，正是孝宗朝反曾、龍的道學型士大夫。杜莘老雖然因此補外，但卻受到輿論的極大肯定：

> 朝士祖道，都門以詩文稱直者百餘人，都人至今以爲美談。雖宿衛
> 武夫，府寺賤隸，誦說前朝骨髓敢言必曰杜御史也。〔註169〕

這或許也在一定程度上鼓舞了孝宗朝反近習的士大夫。

在和、戰立場上，寺地遵稱杜莘老爲「主戰論道義派官僚」，這確有道理。完顏亮南侵，高宗最後決定親征，「莘老疏奏贊上」。〔註170〕隆興元年十

〔註165〕《晦庵先生朱文公文集》，卷九十六〈正獻陳公行狀〉，頁4450～4451。
〔註166〕這很有可能是朱熹在爲陳俊卿寫行狀時，既想呈現君納臣諫的形象，又不願意抹煞事實的寫作筆法。
〔註167〕董兆熊編，《南宋文錄錄》（北京：線裝書局，2004年，清光緒十七年刻本），卷二十二〈杜御史莘老行狀〉，頁3。
〔註168〕《宋史》，卷三八七〈杜莘老〉，頁11894。
〔註169〕《南宋文錄錄》，卷二十二〈杜御史莘老行狀〉，頁3。
〔註170〕《宋史》，卷三八七〈杜莘老〉，頁11893。

一月，張浚任右相，便向孝宗建議將補外的杜莘老召回，〔註171〕顯示張浚對杜莘老的欣賞。相對的，近習王繼先和張去爲在完顏亮南侵時，仍主和議，王繼先曾向高宗說：「若斬一二人，則和議可以復固。」〔註172〕而前引史料也說張去爲「陰沮用兵之策」，這顯示他們在秦檜去世後，仍堅守一直以來的和議國策。

那麼，王繼先和張去爲的主和，是否可能影響龍大淵的主和立場？考諸史實，龍、曾兩人在成爲建王內知客前，龍大淵曾爲高宗鑒定書畫，〔註173〕而曾覿的身分則爲閤門司的「閤門看班祇候」，〔註174〕負責「掌侍班列」，〔註175〕即爲皇帝排見官僚的班次，應該也有機會接近皇帝。因此，曾、龍在高宗朝應是地位較低、重要性不如王繼先、張去爲的近習。如此，他們應該不可能不與王、張有所接觸，甚至有可能也參與了王、張兩近習與宰相聯合的主和集團。孝宗在抱怨自己被曾、龍所誤時曾說：「爲家老子誤我不少。」〔註176〕可見曾、龍兩人是高宗選派給孝宗的。當高宗將曾、龍派給孝宗，便可能也代表著安排主和份子在孝宗左右。《四朝聞見錄》提道：

> 光堯（高宗）每以張浚誤大計爲辭，謂上（孝宗）：「毋信其虛名。浚專把國家名器錢物做人情。……」或者謂必有近習讒浚於太上云。〔註177〕

〔註171〕徐自明編，《宋宰輔編年錄》，卷十七：「（隆興元年）十二月二十二日制拜公（張浚）尚書右僕射，都督如故。……公薦虞允文、陳俊卿、汪應辰、王十朋、張闡，可備位執政，劉珙、王大寶、杜莘老宜即召還。」頁14。

〔註172〕《建炎以來繫年要錄》，卷一九二，紹興三十一年八月條，頁753-2。

〔註173〕《齊東野語》，卷六〈紹興御府書畫式〉：「思陵（即高宗）……訪求法書名畫，不遺餘力。……故紹興內府所藏，不減宣政。惜乎鑒定諸人如曹勛、宋旬、龍大淵、張儉、鄭藻、平協、劉炎、黃晃、魏茂實、任源輩，人品不高，目力苦短。」頁93。

〔註174〕《建炎以來繫年要錄》，卷一八六，紹興三十年九月條：「庚子，敦武郎權閤門看班祇候曾覿爲建王府內知客。」頁651-2。

〔註175〕《建炎以來朝野雜記》甲集，卷十〈閤門〉，頁256。

〔註176〕徐經孫，《矩山存稿》，收入《四庫全書》（台北：商務，1983年），卷一〈劾董宋臣疏·又疏〉：「時孝宗皇帝於龍大淵、曾覿之始逐也，謂陳俊卿曰：『卿言甚忠，當爲卿逐之。』俊卿歸未及門，已有旨黜二人於外，此陛下前日事也，及大淵既復，曾覿再還，又復竊弄，孝宗覺之，謂左右曰：『爲家老子誤我不少。』」頁30。但徐經孫的奏摺，顯然有史實上的錯誤，龍大淵死於外，並未回來臨安。

〔註177〕葉紹翁，《四朝聞見錄》，收入《唐宋史料筆記叢刊》（西安：三秦，2004年）乙集，〈孝宗恢復〉，頁84。

這位「讒浚」的近習，很可能就是龍大淵，據本章第二節，龍大淵在隆興時期與湯思退等合作排擠張浚，龍大淵既然曾為高宗近習，則和黨在排擠張浚時透過龍大淵向高宗進言，是很有可能的。在新、舊主子間遊走，對龍大淵而言大概並非難事。

綜合上述，我們可以從高宗末反近習的人物和他們的政策立場，來分析紹興二十五年之後的政局如何延續至孝宗初期。杜莘老當然是逐王繼先、張去為的主角，但因為出知遂寧，且於隆興二年六月去世，〔註178〕因此沒有機會參與孝宗時候的反近習運動。但攻張去為的「先發」其實是陳俊卿，圍繞在杜莘老身旁的支持者，包含金安節、劉珙，也在往後成為孝宗朝攻近習的重要人物，就此而言，陳、金、劉多少是延續了在高宗朝攻近習的經驗，進而繼續反孝宗朝近習。其次，我們也發現，高宗朝的近習與孝宗朝初期的龍大淵政治立場相同，即皆主和議，龍大淵原是高宗的僕臣，與管高宗「家事」、「身事」的張、王兩人自然應有所接觸，甚至，高宗內朝的近習們，在秦檜的布局下，早就與外廷和黨聯為一氣，如果此論不誤，那麼湯思退與龍大淵聯合，就不是偶然的人際交結，而是秦檜與張去為等聯合的延續，也是和黨與近習聯合的長期政治形勢。就此而言，不論是道學型士大夫反近習的意向，或近習主和議的立場，都可在秦檜死後的高宗朝政局找到具體而微的發展源頭。

第五節　道學型士大夫反對近習的政治意義

以上我們已經看到道學型士大夫為反對近習而進行前仆後繼的努力。然而，他們反對近習的理由究竟為何？如果只是為反近習而反近習，或將近習視做皇帝身旁的「小人」而加以反對，那麼，我們便難以認為反近習有何特別的意義，也會質疑是否值得為了近習問題付出這麼多心力。以下我們透過史料，探討就「制度」層面而言，在道學型士大夫的認識中，反對近習有何重要的政治意義，以此亦可觀察道學型士大夫的共同信念。

乾道六年，朱熹在寫給張栻的信中，特別用小字寫道：

> 政令之出必本於中書，使近習小人無得假托以紊政體，此最事之大者。〔註179〕

這段話顯示朱熹認為政治中有一合理的「政體」存在，當「政令」是由外廷

〔註178〕《南宋文錄錄》，卷二十二〈杜御史莘老行狀〉，頁3。
〔註179〕《晦庵先生朱文公文集》，卷二十五〈答張敬夫一〉，頁1108。

的中書省發出時，便是「政體」運作得宜，但若政令之出是由皇帝身旁的近習，那麼「政體」就超出常軌、變混亂了。本章第三節，提到李燾向孝宗諫近習，他提出的觀點即與朱熹十分類似，他指出若皇帝不依靠外廷施政，「近習必進」，他甚至稱皇帝依靠外廷或近習爲政，是「治亂之機」，這與朱熹認爲近習干政將「紊政體」，實是同一意義。朱熹和李燾的論點當然不是無的放矢，而是針對當時的政治弊病，即以宰相爲首的外廷經常無法參與政策制定，反而是近習得以干政。

　　除了「政體」這較爲中性的用語，道學型士大夫更常用的詞彙是「紀綱」。朱熹在〈庚子應召封事〉中說：

> 使陛下之號令黜陟不復出於朝廷，而出於此一二人之門，名爲陛下之獨斷，而實此一二人者陰執其柄，蓋其所壞非獨壞陛下之綱紀而已，乃并與陛下所以立綱紀者而壞之。〔註180〕

同樣是認爲政令若不出於外廷，而出於一二近習，將使「綱紀」受到破壞。淳熙五年，陳俊卿面見孝宗時極論曾覿、王抃，也認爲近習干政的影響是「壞朝廷之紀綱，廢有司之法令，敗天下之風俗，累陛下之聖德。」〔註181〕「紀綱」即是政體合理運作的法則，對「紀綱」的破壞，更能顯現近習之害。

　　政令不由中書、近習得以干政的原因，劉光祖在乾道五年的對策中，直言不諱地說：

> 天子之職莫大於任相，今陛下置相而獨取夫奉職守法、順旨而易制者充焉。……陛下好自用而使宰相循循而入、唯唯而退，臣不知陛下亦安賴是爲哉？且君猶元首，臣猶股肱也，陛下棄股肱而運動，廢耳目而視聽，臣恐宰相權輕，則近習得以乘間而議政，此大不可也。〔註182〕

他把問題的根源指向皇帝，認爲皇帝最大的責任便是任命一賢能的宰相，但孝宗「好自用」的專權傾向，使宰相只能聽命行事，在皇帝身旁的近習反而有機會提供意見。按，余英時先生在《朱熹的歷史世界》論孝宗的晚年部署之一是擢用理學型士大夫，其中一位便是劉光祖，〔註183〕劉後來也被列入慶

〔註180〕同註179，卷十一〈庚子應詔封事〉，頁586～587。

〔註181〕同註179，卷九十六〈正獻陳公行狀〉，頁4476～4477。

〔註182〕楊士奇、黃淮等編，《歷代名臣奏議》，收入《四庫全書》（台北：商務，1983年），卷四十九，頁28。

〔註183〕余英時，《朱熹的歷史世界》，第十章，〈孝宗與理學家‧孝宗的晚年部署之二〉，

元黨禁的「僞黨」名單，﹝註184﹞他屬於道學集團當無疑。

　　近習干政所造成的影響，其一便是外廷臣僚無法負該負的責任。淳熙二年，李椿向孝宗進言說：

> 今君勞臣逸，非治之體。……願觀易卦之象，體乾剛健，而使腹心、股肱、耳目、喉舌之臣，各任其職，且察臣下有游近習之門者，嚴禁絕之，而益以公道用人，名節取士，則士風振而人材出矣。﹝註185﹞

李椿指孝宗做了太多原先該由臣僚做的事，這種不合「治體」的現象顯然是君、臣各失其職，因此李椿認爲該讓「腹心、耳目、喉舌之臣」都各負其職責。按，李椿曾受業於理學家胡安國，﹝註186﹞與朱熹等理學家也有交情，﹝註187﹞因此亦是道學型士大夫。朱熹在〈庚子應詔封事〉中也說：

> 宰相、臺省、師傅、賓友、諫諍之臣皆失其職，而陛下所與親密，所與謀議者，不過一二近習之臣也。﹝註188﹞

與李椿意見類似，朱熹認爲各官職皆有一定的職責，因此眼見孝宗只和「一二近習之臣」謀議，不免感歎外廷官僚「皆失其職」。錢賓四先生在〈中國傳統政治〉一文，提出了「職分論」的觀點來解釋中國傳統政治，頗可用來進一步理解道學型士大夫是以何種角度關心政治。錢賓四先生在文中指出：

> 這裡所提出的，並不是政治上的主權應該誰屬的問題，而是政治

頁584。

﹝註184﹞ 樵川樵叟，《慶元黨禁》，收入《宋代傳記資料叢刊》（北京：北京圖書館出版社，2006年），頁9。

﹝註185﹞ 《晦庵先生朱文公文集》，卷九十四〈李公墓誌銘〉，頁4328。按，朱熹所記李椿奏書，與《歷代名臣奏議》，卷一四五，李椿所奏內容多有重複，但彼此側重不同，應該原是同一奏議，各自刪減而成。《歷代名臣奏議》所錄稱自己「六十有四」，而李椿生卒年是1111～1183年，因此此時應爲1175年，即淳熙二年，其中也提到任職問題，他說：「天生一世人，自足以了一世事，今非無人也，但不任其職也。何以不任其職，風俗使然也，風俗若何？主勞而臣逸也。」頁18。

﹝註186﹞ 《鶴山先生大全集》，卷五十四〈廣平李氏觀畫所見序〉：「公名椿，字壽翁，師友淵源所自，則文定胡公云。」頁14；《宋元學案》，卷三十四〈武夷學案〉：「李椿，字壽翁，……其尉衡山時，受業文定（即胡安國），尤深於易。」頁127。

﹝註187﹞ 《晦庵先生朱文公文集》，卷九十四〈李公墓誌銘〉：「熹不足以銘公，然熟公聞望蓋久，中間一再通書，荷公見予良厚。」頁4332。

﹝註188﹞ 《晦庵先生朱文公文集》，卷十一〈庚子應詔封事〉，頁586。

上的責任應該誰負的問題。社會上一切不正，照政治責任論，全由行政者之不正所導致，所以應該由行政者完全負其責。……這是一種君職論，絕不是一種君權論。……這些全是政治上的責任論，亦可說是職分論。中國傳統政治理論，是在官位上認定其職分與責任。〔註189〕

從朱熹和李椿的議論正可印證錢賓四先生的觀點，他們憂心的是皇帝專權、近習干政將使外廷臣僚無法在其職位上負該負的責任。當然，錢先生並非只論「責」而不論「權」，錢先生曾以專文討論過宋代的相權。〔註190〕中國傳統士大夫也並非不論「權」，前引劉光祖的對策便說「臣恐宰相權輕」，在第一節引到劉夙向孝宗諫近習，他也說：「殆左右近習盜陛下權耳。」第四節則引到陳俊卿向高宗說：「近習有撓權而大臣無任責者歟？」從這些言論可以得到這樣的認識：官僚在其職位上必有其「權」，有「權」才能負其「責」，但當外廷臣僚權力被架空或限縮時，道學型士大夫所焦慮的並不是其權力的輕重，而是官員將無法負責，這所導致的嚴重後果便是政體混亂。從這些議論也可知，有職位的官僚才有能不能負責可言，至於不在其位近習，就沒有負不負「責」的問題，只有撓不撓「權」的問題。

皇帝專權、近習干政的另一影響，是頻繁出現的「內降」或「中出」的施政方式。北宋仁宗嘉祐二年（1057），諫官陳升之進言：

近日內降恩賞頗多，雖許有司執奏，然亦時有奉行，虧損政體，無甚於此。……若命一官，除一職，參之典故，故爲可與，質之公論，不以爲非，當議于朝、拜于廷可也。……不知有求之人，何故捨此而不爲，必欲緣近習女謁而後進？是必自度于典故爲不當得，所以去坦夷公直之途，而蹈邪險私曲之徑也。伏惟陛下以大公至正臨御

〔註189〕錢穆，〈中國傳統政治〉，收入《國史新論》（台北：東大，1998年再版），頁72～73。又閻鴻中師在〈職分與制度——錢賓四與中國政治史研究〉，載《台大歷史學報》，第三十八期（2006，台北），評論道：「『職分論』的新觀點不僅提綱挈領地說明了錢先生一直力求解釋的中國政治之基本特質，而且使得從《國史大綱》以來的許多論點都貫串圓通。」頁144；又認爲：「長期以來，對錢先生意見的批評雖多，轉化爲對相關議題進行的深入研究——無論反駁或印證——卻極少，這是深值惋惜的。」頁154。而本節就是以「職分論」來對「相關議題」進行探究。

〔註190〕錢穆，〈論宋代相權〉，收入《宋史研究集》第一輯，頁455～462。但文中的討論集中在北宋的情況。

天下，亦嘗患近習女謁撓壞法律，故屢詔有司，事從<u>中出</u>者皆令執
奏。……臣歷觀前世，近習女嬖之說行，使人君賞罰之柄不得由至
公之道，法度未有不陵遲，而國家未有不顛覆者。〔註191〕

陳升之頗為完整地論述了「近習女謁」之害，可見在北宋時，近習已揹負了
負面形象。陳升之指出，命官任職應該由朝廷公論，不由朝廷而由「近習女
謁」，必然是那些透過公選不得進之人，而憑恃「近習女謁」而任官者，又通
常以「內降」、「中出」的形式運作，即由皇帝直接下達命令，跳過外廷的把
關。他認為，這將導致法度陵遲、國家顛覆的嚴重後果。「內降」、「中出」或
許時有所見，但在孝宗朝，出現得特別頻繁。〔註192〕《建炎以來朝野雜記》，
逸文，〈龔實之論曾龍〉說：

實之（龔茂良字）言：「……今左右近習不過數人，眾所指目形于謠
誦，一二年來，進退人才施行政事，命由中出。」……時隆興二年
八月矣。〔註193〕

龔茂良指命由「中出」是一二年來的事，等於是說這是孝宗即位後的現象。
劉光祖在其對策中也說孝宗「一政事無不從中治也，一聽斷無不從己出也」。
〔註194〕這種施政方式，在道學型士大夫眼中，與外廷官僚的失職實為一體之
兩面，都將導致紀綱遭到破壞。

　道學型士大夫當然不會坐視政治偏離正軌，尤其當他們任宰輔大臣之
時。乾道四年，兩大近習龍大淵、曾覿正受逐在外，時為參政的陳俊卿沒有
放過這個大好機會，他趁一次政令不由外廷而引發弊端，向孝宗請求政還中
書：

先是，禁中密旨直下諸軍者，朝廷多不與聞。有禁官張方者，以某
事發覺，公（陳俊卿）方與同列奏請，自今有司承受御筆處分事宜，
並須申朝廷奏審方得施行，未報。至是，因（王）琪事復以為言，
上乃悅而從之。事下兩日，則又有旨收還前命。……（陳俊卿）奏
曰：「……詔命必出於陛下，號令必由於朝廷，所以謹出納而杜姦欺

〔註191〕《宋會要輯稿》，〈刑法二・禁約一〉，頁32。
〔註192〕可參考藤本猛，〈武臣の清要──南宋孝宗朝の政治狀況と閤門舍人〉，《東
　　　　洋史研究》，第六十三卷第一號，2004年，頁1～35。其中論及孝宗的御筆政
　　　　治。
〔註193〕《建炎以來朝野雜記》，逸文，〈龔實之論曾龍〉，頁1185～1186。
〔註194〕《歷代名臣奏議》，卷四十九，頁28。

也。祖宗成憲，著在令甲。比年以來，漸至墮紊。……夫臣等所慮
者，命令之大，如令三衙發兵，則密院不可不知，令戶部取財，則
三省不可不知耳。……況朝廷乃陛下之朝廷，臣等偶得備數其間，
出內陛下命令耳。凡事奏審，乃欲取決於陛下，臣等非敢欲專之也。
況此特申嚴舊制，亦非創立新條。」〔註195〕

從這段史料可看出孝宗確實常越過外廷宰執，直接下命令給執行機構，這使宰
執權責被架空。於是陳俊卿提出抗議，他同樣認為「號令必由於朝廷」，這即是
否定「內降」的施政方式。他指出這實是根據有法條規定的「舊制」，並把它提
到「祖宗之法」的高度，〔註196〕他委婉地說「比年以來，漸至墮紊」，事實上
應該就是指孝宗即位以來的情形。孝宗對權力敏感的個性陳俊卿當然了解，因
此他苦口婆心的向孝宗解釋三省、密院參與政治決策的必要性，並小心翼翼地
表明自己並非想要爭奪皇帝的決策權，以化解孝宗的疑慮。與陳俊卿一起上奏
請求的「同列」，便是時任同知樞密院事兼權參知政事的劉珙，他顯然不像陳俊
卿這麼委婉，據劉珙行狀說「時諸公雖更進懇請，而公（劉珙）言尤激切，故
獨罷公。」〔註197〕當時朱熹在寫給魏元履的信中也提及此事：

共父（即劉珙）前月二十間因論王琪專被密旨築眞州城，不經由三
省密院，大忤上旨，批與端殿、宮觀，次日又批與知隆興。……然
共父書云，陳丈（即陳俊卿）力爭此事，恐亦不能久。兩公在朝雖
做大事不得，然善類不無所恃，今各辭去，亦可慮也。〔註198〕

朱熹說陳、劉二人在朝中無法做大事，其原因應該便是「內降」的行政方式
架空了執政的權力，但他們向孝宗要求恢復「舊制」的結果卻是「大忤上旨」，
〔註199〕孝宗對此事的在意與憤怒情緒可想而知。他們向孝宗請求政還中書終
究是失敗了。到了淳熙五年，陳俊卿雖然早已不是宰執，但仍向孝宗諫言：

陛下選用人才，當辨邪正，然又必由朝廷，乃合公論。如聞曾覿、
王抃招權納賂，薦進人才，而皆以中批行之。〔註200〕

〔註195〕《晦庵先生朱文公文集》，卷九十六〈正獻陳公行狀〉，頁4465～4466。
〔註196〕宋代「祖宗之法」的地位，可參考鄧小南，《祖宗之法·北宋前期政治述略》，
北京：三聯，2006。
〔註197〕《晦庵先生朱文公文集》，卷九十七〈劉公行狀〉，頁4495。
〔註198〕《晦庵先生朱文公文集》，卷二十四〈與魏元履書〉，頁1091～1092。
〔註199〕前引陳俊卿行狀說孝宗「悅而從之」，多少有所溢美。
〔註200〕《晦庵先生朱文公文集》，卷九十六〈正獻陳公行狀〉，頁4476。

可見「內批」的行政方式一直沒有中斷，而近習曾覿、王抃也因而有機會左右人事進退。

　　至此，我們可以總結道學群體反近習的深層因素。在道學型士大夫心中有一合理政體，即「紀綱」存在，這乃根據有明文規定的「制度」，即陳俊卿所言「祖宗成憲，著在令甲」，大體而言便是皇帝任命外廷宰執，各官僚都在其職位上依法行使其權，以負其責。但孝宗的好專權，並常以「中出」、「內批」方式施政，一方面使外廷臣僚權力被剝奪，無法正常負其權責，另一方面則是在皇帝左右的近習得以趁間議政。外廷權輕、內廷權重，便導致政治失序，甚至有敗亂的危機。故而，道學型士大夫基於中國傳統的政治理念，前後以相同的觀點向孝宗勸諫，指近習干政是「大不可」、是「紊政體」的。道學集團共同的政治理念，便也是他們所以「氣類相近」的基礎之一，因此道學型士大夫反近習的根本目的，實是欲將政治運作引導回常軌啊！

第二章 「恢復」的質變

在第一章，筆者說明了道學型士大夫反對近習的過程與緣由，本章便要在此基礎上，進一步探討政策性議題——「恢復」，如何在此人事紛爭中發生質變。隆興二年底，宋、金達成和議，雙方約爲叔姪之國，但孝宗並不滿足於此，他仍「志在恢復」，〔註1〕孝宗的恢復企圖，對他身旁的近習必有決定性影響。本章首先將說明近習對「恢復」的參與，其次論近習與主恢復宰相的關係，最後討論在此形勢下，道學型士大夫對「恢復」持怎樣的意見。

第一節 近習對恢復工作的參與

如果說隆興時期，道學型士大夫對近習的「功過能否」尚不明瞭，〔註2〕那麼乾道以後，他們就越來越了解近習在政局中所扮演的角色，其中最重要的就是近習參與了與「恢復」相關的活動，以下將從近習的職務和實際活動兩方面來探討，這除了有助於我們在第一章第五節的基礎上，具體了解近習如何侵占外廷職權，也能幫助我們更加理解道學型士大夫爲何反對近習。此章所要論及的近習，即《宋史‧佞幸》有傳的龍大淵、曾覿、王抃、張說四位。

我們可以想像，近習身爲大權獨攬的宋孝宗之左右手，〔註3〕應該有機會爲孝宗處理各種大小事。南宋末，王應麟指出：「孝宗獨運萬機，頗以近習察

〔註1〕 《文忠集》，卷六十六〈陳公神道碑〉，頁4。
〔註2〕 見第一章第一節。
〔註3〕 宋孝宗的大權獨攬，在論孝宗的論文幾乎都會提及，此處不一一指明，讀者可參考本文在序章註腳提到的幾篇文章。

大臣。」〔註4〕孝宗淳熙二年（1175），李椿上奏亦言：

> 陛下每惡腐儒及為巧佞所誤，致陛下於進退人才之際，無所取信，
> 則必求所以密察之術，以密察人不自膚近，何從而知之？故得罪而
> 不由中書者，或以謂近習所察也；得進而不由中書者，或以謂權倖
> 所薦也。〔註5〕

李椿指出孝宗不信任儒士，所以只好用密察之術進退人才，而惟一能夠信任
並為之密察的就是身旁的近習，因此士大夫的得罪、得進，都由近習所掌握。
不論李椿所言是否有誇張之嫌，但孝宗以近習察大臣情形應該確實存在。陳
俊卿在淳熙五年（1178）入見孝宗，君臣間有一段對話：

> 公（陳俊卿）曰：「向來士夫奔覿、抃之門，十才一二，尚畏人知，
> 今則公然趨附，十已七八，不復有顧忌矣。人材進退由於私門，大
> 非朝廷美事。」上曰：「抃則不敢。覿雖時或有請，朕亦多抑之，自
> 今不復從矣。」〔註6〕

陳俊卿指士大夫奔近習之門的嚴重程度「十已七八」，孝宗也承認「覿雖時或
有請」，〔註7〕但實際情況，或許不如陳俊卿所說的那麼嚴重，但也不像孝宗
所言「朕亦多抑之」，而更可能介於君臣的形容之間。如果說我們不該只聽道
學型士大夫的片面之辭，那麼我們可以看淳熙中期孝宗與宰相趙雄的一段對
話：

> 時學士院闕官，上不訪之趙丞相（雄）而訪之季海（即王淮）……
> 他日，趙丞相進擬，上曰：「朕自有人。」趙問「何人？」上曰：「熊
> 克。」又曰：「陛下何以知之？」曰：「朕嘗見其文字。」又問：「陛
> 下何從得其文字，此必有近習為道地者。」上曰：「不然。」〔註8〕

雖然實際上熊克是王淮所薦，但從趙雄的回答可知，他認為孝宗獲得人才的

〔註4〕 王應麟，《困學紀聞》，收入《四部叢刊續編‧三編》（台北：商務，1966年），
卷十五〈攷史〉，頁5。

〔註5〕 《歷代名臣奏議》，卷一四五，頁19。

〔註6〕 《晦庵先生朱文公文集》，卷九十六〈正獻陳公行狀〉，頁4477。

〔註7〕 《建炎以來朝野雜記》乙集，卷十二〈何道夫恬於進取〉：「何耕道夫，德陽
人。嘗為類省試榜首。……或曰蜀人有與之異趣者，擇其早年之文為王抃密
言之，故不果用。」頁885。可見王抃因為對何耕早年的文章不滿意，而不願
向孝宗推薦何耕，但此段文字透露了王抃也很有可能向孝宗推薦人才，因此
孝宗「抃則不敢」的說詞未必屬實。

〔註8〕 《齊東野語》，卷八〈熊子復〉，頁148。

重要管道是透過近習，而他這樣的認知，必然因為近習確實負有為孝宗「密察」人才的任務。

此外，我們應從近習的官職入手，去探查他們的工作內容。以下分列四近習的職任：〔註9〕

（一）龍大淵、曾覿：「孝宗受禪，大淵自左武大夫除樞密副都承旨，而覿自武翼郎除帶御器械，幹辦皇城司。……未幾，卒以大淵為宜州觀察使、知閤門事；覿，文州刺史、權知閤門，皆兼皇城司。」

（二）張說：「受父任為右職，娶壽聖皇后女弟，由是累遷知閤門事。隆興初，兼樞密副都承旨。乾道初，為都承旨，加明州觀察使。」

（三）王抃：「初為國信所小吏。……乾道中，積官至知閤門事，帝親信之。……淳熙中，兼樞密都承旨。」

我們可以發現，龍大淵、張說、王抃三人都擔任過知閤門事和樞密都承旨，後兩者還同時擔任此兩職，而曾覿也擔任過權知閤門事。〔註10〕周必大為蕭燧寫的神道碑指出「近例，知閤官兼樞密都承旨」，便是指孝宗以來的情形。〔註11〕因此，我們有必要討論閤門官和樞密都承旨的職任。

閤門司在北宋原分東、西，南宋高宗建炎元年合併，〔註12〕故可以用北宋東、西閤門的史料來了解南宋的閤門司。《宋會要輯稿職官》，卷三十五〈四方館〉：

> 政和二年十一月十六日，詔：「……東上閤門掌朝會、宴集、視朝、前後殿起居、臣僚見謝辭班、儀範贊引、恩禮錫賜、承旨宣答、糾彈失儀、行幸前導、信使到闕授書、慶賀捧表、宣麻引案，應干吉禮等事。西上閤門掌忌辰奉慰、臨奠、問疾，應干凶禮之事。」〔註13〕

〔註9〕以下三條引自《宋史》，卷四七〇〈佞幸〉，頁13688～13694。

〔註10〕曾覿於乾道六年召回後的職任，遠高於都承旨之官。

〔註11〕《文忠集》，卷六十七〈蕭燧神道碑〉，頁15。根據安倍直之的〈南宋孝宗朝の皇帝側近官〉，載《集刊東洋學》，第八十八卷，2002年，頁89，列出南宋高宗到寧宗朝任樞密都承旨者，高宗朝未有知閤門事兼樞密都承旨的情況，因此周必大所謂「近例」應是指孝宗即位以來到蕭燧任都承旨的淳熙九年。但北宋時已有人同時任此兩官，如太宗時的楊守一，神宗時的李評，和徽宗時的曹誘，參見《宋會要輯稿》，〈職官六・樞密院承旨司〉，頁1～9。

〔註12〕《宋會要輯稿》，〈職官三十五・四方館〉，頁11。

〔註13〕《宋會要輯稿》，〈職官三十五・四方館〉，頁5～6。

顯然，閤門官主要負責朝廷各項禮儀，洪邁在其《容齋隨筆》便寫到自己詢問曾覿有關朝廷禮儀的問題。〔註14〕外國使節「到闕授書」，也須由閤門官引導，因此閤門官或許也有參與外交事務的機會。趙冬梅在其〈試論宋代的閤門官員〉，指出閤門官的職責在為皇帝接見官員的日常排班、引班、宣贊詞令、接收送達奏狀、遞送詔敕。〔註15〕要能完成這些任務，必然須對朝廷禮儀十分熟悉。既然是為皇帝排班、傳送詔敕，便也有親近皇帝的機會。乾道六年，孝宗進一步改革閤門司，使其職務有所擴大：

> 閤門左列清選也。舊有知閤門事，同知閤門事，……乾道間，孝宗始倣儒臣館閣之制增置閤門舍人，以待武舉之入官者，先召試而後命，又許轉對如職事官，供職滿三年與邊郡，遂為戎帥部刺史之選云。〔註16〕

閤門為武官的清選，已有學者論及。〔註17〕這裡要指出的是，孝宗顯然有意將閤門司塑造為培養武將的機構。這使原本掌管禮儀、文書傳遞的閤門官，驟變成武將養成之地，變化不可謂不大。孝宗以親信為閤門長官，又對閤門司加以改革，顯見孝宗對閤門的重視，由此我們也不得不認為，近習多少得參與軍事活動。

　　至於樞密都承旨，《宋代官制辭典》有頗為清楚的說明：〔註18〕其一，他是樞密院屬官的首長，從五品（知閤門事為正六品）；其二，掌承接、傳宣機要秘命；其三，皇帝御便殿，及外國使者入見，在旁侍立，此點可見都承旨亦有親近皇帝的性質，甚至有機會參與外交事務；其四，檢閱、考校禁衛兵校技藝，負責向皇帝上匯報、取旨，可見都承旨也負責軍事工作。紹興元年，高宗下詔說：樞密都承旨是「本兵宥密之地」，〔註19〕孝宗乾道元年也曾下詔：

〔註14〕洪邁，《容齋隨筆》（上海：古籍，1978年），卷五〈緋紫假服〉，頁471。

〔註15〕趙冬梅，〈試論宋代的閤門官員〉，《中國史研究》，第四期（2004年，北京），頁107～121。

〔註16〕《建炎以來朝野雜記》甲集，卷十〈閤門〉，頁256。

〔註17〕藤本猛，〈武臣の清要──南宋孝宗朝の政治狀況と閤門舍人〉，《東洋史研究》，第六十三卷第一號，2004年，頁1～35。

〔註18〕龔延明，《宋代官制辭典》（北京：中華，1997年），第三編，〈北宋前期中樞機構類〉，頁106。原始史料可見《宋史》，卷一六二〈職官二〉：「都承旨，副都承旨，掌承宣旨命，通領院務。若便殿侍立，閱試禁衛兵校，則隨事敷奏，承所得旨以授有司；蕃國入見亦如之。檢察主事以下功過及遷補之事。」頁3801。

〔註19〕《宋會要輯稿》，〈職官六‧樞密院承旨司〉，頁10。

「樞密都、副承旨係所掌朝廷機要文字，不許出謁及接見賓客。」〔註20〕可見樞密都承旨一職掌握了軍事機密，其「侍立」的側近性，或許正是其得以與聞機要的因素。

至此，我們不難發現知閤門事和樞密都承旨雖爲不同的職務，但彼此有許多類似的性質，其一，他們都因職務需要隨侍在皇帝左右；其二，他們都負有軍事工作；其三，外國使節來朝時，他們須隨侍皇帝身旁，這雖不保證他們能參與外交事務，但他們至少不可能完全不懂外交。趙汝愚在淳熙八年（1181）向孝宗論王抃時便說：

> 臣聞閤門中有用事者，陛下委之招接北東人事，蹤蹟秘甚，又聞委以將帥之權，付以帷幄之任，上天垂象，端不虛發。〔註21〕

趙汝愚指出了知閤門事王抃擔任隱密的外交與軍事工作。以下，我們就再從外交、軍事兩方面著手，考察近習在孝宗朝的實際活動。

根據《金史·交聘表中》，可以發現四位近習都曾經出使過金朝。乾道元年龍大淵、曾覿分別出使，乾道二年王抃出使，乾道三年張說出使，乾道六年和八年，曾覿又兩度出使。〔註22〕他們雖然名義上是普通的道賀使節，但實際上可能負有外交任務，〔註23〕且到了敵國，必然有所觀察，回國後也不可能不向孝宗報告出使的經歷、甚至情報。除了出使金朝，近習也常擔任接待、應付金使的任務。乾道七年（1171），王抃時爲知閤門事，與金朝使節交涉禮儀問題，而化解了一場僵局，據說孝宗因此認爲他「可任」，而派他到荊襄點閱軍馬。〔註24〕淳熙元年（1174），孝宗想要改變起立接金朝國書的禮儀，

〔註20〕 同註19，頁12。

〔註21〕 傅增湘，《宋代蜀文輯存》（台北：新文豐，1974年，據民國32年傅增湘自刊本影印），卷九十七〈宋丞相忠定趙公墓誌銘〉，頁9。

〔註22〕 脫脫，《金史》（北京：中華書局，1975年），卷六十一〈交聘表中〉，頁1421～1429。

〔註23〕 如《宋史》，卷三十四〈孝宗二〉：「（乾道八年）二月……戊申，遣姚憲等使金賀上尊號，附請受書之事。……秋七月辛巳，姚憲、曾覿至自金，金人拒其請。」頁653。

〔註24〕 《宋史》，卷四七○〈王抃〉：「金使至，議國書禮，不合，抃以宰執虞允文命，紿其使曰：『兩朝通好自有常禮，使人何得妄生事，已牒知對境。』翌日，金使乃進書。帝以爲可任，遣詣荊襄點閱軍馬。」頁13693～13694。按〈孝宗〉本紀，王抃「點閱荊、襄軍馬」是在乾道七年五月（頁651），與金使交涉是在十月（頁652），兩者有時間先後上的矛盾，不知是本紀有誤還是王抃本傳有誤。

〔註25〕派任館伴使的王抃出面與金使交涉：

> 館伴王抃來議，曲辨強說，欲要以必從。仲誨曰：「使臣奉命，遠來修好，固欲成禮，而信約所載，非使臣輒敢變更。公等宋國腹心，毋僥倖一時，失大國歡。」往復再三，竟用舊儀，親起接書成禮而還。〔註26〕

王抃雖然沒有達成目的，但從他「曲辨強說」，足見他努力想要完成任務。淳熙二年（1175），孝宗再度派王抃與金使交涉受書禮，依然無果。〔註27〕但這都顯示孝宗有將外交工作交付親信的意圖。

近習在軍事方面的參與更為明顯。乾道元年，任知閤門事的龍大淵「差充兩淮撫諭軍馬。」〔註28〕乾道六年三月，「王抃知閤門事，專一措置三衙揀選官兵。」〔註29〕孝宗交付給王抃的軍權，真不可謂不大。乾道七年五月，又「遣知閤門事王抃點閱荊、襄軍馬。」〔註30〕可見龍大淵和王抃，雖是任知閤門事這樣的禮儀官，仍被孝宗指派負責軍務。王抃「淳熙中，兼樞密都承旨，建議以殿、步二司軍多虛籍，請各募三千人。」〔註31〕顯示王抃對軍事的參與一直持續。另一近習張說從乾道初期就任樞密都承旨，史料明確指其「掌兵柄」，〔註32〕乾道八年（1172）蔡幼學對策時也向孝宗說：「今陛下使姨子預兵柄，其人無一才可取。」所謂「姨子」即是同時具有外戚身分的張說。〔註33〕由此可知，龍大淵、王抃、張說都直接參與了軍事活動，而從後兩節的討論也可發現曾覿間接掌握了軍務。〔註34〕

〔註25〕有關孝宗朝的受書禮之爭，可參考范有芳，〈宋孝宗為改變不平等"受書禮"的斗爭〉，《松遼學刊（社會科學版）》，第一期（1997年，吉林），頁15～18、79。

〔註26〕《金史》，卷七十八〈劉仲誨〉，頁1774。

〔註27〕《宋史》，卷三八六〈李彥穎〉：「二年閏九月，……金使至，上遣王抃諭金使稍變受書舊禮，議久不決。」頁11866。

〔註28〕馬端臨，《文獻通考》（台北：商務，1987年），卷六十二〈職官十六·撫諭使〉，頁564-3。

〔註29〕《宋史》，卷三十四〈孝宗二〉，頁648。

〔註30〕同註29，頁651。

〔註31〕《宋史》，卷四七〇〈王抃〉，頁13694。

〔註32〕《宋史》，卷三九〇〈李衡〉：「外戚張說以節度使掌兵柄。」頁11948。

〔註33〕《宋史》，卷四三四〈儒林四〉，頁12896。

〔註34〕曾覿並未直接參與軍事，或許與其較擅長詩詞等文學創作有關，但曾覿黨羽（包含王抃）長期占據樞密都承旨一職，見第二章第二節；且其姻親韓彥直也曾任荊襄大將，見第二章第三節。所以曾覿可說是間接掌握了軍權。

接著，我們再透過道學型士大夫的描述，觀察他們如看待近習掌軍權。乾道六年夏，朱熹在寫給張栻的信中提到：〔註35〕

> 不知將帥孰爲可恃者，近年此輩皆以貨賂倚託幽陰而得兵柄，漫不以國家軍律爲意，今日須爲上說破此病。〔註36〕

同年六、七月間，再次寫信給張栻說：

> 熹常謂天下萬事有大根本，而每事之中又各有要切處，所謂大根本者，固無出於人主之心術，而所謂要切處者，則必大本既立，然後可推而見也。……公選將帥不由近習則治軍之要也。〔註37〕

對照兩信，將帥「貨賂」的對象大概非近習莫屬。朱熹把政治的大根源指向皇帝的心術，且指出「治軍」的要切處在不由近習選任將帥，而應由外廷公選。前述王抃「專一措置三衙揀選官兵」在此年三月，因此朱熹或許便是指此事，或至少，朱熹指孝宗讓近習選將帥，是確有根據的。

永嘉學派的前輩學者薛季宣也注意到近習掌軍權的情形，他寫信給臺諫說：

> 上明並日月，去邪不疑，……察龍大淵、曾覿之姦，而逐龍大淵、曾覿，睿斷英發，仰比天之聰明。然而小人實繁，難退易進，驅之或去，旋復踵來，其始甚微，辨之常晚。近者道聽途說，有武臣王抃者，象胥輩耳，以邊事進，其心未易測量，比嘗屢使軍前，或不出于朝命，自謂天子訪以人物，無識知者，往往趨之。……惟今患之大者，莫如左右小人，一去一生，何損于數？〔註38〕

從信中看來，曾覿這時尚未被召回，而所謂王抃爲天子查訪人物很可能也是指王抃「專一措置三衙揀選官兵」，故薛季宣此信大約寫於乾道六年三到六月間。薛季宣說王抃「以邊事進」，可見王抃因被孝宗認爲有軍事才能，而得重用。〔註39〕然而，王抃近習的身分，讓薛季宣擔憂不已，「不出於朝命」顯示薛季宣對外廷軍事職權被侵奪表示抗議；並將近習視爲現今最大的患害。按，薛季宣的

〔註35〕此處所引兩信的時間參見自陳來，《朱子編年書信考證》（上海，人民社出版，1989年），頁67。
〔註36〕《晦庵先生朱文公文集》，卷二十五〈答張敬夫二〉，頁1110。
〔註37〕同註36，卷二十五〈答張敬夫三〉，頁1112。
〔註38〕薛季宣，《浪語集》，收入《四庫全書珍本·七集》（台北：商務，1977年），卷十六〈上臺諫箚子〉，頁4。
〔註39〕薛季宣既然耳聞王抃事，則關心朝政的朱熹應該也頗可能知道，因此前述朱熹說「公選將帥不由近習」很有可能便是針對王抃而論。

父親從學於理學家胡安國，自身則從學於程頤的弟子袁溉，〔註40〕他的學生陳傅良為他寫的行狀上說：「語不及功利，平生所推尊，濂溪、伊洛數先生而已」；〔註41〕在交遊上，早在紹興三十一年，薛季宣便曾拜謁張浚，得張浚禮遇，薛季宣後來向張栻說，自己對此深表感念，〔註42〕他對朱熹、張栻、呂祖謙也十分崇敬；〔註43〕除了與陳亮、陳傅良熟識外，與劉朔、周必大也時有書信往來。〔註44〕可見其交友圈遍及道學群體，其為道學型士大夫當無疑。

　　到了淳熙時期，將帥賄賂近習的問題更顯暴露。陳俊卿在淳熙五年面見孝宗，論曾覿、王抃時說：

> 臣昨所奏將帥賄賂交結，又為特甚，不惟士大夫言之，雖軍伍使臣、朝廷胥吏，下至走卒，亦能言之，獨陛下以為無有。〔註45〕

在陳俊卿看來，將帥賄賂近習，幾乎是公開的秘密。淳熙七年（1180）朱熹上〈庚子應詔封事〉，更深入指出近習掌握軍權所引發的問題：

> 而所謂將帥者，私欲飽滿，鑽研有效，……至於總饋輸之任者，亦皆負倚幽陰，交通賄賂，其所程督驅催東南數十州之脂膏骨髓，名為供軍，而輦載以輸於權倖之門者不可以數計。……蓋授將印、委利權，一出於朝廷之公議，則可以絕苞苴請託之私。〔註46〕

朱熹認為，由近習選將帥，是奪取了外廷的權力，也使原本要用在軍事上的費用，被將帥或負責供應軍需的「總領軍馬錢糧」（即「總饋輸之任者」）拿去賄賂權倖。到了淳熙十五年（1188），四近習已或逐退或去世，朱熹在〈戊申封事〉勸諫孝宗驅逐「刑餘小醜」的宦官甘昪時，仍不忘舊事重提，指名道姓的提及王抃，〔註47〕指王抃、甘昪兩人先後掌握兵權、差除將帥，並使

〔註40〕《東萊集》，卷十〈薛常州墓誌銘〉，頁15～16。

〔註41〕《浪語集》，卷三十五〈薛公行狀〉，頁37。

〔註42〕《浪語集》，卷二十三〈與張左司書〉：「先正忠獻（張浚）致位從班，辛巳歲（紹興三十一年）某備縣鄂陵，伏遇元戎，即鎮金陵。得迎拜於廬州江步。時已昏暮，伏蒙略去貴賤等威，賜之坐席，溫言慰藉，詳問存沒，區區感戴，鑒寐不忘。」頁3。

〔註43〕《浪語集》，卷二十三〈答尤溪石宰書〉云：「新安朱文公、張南軒、呂博士之賢，皆無待而興者，某且不敢望其涯涘。」頁10。

〔註44〕楊世文，《薛季宣年譜》，收入吳洪澤、尹波主編，《宋人年譜叢刊》，頁6360～6386。

〔註45〕《晦庵先生朱文公文集》，卷九十六〈正獻陳公行狀〉，頁4477。

〔註46〕《晦庵先生朱文公文集》，卷十一〈庚子應詔封事〉，頁583～584。

〔註47〕以筆者所看過的奏疏而言，敢直接說出近習姓名的是非常少數，有些奏疏甚

原用於養軍士的糧食，被將帥拿去「貨賂於近習，以圖進用」。〔註48〕可見這項弊病一直讓朱熹耿耿於懷。

　　儘管近習參與的軍事活動，在一些道學型士大夫看來，存在著許多問題。但不可否認的是，孝宗至少在淳熙八年（1181）以前，一直把「恢復」當作最重要的政治目標，近習又深入參與了外交和軍事活動，這使我們不得不認為，近習事實上便是在為恢復作準備工作。前引薛季宣的意見，便說王抃「以邊事進」；周必大在為陳良翰寫的神道碑中說到：

> （乾道）六年……先是，上雖勉從和好，志在恢復。有王天覺者，
> 用聚斂擊刺之術，迎合為圖冊，因近習以進，得樞密院編修官，言
> 者交攻未聽，因公（陳良翰）極論始去之。〔註49〕

王天覺作圖冊迎合恢復，並由近習引進，也顯示近習參與了恢復工作，「樞密院編修官」乃是文官，可見本節開頭論近習進退人才，除了推薦有文采者，同時也推薦有意擔任恢復工作的人。陳亮在淳熙五年上書給孝宗，他說：

> 姑取其大體之可言者三事以答之，而草茅亦不自知其開口觸諱也。
> 其一曰，二聖北狩之痛，蓋國家之大恥，而天下之公憤也。五十年
> 之餘雖天下之氣銷鑠頹惰，不復知讎恥之當念，正在主上與二三大
> 臣振作其氣以泄其憤，使人人如報私讎。……若祇與一二臣為密，
> 是以天下之公憤而私自為計，恐不足以感動天人之心，恢復之事亦
> 恐茫然未知攸濟耳。〔註50〕

陳亮先聲明自己要觸及敏感、忌諱的話題，接著第一便指孝宗與「一二臣」秘密進行恢復工作，而這「一二臣」又相對於宰執等「大臣」，那麼所謂「一二臣」便應是指近習。就此可言，陳亮指出了近習是孝宗進行恢復工作的主

　　至不用「近習」的稱呼，而改用如「左右」這種較迂迴的指稱。當然，亦可能是因淳熙十五年時，王抃早已被逐退。

〔註48〕《晦庵先生朱文公文集》，卷十一〈戊申封事〉：「至其（指甘昇）納財之塗，則又不於士大夫而專於將帥。……臣竊聞之道路，自王抃既逐之後，諸將差除多出此人之手。蓋抃與此人專為諸將交通內侍，納賂買官，得其指意，風喻軍中，等第論薦，以欺陛下，實將帥之牙儈也。……以小人握重兵，或在周廬肘腋之間，或在江湖千里之外，而中外無一人敢白其姦。……而為軍士者故乃未嘗得一溫飽，……是皆為將帥者巧為名色，頭會箕斂，陰奪取其糧賜以自封殖，而行貨賂於近習，以圖進用。」頁594～595。

〔註49〕《文忠集》，卷六十六〈陳公神道碑〉，頁4。

〔註50〕陳亮，《龍川集》，收入《文淵閣四庫全書》（台北：商務，1986年），卷一〈上孝宗皇帝第二書〉，頁21。

要助手，並認爲恢復大事也將因此無法成功。按，陳亮與呂祖謙、薛季宣皆有深厚交情，與朱熹雖多有辯論，但仍維持友誼。〔註51〕陳亮對近習也避之唯恐不及，曾覿來見他，他「踰垣而逃」，〔註52〕因此他也可算是道學型士大夫；而他對近習的態度，亦可旁證他所譴責的「一二臣」即是指近習。

　　綜合上述，可知近習最常擔任的知閣門事與樞密都承旨，與其「近」皇帝的特性密切相關，也使他們得以名正言順的在皇帝身邊活動，他們對軍務的參與也與此兩職位有關。但近習得以選任將帥，甚至成爲將帥巴結賄賂的對象，更重要的原因恐怕是他們深得孝宗信任；同樣的，兩職位確有機會與金使接觸，但近習能夠出使、對金交涉，孝宗的信任也是更關鍵的因素；至於推薦人才就更不用說了，亦是孝宗不信賴外廷臣僚，而信賴左右所造成。就此而言，近習名義上的官職只是部分合理化其行爲，他們的實際任務和活動內容與他們親近皇帝並得其寵信最爲相關；道學型士大夫批評近習侵奪外廷職權便由於此。重要的是，軍事、外交、薦才，正爲「恢復」的必要準備工作，因此近習未參與「恢復」的可能性極小；陳亮的上書便顯示，近習成了助孝宗「恢復」的首要助手。

　　隆興時期，近習龍大淵暗地支持湯思退等主和派，〔註53〕王抃也曾出使議和，〔註54〕但乾道以後，近習對恢復的態度竟有了一百八十度的轉變。可以想見，近習不論是在紹興時候主和，並將此態度延續到隆興時期；〔註55〕或是乾道以後積極參與恢復工作，都反映近習迎合皇帝的對外政策。孝宗既然熱心於恢復，近習又在皇帝左右，根本上不可能違反皇帝的意志，於是對恢復的深入參與，成了他們唯一的選擇。對道學型士大夫而言，近習對恢復深入而廣泛參與，一方面侵奪了外廷相關單位的職責，使「政體」受到破壞；另一方面，更造成軍中賄賂公行，這便使道學型士大夫感到恢復工作弊病叢生，進而改變他們對恢復的意見，這點我們在下兩節將做進一步探討。

〔註51〕可參考田浩，《朱熹的思維世界》第六章論陳亮一節。
〔註52〕《宋史》，卷四三六〈儒林六・陳亮〉言陳亮上書後，孝宗「召令上殿，將擢用之。左右大臣莫知所爲，惟曾覿知之，將見亮，亮恥之，踰垣而逃。覿以其不詣己，不悅。」頁12939。
〔註53〕見第一章第二節。
〔註54〕《宋史》，卷三八五〈錢端禮〉：「上嘗問：『欲遣楊由義持金帥書，而辭行甚力，誰可遣？』端禮請以王抃行。……及抃還，上見書，金皆聽許。」頁11830。
〔註55〕見第一章第四節。

第二節 中外相應——近習與主恢復宰相的聯合

虞允文是南宋時期受後世評價甚高的宰相，〔註 56〕除了曾在紹興三十一年的「采石之役」立下大功，他也是宋孝宗朝第一位以「恢復」自任的宰相。〔註 57〕乾道五年六月，虞允文由四川宣撫使召回，八月任右相，與左相陳俊卿並相。〔註 58〕孝宗曾向虞允文說：「丙午之恥（靖康之難），當與丞相共雪之。」〔註 59〕虞允文不負孝宗所望，甫任相就提出「陵寢之議」，卻與陳俊卿意見相左。《皇宋中興兩朝聖政》在乾道六年五月「左僕射陳俊卿罷」一條中說：

> 虞允文之始相也，建議遣使金國，以陵寢為請。俊卿面陳以為未可，復手疏言之，事得少緩。允文至是復申前議。一日，上以手扎諭俊卿曰：「朕痛念祖宗陵寢淪於異域者四十餘年，今欲遣使往請，卿意以為如何？」俊卿奏曰：「……然性質頑滯，於國家大事每欲計其萬全，不敢輕為嘗試之舉。是以前日留班面奏，欲俟一二年間，彼之疑心稍息，吾之事力稍充，乃可遣使。……臣之所見不過如此，不敢改詞以迎合意指，不敢依違以規免罪戾，不敢僥倖以上誤國事。」〔註 60〕

虞允文希望遣使，藉口請求陵寢，以獲得河南地，但陳俊卿兩次表示不能贊同（有關請陵寢所引發的問題，將在下節進一步討論），並指出國家大事應「計其萬全」，因此不敢改口迎合。但陳俊卿等於是不顧孝宗自言的「痛念」之情，〔註 61〕於是他「上疏以必去為請」，〔註 62〕這便是史書上記載陳俊卿罷相的因素。〔註 63〕

〔註 56〕例如陳振，《宋史》（上海：人民出版社，2003 年）認為：「宋孝宗再也沒有能找到像虞允文那樣志同道合、以恢復中原為己任的大臣、將領。」頁 487。陳曉瑩，〈宋孝宗治國政策與成效之評析〉認為：「虞允文在主持四川軍務期間，苦心經營出一支兵強馬壯、武藝精良的軍隊。」頁 46。

〔註 57〕《皇宋中興兩朝聖政》，卷四十七，乾道五年十二月條：「時宰相虞允文以恢復自任。」頁 22。

〔註 58〕《宋宰輔編年錄》，卷十七，頁 35～36。

〔註 59〕《宋史》，卷三八三〈虞允文〉，頁 11800。

〔註 60〕《皇宋中興兩朝聖政》，卷四十八，頁 9。

〔註 61〕不論孝宗這麼說是否帶有向陳俊卿施壓，以令其同意遣使的用意。

〔註 62〕《皇宋中興兩朝聖政》，卷四十八，頁 9。

〔註 63〕《宋史》，卷三十四〈孝宗二〉也說：「陳俊卿以議遣使不合，罷為觀文殿大學士、知福州。」頁 648。

　　然而，左、右相的對立，不單在政策上，在人事上，彼此似乎也有一番明爭暗鬥。陳俊卿的好友、時為吏部尚書的汪應辰，因為與右相虞允文「議事不合」而求去，但陳俊卿向孝宗諫留汪應辰，並說汪可以為「執政」，但後來太上皇高宗向孝宗離間汪應辰，結果汪補外，而與汪不合的虞允文因此更受到孝宗的信任，陳俊卿則為此數度求去。〔註64〕同為陳俊卿故交的龔茂良正好在乾道六年五月入對，於是：

> 左相陳公俊卿薦龔茂良宜在本朝，有詔補外，陳公見上，慍見，上震怒，陳公退，句罷政，上不留，行恩禮頓衰。公（虞允文）泣入見上，為陳公推謝，且言願全所以進退大臣之禮，上怒未息，百拜於前，始授陳公觀文殿學士知福州。〔註65〕

陳俊卿因為龔茂良的補外而對孝宗擺出不悅的臉色，結果引起孝宗「震怒」。當陳為此乞罷相，孝宗甚至不願做表面的慰留。這條史料出自楊萬里為虞允文寫的神道碑，其中記載陳俊卿的部分，可能因為沒有為主人翁掩護的顧慮，而更顯真實。至於虞允文反倒為陳俊卿求情，然而《宋史》龔茂良本傳卻寫：「（龔茂良）召對崇政殿，左丞相陳俊卿欲留之，右相虞允文不樂。」〔註66〕這顯示虞允文雖然在陳俊卿罷相後為他說話，但對於陳罷相的導火線龔茂良，虞允文事實上也對之頗為不滿。〔註67〕陳俊卿罷相後，李燾也因為「數言事」得罪虞允文，最後也只好「請去」。〔註68〕有趣的是，李燾曾經在虞允文擬定的出使名單中：

> 虞允文議遣使，上問誰可使者，允文薦李燾及（范）成大，退以語燾，燾曰：「今往敵必不從，不從必以死爭之，是丞相殺燾也。」更

〔註64〕《晦庵先生朱文公文集》，卷九十六〈正獻陳公行狀〉：「（汪）應辰竟以與右相議事不合，求去。公（陳俊卿）奏應辰剛毅正直，士望所屬，當有以留其行者，因遂數薦應辰可以執政，上初然之，而後竟出應辰守平江，自是上意益向允文，而公亦數求去矣。」頁4471。又《宋史》，卷三八七〈汪應辰〉：「德壽宮方甃石池，以水銀浮金鳧魚於上，上過之，高宗指示曰：『水銀正乏，此買之汪尚書家。』上怒曰：『汪應辰力言朕置房廊與民爭利，乃自販水銀邪？』應辰知之，力求去。」頁11881。

〔註65〕楊萬里，《誠齋集》，收入《四部叢刊正編》（台北：商務，1983年），卷一二〇〈忠肅虞公神道碑〉，頁15。

〔註66〕《宋史》，卷三八五〈龔茂良〉，頁11843。

〔註67〕當時孝宗已經「益向允文」，則虞也頗有可能向孝宗請求讓龔茂良補外。

〔註68〕《宋史》，卷三八八〈李燾〉：「左相陳俊卿出知福州，右相虞允文任恢復事，更張舊典。宰相以燾數言事，不樂，燾遂請去。」頁11915。

召成大告之，成大即承命。〔註69〕

虞允文雖然推薦李燾和范成大，但他心目中的人選不太可能是與陳俊卿交好的李燾，而是「即承命」的范成大。〔註70〕陳俊卿罷相的次月，范成大便受命到金求陵寢地。〔註71〕以此，虞、陳之爭，雖因對恢復政策的不同態度，但虞允文顯然與圍繞在陳俊卿身旁的道學型士大夫：汪應辰、龔茂良、李燾皆不合。或許他們的補外只是因政治氣候的改變而與陳俊卿同進退，未必是虞允文靠孝宗的信任而對他們加以排斥；但無論如何，虞允文的得勢，使陳俊卿及其支持者相繼去位，道學型士大夫的政治勢力自然也下降不少，虞允文則除去了阻礙恢復計畫的絆腳石，虞、陳兩人事實上已可說是在進行一場權力鬥爭。乾道七年，當虞允文欲召朱熹，朱熹「以素論不同，力辭者四」，〔註72〕也顯示了道學型士大夫和虞允文的不同政治立場。

除了排斥陳俊卿身旁的道學型士大夫，虞允文對近習的態度，恐怕也與道學集團不同。虞剛從四川召回，確實曾和陳俊卿一同反對召回曾覿，〔註73〕但陳一旦罷相，過了五個月（乾道五年十月）曾覿便順利回到臨安，似乎表示虞允文反近習的立場遠不如陳俊卿堅決。《雜記》乙集說：

> 應求（陳俊卿）罷，知福州。其十月，覿以京祠召，舍人趙溫叔（趙雄）留黃，見并甫（虞允文）謀其可否，并甫曰：「此舍人職也。」溫叔卒行之。實錄六年十月甲寅曾覿進對。〔註74〕

按，趙雄是虞允文所薦，〔註75〕剛任中書舍人，〔註76〕他或許是擔心「公議」的譴責而不敢書行曾覿除命，於是和虞允文討論，虞大概也對「公議」有所顧慮，因此委婉地告訴他書行是中書舍人的職責，等於是暗示不要反對曾覿的召命。由此可言，曾覿得以擺脫身處地方的命運，其中便有虞允文暗中協助的因素。乾道七年金使要求孝宗降榻問金帝的起居，虞允文命令近習王抃

〔註69〕《皇宋中興兩朝聖政》，卷四十八，頁13～14。

〔註70〕有關范成大的政治態度將於第三章第一節做介紹。

〔註71〕《宋史》，卷三十四〈孝宗二〉：「（乾道五年）閏（五）月……戊子，遣范成大等使金求陵寢地，且請更定受書禮。」頁648。

〔註72〕《建炎以來朝野雜記》乙集，卷八〈晦庵先生非素隱〉，頁811。

〔註73〕見第一章第三節。

〔註74〕《建炎以來朝野雜記》乙集，卷六〈孝宗黜龍曾本末〉，頁776。

〔註75〕《宋史》，卷三九六〈趙雄〉：「趙雄字溫叔，……虞允文宣撫四蜀，辟幹辦公事，入相，薦于朝。」頁12073～12074。

〔註76〕《宋史》，卷三十四〈孝宗二〉：「（乾道六年）冬十月……甲戌，起居舍人趙雄請置局議恢復，詔以雄為中書舍人。」頁649～650。

與金使交涉，〔註 77〕也顯示虞允文可能與王抃有合作關係。虞允文與近習張說的交結，有更清楚的史料可說明，在陳俊卿仍爲左相時，虞、陳二人就曾因張說發生衝突：

> 樞密承旨張說欲爲親戚求官，憚公（俊卿）不敢言，會公在告，請
> 於右相（虞允文），得之。公聞敕已出，詰吏留之。說皇恐詣公謝，
> 右相亦愧甚，然猶爲之請，公卒不與，說以是亦深憾公。〔註 78〕

張說爲親戚求官，顯然不合法理，但虞允文卻應許，陳俊卿知道後堅持不可，結果不但張說懷恨在心，也讓虞允文下不了台、二相產生裂痕。由此亦可見，造成孝宗疏遠陳俊卿而親信虞允文的因素，除了兩人在恢復上的積極程度差異外，必然還有親近皇帝的近習暗地排斥陳俊卿而支持虞允文。乾道七年，孝宗欲任張說爲簽書樞密院事，等於位居執政，〔註 79〕虞允文對此事的態度可由這段史料得知：

> 知閣門事張說除簽書樞密院事，（張）栻夜草疏極諫其不可，旦詣朝
> 堂，質責宰相虞允文曰：「宦官執政，自京、黼始，近習執政，自相
> 公始。」允文愨憤不堪。……宰相實陰附說。〔註 80〕

「陰」字透露了虞允文不敢明目張膽地與張說合作，而是「暗地」與張說交好，對除張說爲執政也是支持的。

綜合上述可知，虞允文與陳俊卿爲首的一群道學型士大夫，不但在恢復政策上對立，面對近習的態度也相反，相對於道學型士大夫堅決反對近習，虞允文則是暗地與近習相聯。

宋孝宗朝另一以恢復自任的宰相是較少受到學界注意的葉衡。葉衡於淳熙元年十一月到淳熙二年（1175）九月任相。〔註 81〕《宋史》本傳說他：

> 拜右丞相兼樞密使。上銳意恢復，凡將帥、器械、山川、防守悉經
> 思慮，奏對畢，從容賜坐，講論機密，或不時召對。〔註 82〕

可見葉衡留意軍事，且常和孝宗討論軍事機密。陳亮在寫給葉衡的信中，也

〔註 77〕《宋史》，卷四七〇〈佞幸〉：「金使至，議國書禮，不合，抃以宰執虞允文命，給其使曰：『兩朝通好自有常禮，使人何得妄生事，已牒知對境。』翌日，金使乃進書。帝以爲可任，遣詣荊襄點閱軍馬。」頁 13693～13694。
〔註 78〕《晦庵先生朱文公文集》，卷九十六〈正獻陳公行狀〉，頁 4471。
〔註 79〕見第三章第一節的討論。
〔註 80〕《宋史》，卷四二九〈張栻〉，頁 12773。
〔註 81〕《宋宰輔編年錄》，卷十八，頁 6。
〔註 82〕《宋史》，卷三八四〈葉衡〉，頁 11823。

稱他「丞相固有志於此（即指恢復）矣」。〔註83〕然而，葉衡本傳也說：

> 衡負才足智，理兵事甚悉，由小官不十年至宰相，進用之驟，人謂出於曾覿云。〔註84〕

可見任恢復的葉衡，是透過曾覿才得以升任宰相的，這正是近習推薦「恢復」人才的最佳實例。葉衡在淳熙元年四月才從戶部尚書升任參知政事，十一月就除右相，確實「進用之驟」。另根據安倍直之的考證，葉衡在乾道七年繼張說任樞密都承旨，葉衡之後則由徐本中任此職，〔註85〕而徐本中也是由曾覿所推薦，〔註86〕到淳熙時則由王抃接任。可見曾覿自身雖不曾任樞密都承旨，但藉由他的黨羽持續把持此一重要職位，曾覿對軍事的參與程度，恐怕不比透過他而進用的官員來得少。

　　孝宗朝最後一位積極於恢復的宰相，是任職於淳熙五年十一月到八年八月的趙雄，〔註 87〕他即是前述那位在虞允文暗示下書行曾覿召命的中書舍人。《宋史》本傳說他：

> 趙雄字溫叔，……虞允文宣撫四蜀，辟幹辦公事，入相，薦于朝。……既進見，雄極論恢復。孝宗大喜曰：「功名與卿共之。」……雄請復置恢復局，日夜講磨，條具合上意。……五年三月，參知政事。十一月，拜右丞相。每進見，必曰「二帝在沙漠」，未嘗離諸口也。〔註88〕

趙雄表現出的恢復熱情，與虞允文相較真是有過之而無不及。但從孝宗說「功名與卿共之」，似乎暗示總把「二帝在沙漠」掛在嘴邊的趙雄，種種作為其實

〔註83〕《龍川集》，卷二十一〈與葉丞相衡〉：「亮敬惟相公以碩輔之尊，鎮撫坤維，經理關隴，如聞兵備甚設，大計已定，而苦於朝論之不合，……國家之勢未張，而庸人之論方勝，而五十載痛憤之讎未報，而二十年爲備之說方出，文士既不識兵，而武夫又怯於臨敵。……以今日堂堂中國之大，聖天子之明，若能相與協力，整齊五年，使民力稍蘇，國計可倚，豪傑動心、中原知向，紛紛之論便可以不顧矣。……今丞相固有志於此矣，要是雜曲時舉，虛文相臨，未免悠悠度日，而又小人或得乘間，正論或以不合，使豪傑孤望，而誰與共成此功名哉！」頁1～2。

〔註84〕《宋史》，卷三八四〈葉衡〉，頁11824。

〔註85〕安倍直之，〈南宋孝宗朝の皇帝側近官〉，頁89。

〔註86〕《宋史》，卷四七〇〈佞幸〉：「葉衡自小官十年至宰相，徐本中由小使臣積階至刺史、知閤門事，換文資爲右文殿修撰、樞密都承旨、賜三品服，俄爲浙西提刑，尋以集英殿修撰奉內祠。是二人者，皆覿所進也。」頁13691。

〔註87〕《宋宰輔編年錄》，卷十八，頁13。

〔註88〕《宋史》，卷三九六〈趙雄〉，頁12073～12074。

是為了迎合恢復心切的孝宗以換取高位。乾道七年，趙雄出使金朝賀萬春節，回宋後，與孝宗有這一番對話：

> 趙溫叔（雄）為舍人，使北還，入見，上問：「朕何如葛王？」溫叔
> 奏曰：「臣觀葛王望之不似人君，規模氣象不及陛下萬一，中原不日
> 可復也。臣敢再拜賀。」上大悅。〔註89〕

趙雄將號稱為「小堯舜」的金世宗說得如此不堪，且認為「中原不日可復」，讓人不得不懷疑他是想藉此取悅孝宗。出使回朝的趙雄，正好碰上曾覿以伴讀太子之勞升遷承宣使，身為中書舍人的他又再度陷入兩難，他向孝宗說：「臣不行詞則獲譴，行詞則得罪清議。」結果孝宗要他書行，他便「承命而退」。〔註90〕不出趙雄所料，他果然引起「清議」的討論：

> 張南軒（栻）時為左司員外郎兼侍講，在殿廷語同列曰：「溫叔（趙
> 雄）若入文字爭辯庶幾可回，若只面奏決無可回之理。」既而果如
> 所料。右司韓彥古又以言閒之，於是溫叔與南軒始有隙。〔註91〕

這位韓彥古是曾覿的姻親，〔註92〕因此所謂「以言閒之」，必是向趙雄譖張栻。趙雄對張栻的觀感，恐怕不是「有隙」這麼簡單，淳熙五年到七年，張栻在荊湖北路任職，正是趙雄在中央任相的時候，史稱趙雄「事事沮之」。〔註93〕

淳熙五年，趙雄入相，他幾次向孝宗說：「虞某有志恢復，不幸死不及事，嘗為臣言：『吾老矣，功名當以相付，子勉之。』」〔註94〕儼然自視為虞允文的接班人，或許他認為藉此有助於鞏固相位。然趙雄面對近習的態度，似乎頗卑微：

〔註89〕《建炎以來朝野雜記》甲集，卷八〈趙溫叔使北〉，頁192。《皇宋中興兩朝聖政》，卷五十，也有類似記載：「趙雄使敵，附國書，復請陵寢及受書之禮。……雄歸奏：『敵主庸人耳，於陛下無能為役，中原遺黎，日望王師，必有簞食之迎，倒戈之舉。』」上甚悅，頁21～22。

〔註90〕《建炎以來朝野雜記》乙集，卷六〈孝宗黜龍曾本末〉，頁777。

〔註91〕同註90。

〔註92〕《宋史》，卷四七○〈佞幸〉：「從班有韓彥古者，覿之姻」，頁13691。韓彥古曾在任金館伴使時有出色的表現，見《建炎以來朝野雜記》甲集，卷八〈韓子師折虜使〉，頁192。此亦可見近習身旁的人，有較多機會負責外交事宜。

〔註93〕《宋史》，卷三九六〈趙雄〉：「洎栻復出荊南，雄事事沮之。」頁12057。荊南即荊湖北路江陵府。《晦庵先生朱文公文集》，卷八十九〈張公神道碑〉說：「蓋方是時，上所以知公（張栻）者愈深，而惡公者忌之亦愈力。」頁4137～4139，「惡公者」可能就是指趙雄等人。

〔註94〕《建炎以來朝野雜記》乙集，卷八〈張虞二丞相賜諡本末〉，頁801。

> 時扞與曾覿、甘昇相結，恃恩專恣，其門如市。著作郎胡晉臣嘗論
> 近習怙權，帝令執政趙雄詢其人，雄憚扞等，乃令晉臣捨扞等，指
> 其位卑者數人以對，晉臣竟外補。〔註95〕

趙雄位居宰相，〔註96〕竟然懼怕近習，而要胡晉臣以「位卑者數人以對」。淳熙七年，朱熹上封事，他向孝宗說：

> 陛下所與親密，所與謀議者，不過一二近習之臣也。……雖陛下
> 所謂宰相、師保、賓友、諫諍之臣，或反出入其門牆，承望其風
> 旨。〔註97〕

朱熹暗指出入近習之門、承望近習風旨的宰相，自然就是時為右相的趙雄。

孝宗朝前後三位主恢復的宰相：虞允文、葉衡、趙雄，都有一個特色，便是與近習聯合。三相冒著受「公議」譴責的壓力與近習合作，恐怕多少有藉皇帝親信以固相位的用意。但不可忽略的是，近習既然密切參與了恢復，甚致掌握了兵權，那麼這些主恢復的宰相若是不與近習合作，他們的恢復計畫便根本無法進行。他們或是為了推動恢復工作而與近習合作（如虞允文、趙雄），或者是近習參與恢復活動的過程所培育推薦的人才（如葉衡）。就此而言，主恢復的宰相與近習聯合絕非偶然，而是近習參與恢復的政治環境下的必然現象。但既與近習合作，就難以避免道學型士大夫的譴責和公議施與的壓力，這使這些宰相對道學集團缺乏好感，甚至彼此對立、排擠。此外，我們透過朱熹淳熙七年的奏札可以看到一個趨勢：

> 比來陛下雖欲微抑此輩，而此輩之勢日重；雖欲兼採公論，而士大
> 夫之勢日輕。重者既挾其重以竊陛下之權，其輕而姦者又借力於陛
> 下之所重，以為竊位固寵之計，中外相應，更濟其私。〔註98〕

文中所謂「此輩」即指近習。朱熹指出，內朝的近習權勢越來越重，外朝的士大夫地位越來越輕，而勢輕的士大夫又與勢重的近習聯合，以致「中外相應」。這從歷次主恢復宰相與近習的互動也可見一斑：虞允文在行曾覿詞與否中，尚有影響力，也可任命王扞與金使交涉，張說為親戚求官的方式則是透

〔註95〕《宋史》，卷四七〇〈佞幸〉，頁13693。
〔註96〕據《宋史》，卷三九一〈胡晉臣〉：「趙雄時秉政，手詔下中書問近倖姓名。晉臣翼日至中書，執政詰其故，晉臣曰：『近習招權，丞相豈不知之？』即條具大者以聞。上感悟，自是近習嚴憚。」頁11978，可見此時趙雄已為宰相。
〔註97〕《晦庵先生朱文公文集》，卷十一〈庚子應詔封事〉，頁586。
〔註98〕同註97。

過虞允文；但到了淳熙時期，葉衡所以能夠快速升遷至宰相，竟是由於曾覿推薦；而趙雄在面對近習時，更顯露出害怕的心情。因此朱熹說「宰相、師保、賓友、諫諍之臣，或反出入其門牆，承望其風旨」，恐怕是不誇張的。宰相權位日輕、近習權位日重，便是朱熹此奏劄的政治背景。

第三節　道學型士大夫對恢復的批判

在前兩節，我們論證了近習參與恢復運動，以及積極於恢復的宰相與近習的聯合。那麼，他們的恢復政策為何？道學群體對他們的恢復策略有何看法？即是本節要討論的重點。

劉珙的行狀紀錄了一段君臣對話，很能夠反映兩種不同的恢復意見：

> 一日，上顧輔臣圖議恢復。公（劉珙）奏曰：「復讎雪恥，誠今日之先務。然非內脩政事，有十年之功，臣恐未易可動也。」同列有進而言者曰：「機會之來，間不容髮，奈何拘此曠日彌久之計？且漢之高、光皆起匹夫，不數年而取天下，又安得所謂十年脩政之功哉？」……上以公言為然。〔註99〕

根據行狀的前後文，這段對話發生在乾道三年十一月劉珙任同知樞密院事至乾道四年七月劉兼參知政事之間，又王炎於此期間，即乾道四年二月任簽書樞密院事，〔註100〕且「當是時，上志在中原，王公炎方數進見，語合驟登用。」〔註101〕因此這位與劉珙意見相異的「同列」（即同為執政）應該便是王炎。〔註102〕劉珙與王炎的論點，分別代表了孝宗朝兩種立場的恢復意見，劉珙認為要內修政事十年，準備充分才能談恢復；王炎則認為要把握時機，隨時都有可能奪回中原。他們雖然意見不同，但皆主張恢復，因此為了方便後文敘述，類似劉珙者可稱之為「穩健派」，類似王炎者可稱為「急進派」。從後文的史料引用可知，「穩健派」是由道學型士大夫所構成；「急進派」成分較為複雜，也較為鬆散，除了包含近習和與之合作的宰執，還包括一些在歷史紀錄中沒有留下姓名的迎合恢復之人，難以視作一團體。

〔註99〕《晦庵先生朱文公文集》，卷九十七〈劉公行狀〉，頁4494。
〔註100〕《宋宰輔編年錄》，卷十七，頁31。
〔註101〕《浪語集》，卷三十五〈薛公行狀〉，頁25。
〔註102〕《朱子語類》，卷一三三〈本朝七‧夷狄〉，朱熹說：「王公明炎、虞斌父（允文）之徒，百方勸用兵，孝宗盡被他說動。」頁3199。而乾道四年時虞允文尚在四川。

「穩健派」和「急進派」所要爭取、遊說的對象自然是孝宗。在劉珙與王炎的論辯中，孝宗似乎較爲同意劉珙，但到了乾道五年，孝宗的態度已往「急進派」傾斜。當時王炎爲了助孝宗恢復，請求薛季宣幫助自己，〔註103〕薛季宣卻寫信告訴王炎說：

> 主上用兵之意每形，大語空言挑敵，兵計固當然乎，有謀人之心，而使敵人疑之，殆矣。樞密忠誠體國，願垂深念，致君堯舜，望惟以仁義綱紀爲本，備邊之計，幸勿爲浮議搖動，至於用兵則請留待十年之後。〔註104〕

薛季宣不同意王炎急進的恢復政策，反而與劉珙一樣認爲要等準備十年之後。從他的信也可看出孝宗頗有意於用兵。此外，劉光祖在乾道五年的對策中指出：

> 左右之臣方爲兵刑財利之說、奮發果敢之論，以此迎合主意，曰：「如此而可以大有爲於時。」此豈不大失也哉。……臣願陛下擇忠朴正直之人而委任之，察左右近習之姦而逐去之，……謹邊備勿輕用兵，省國費勿多取財。〔註105〕

他批評「急進派」其實是迎合主意，但「主意」所以能夠迎合，便顯示了孝宗也傾向急進的恢復政策。劉光祖勸孝宗不要輕易用兵，自然不是泛泛之談，而是針對孝宗的「用兵之意每形」。所謂「左右之臣」，很可能是指支持「急進」恢復的宰執。隆興二年因爲主和黨排擠而補外的陳良翰，〔註106〕於乾道五年被召回，並任給事中，據其行狀說：「時朝廷欲調沿江數郡民兵，列屯江津以備虜」，於是他向虞允文說：「虜未嘗窺邊，民兵未嘗練習，無故點集，恐徒擾而無益。」〔註107〕陳俊卿在該年諫請陵寢時也說：「彼方以本朝意在用兵，多方爲備」。〔註108〕這些穩健、謹慎的言論顯示，乾道五年朝廷已大有備戰伐金的跡象，金朝也對宋感到疑心而積極防備，否則「穩健派」也不用接

〔註103〕《浪語集》，卷三十五〈薛公神道碑〉，頁44。
〔註104〕《浪語集》，卷十七〈又與王樞密箚子〉，頁9。有關薛季宣與王炎、虞允文的往來，可參考王宇，《永嘉學派與溫州區域文化》（北京：社會科學文獻，2007年），頁122～126，作者指出，王、虞皆推薦薛季宣，但後來薛季宣與兩人不和的因素便是薛季宣反對北伐。
〔註105〕《歷代名臣奏議》，卷四十九，頁26、43。
〔註106〕見第一章第二節。
〔註107〕《晦庵先生朱文公文集》，卷九十七〈陳公行狀〉，頁4531。
〔註108〕同註107，卷九十六〈正獻陳公行狀〉，頁4468。

二連三的勸諫。

乾道六年，政局更有了關鍵性的改變。該年陳俊卿去相位，虞允文獨相，趙雄請置「恢復局」、〔註109〕王抃「專一措置三衙揀選官兵」、〔註110〕曾覿召回、范成大到金國祈請陵寢。這些事件，都代表了道學型士大夫穩健的恢復政策失勢，而近習與積極於恢復的臣僚等「急進派」得勢。

政治局勢的改變，至少造成兩種影響。其一是宋金關係的緊張化。陳俊卿去位前，最後向孝宗進言：「欲俟一二年間，彼之疑心稍息，吾之事力稍充，乃可遣使。」〔註111〕可見他認爲金朝對宋朝的舉動已多有防範，范成大雖應命出使，但他也承認：「無故遣泛使，近於求釁。」〔註112〕虞允文的神道碑更說：

> 上遣使使北，請陵寢地，敵不可，而荊襄羽書報云，敵以三十萬騎奉遷陵寢以來，中外洶洶，於是荊襄大將韓彥直、帥臣張栻，請發兵禦寇，公（虞允文）料敵決不敢動，戒邊臣勿妄動，已而寂然，中外大服。〔註113〕

可見金朝以三十萬軍隊爲威脅，大戰有一觸即發之勢，雖然最後有驚無險，但「中外大服」恐怕只是溢美之詞。其中荊襄大將韓彥直是上節提到曾覿姻親韓彥古的兄長，〔註114〕也間接顯示曾覿以親信擔任將帥。就在這次金朝以兵威脅之前，〔註115〕該年八月，孝宗向虞允文說：「彼中簽發兩河人及生女眞，必以爲戰，用在今日，宜每事蚤定，先爲不可勝以待之。」可見孝宗對金朝發動戰事的可能性早就心裡有譜，並且要虞允文儘快擬好對策，虞允文則建

〔註109〕《宋史》，卷三九六〈趙雄〉，頁 12073。

〔註110〕見第二章第一節。

〔註111〕《晦庵先生朱文公文集》，卷九十六〈正獻陳公行狀〉，頁 4472。

〔註112〕《文忠集》，卷六十一〈范公神道碑〉，頁 16。

〔註113〕《誠齋集》，卷一二〇〈忠肅虞公神道碑〉，頁 17。

〔註114〕《建炎以來繫年要錄》，卷一一七，紹興七年十一月：「韓世忠碑誌，世忠四子：彥直、彥朴、彥質、彥古。」頁 584-2；《文忠集》，卷一〇五〈賜利州觀察使韓彥直辭免除鄂州駐箚御前諸軍都統制恩命不允詔二月二十八日〉：「唐之雅曰：『惟西平有子，惟我有臣』。將門擇將，自昔然矣。惟乃先著勳列於王室，世選爾勞，庶其在茲，矧卿智略，聲猷見於總賦之日，就拜大將，一軍何驚焉？勉圖功名，安用辭避？」頁 18。可見這位荊襄大將韓彥直，確爲韓世忠之子、韓彥古之兄。

〔註115〕據《金史》，卷六十一〈交聘表中〉，頁 1426，范成大於九月到達，因此虞允文神道碑說金人以三十萬軍隊爲威脅的訊息，應在九月以後。

議孝宗選定太子，原因便是「今日聖志已定，將大有爲於天下，若一旦北人敗盟，連兵兩淮，六飛必須順動，監國撫軍誰任其責？」〔註116〕所謂孝宗已定的聖志，且因而須要有太子「監國撫軍」，恐怕便是孝宗已做了親征的打算。〔註117〕從孝宗和虞允文的話也可看出，南宋其實並不打算北伐，而是藉口求陵寢地挑釁金朝，以使金朝南侵，原因或許是想以逸待勞，或將敗盟責任歸於金。乾道六年朱熹寫給張栻的信中，也憂心地說：「今日既爲此舉，則江淮荊漢便當戒嚴以待，不知將帥孰爲可恃者。」〔註118〕可見朱熹也知道戰爭有可能爆發。總之，在急進派得勢下，宋、金之間關係緊張，雙方皆積極備戰，戰爭有即將發生的可能。

其二，在宋、金緊張氣氛逐漸升高之際，朝野出現了許多急進謀求恢復的言論。李燾的神道碑說：「前兩入朝，適虞允文、趙雄當路，士大夫爭談兵。」〔註119〕范成大的神道碑也說：

> 自公（范成大）使北，狂生上書，迎合恢復事，補官十餘人。公奏：「倖門不可開，繼此臣必繳奏。」上曰：「誠然，書已滿屋，朕皆弗省。」〔註120〕

可見迎合恢復便有補官的機會，〔註121〕這導致許多還沒有功名的士人爭相談兵，奏疏竟多到「滿屋」的地步。葉適也說：「虞丞相允文贊上謀恢復銳甚，希進者趨和之。」〔註122〕這便是上位者急謀恢復，下位者希望藉機求進而出現的現象。

就在宋、金關係危急，朝野出現大量迎合恢復言論的背景下，道學型士大夫站出來，發出了另一種意見。乾道六年夏，張栻召回爲吏部員外郎，約在此時，朱熹寫信問他：〔註123〕

〔註116〕《建炎以來朝野雜記》乙集，卷二〈己酉傳位錄〉，頁641～642。
〔註117〕同註116，乾道七年二月，孝宗說：「他日親馭戎輅以撫六師，監國之任不及今早定，何以繫天下心？」頁648。又《宋史》，卷三十四〈孝宗二〉：「（乾道八年）九月……壬辰，允文入辭，帝諭以決策親征，令允文治兵俟報。」頁654，可見孝宗從虞允文當政以後就一直有意親征。
〔註118〕《晦庵先生朱文公文集》，卷二十五〈答張敬夫二〉，頁1110。
〔註119〕《文忠集》，卷六十六〈李公神道碑〉，頁21。
〔註120〕《文忠集》，卷六十一〈范公神道碑〉，頁18。
〔註121〕第二章第一節論近習參與恢復，便有王天覺講恢復，而透過曾覿補官的事例，結果受到陳良翰的極力反對。
〔註122〕《水心文集》，卷十六〈著作正字二劉公墓誌銘〉，頁10。
〔註123〕此信的時間參見陳來，《朱子編年書信考證》，頁67。

> 不知曾爲上論此意，請罷祈請之行否？……又須審度彼己，較時量
> 力，定爲幾年之規，若孟子大國五年小國七年之說，其間施設次第
> 亦當一一仔細畫爲科條，要使上心曉然開悟，知如此必可以成功，
> 而不如此必至於取禍。〔註124〕

可見朱熹也反對請陵寢地，並認爲恢復事須仔細規劃幾年才能成功。或許多
少受到朱熹的影響，當孝宗告訴張栻「虜中饑饉連年，盜賊四起」，張栻答以
「臣竊見比年諸道多水旱，民貧日甚，而國家兵弱財匱，官吏誕謾，不足倚
仗。正使彼實可圖，臣懼我之未足以圖彼也。」等於是說宋朝的情況也不比
金朝好多少，孝宗爲此「默然久之」；接著，張栻又諫請陵寢，並要孝宗「選
將帥，練甲兵，通內修外攘、進戰退守以爲一事。」〔註125〕所謂「選將帥」
或許便暗指不該將選任將帥之權交付近習，〔註126〕而非無的放矢。張栻爲李
浩寫的墓誌銘提到李浩上奏說：「一時誕謾之徒言敵勢衰弱，踴躍自奮，甚者
爲剽攘以挑境外。」〔註127〕可見在道學型士大夫的認識中，孝宗認爲敵勢衰
弱的情報也是「大言迎合」者所提供。〔註128〕當時虞允文欲以官職換取李浩
的支持，據說被李浩嚴詞拒絕。〔註129〕按，張栻說李浩「及壯歲更留意義理」，
〔註130〕《宋元學案》則把他歸爲陸九淵的「學侶」，說他「子孫皆從學於象山。」
〔註131〕因此李浩亦是道學型士大夫。至於隆興時候曾反對過近習的胡沂，這
時也「每對每以飭邊備、毋開兵端爲言」。〔註132〕

　　乾道六年，呂祖謙輪對，他也沒有放過此諫恢復的機會，他說：

> 恢復大事也，規模當定、方略當審。……彼隨聲響和，無所疑難
> 者，豈所見真如是之同哉？特欲媮取一時之快，以釣爵秩，勢迫事
> 急，又爲他說，自解而去，獨遺陛下以憂勞，初非實有徇國捐軀之

〔註124〕《晦庵先生朱文公文集》，卷二十五〈答張敬夫一〉，頁1108～1109。

〔註125〕同註124，卷八十九〈張公神道碑〉，頁4133～4134。

〔註126〕參見第二章第一節。

〔註127〕《南軒集》，卷三十七〈吏部侍郎李公墓銘〉，頁10。

〔註128〕在上節曾提到趙雄向孝宗說金世宗「望之不似人君」、「中原不日可復」，這種
　　　　情報同樣有煽動「恢復」之意。

〔註129〕《南軒集》，卷三十七〈吏部侍郎李公墓銘〉：「宰相方議遣泛使，公與辯其不
　　　　可，至以官職誘公，公怒，以語觸之，且力求外，以直寶文閣知靜江府主管
　　　　廣南西路安撫司。」頁13。

〔註130〕同註129，頁12。

〔註131〕《宋元學案》，卷五十八〈象山學案〉，頁39。

〔註132〕《嘉泰會稽志》，卷十五〈侍從〉，頁21。

志也。〔註133〕

呂祖謙也認爲恢復大事應該要有謹愼的計畫，那些大談恢復可行的人，並非因「英雄所見略同」，而是迎合上意，藉此獲取爵位罷了。趙汝愚向孝宗面奏時也說：

> 臣懼有大言無妄之人，竊窺陛下意，迎合取寵，爭言違（爲？）戰之利，願陛下含忿忍恥，力爲自治之計，虛懷納諫，以輔其德。〔註134〕

可見在「急進派」的意見中，有不少認爲對金開戰有利。按，趙汝愚與道學家往來密切，慶元黨禁便是因趙汝愚和韓侂冑的鬥爭而起，這已爲學界所共知，因此趙汝愚自可算做道學群體的一員。隆興二年，因和黨攻張浚而連帶被波及的黃中，也於乾道六年被召回，他除了再次向孝宗闡述「正心誠意」，也諫恢復，甚至主張可以暫時與金講和：

> 比年以來，言和者忘不共戴天之讎，固非久安之計；而言戰者徒爲無顧忌大言，又無必勝之策。必也暫與之和而亟爲之備，內修政理而外觀時變，則庶乎其可耳。〔註135〕

我們若比較隆興與乾道時期積極於恢復者之間的差別，可察覺隆興時期張浚一派雖然極力反對和議，但並未全然主戰，因爲他們重視評估己方實力；然而，從趙汝愚和黃中的意見，可發現乾道六年「大言迎合」者卻眞可說是主「戰」派。而道學型士大夫在這樣的情勢下，竟開始主張暫時與金「和」，曾諫近習的劉朔這時也說「臣觀今日通和未爲失策」。〔註136〕

乾道六年以後，道學型士大夫對恢復的批判並未終止。例如乾道七年四月，劉珙再次被起用爲執政，但他力辭不拜，他向孝宗面奏時說：

> 今德未加修，賢不得用，賦斂日重，民不聊生，將帥方割士卒以事苞苴，士卒方飢寒窮苦而生怨謗，凡吾所以自治而爲恢復之實者，大抵闊略如此。……以今而慮，臣恐恢復之功未易可圖，而意外立至之憂將有不可勝言者，惟陛下圖之。〔註137〕

將帥之所以苞苴，士卒之所以怨謗，便是因爲將帥將分配給士卒的錢糧拿去賄賂近習，在劉珙眼中，恢復的準備工作依舊十分粗糙，所謂「意外立至之

〔註133〕《東萊集》，卷三〈乾道六年輪對劄子二首〉，頁5。
〔註134〕《宋代蜀文輯存》，卷七十一〈宋丞相忠定趙公墓誌銘〉，頁7。
〔註135〕《晦庵先生朱文公文集》，卷九十一〈端明殿學士黃公墓誌銘〉，頁4219。
〔註136〕《水心文集》，卷十六〈著作正字二劉公墓誌銘〉，頁10。
〔註137〕《皇宋中興兩朝聖政》，卷五十，乾道七年四月條，頁12～13。

憂」，大約就是指宋金可能發生戰事。同在乾道七年，薛季宣除大禮寺簿，有機會見到宰相虞允文，雖然已經過了乾道六年諫恢復的熱潮，但「猶冀幸一改聽」，〔註138〕於是他寫信給虞允文說：「徼功太速、興事太輕，速無遠模，輕則中廢，經濟天下當與天下士圖之，陸陸（原文即用此「陸」字）鄙夫，嗜利自市，試跡前事，今皆反繆。」〔註139〕除指責虞允文急進的恢復政策，其所謂「天下士」恐怕就是指持穩健態度的道學群體，而「陸陸鄙夫」便是上疏迎合恢復以求官職的人。陳亮亦是一對恢復有強烈熱情的士大夫，但他在淳熙五年的上書也認爲「國家之大勢未張，不可以一朝而大舉。」〔註140〕到了淳熙十五年，朱熹仍對孝宗說：

> 其思奮厲者，又徒知恢復之不可忘，頹墮之不可久。……區區東南
> 事，猶有不勝慮者，何恢復之可圖乎？故臣不敢隨例迎合，苟爲大
> 言以欺陛下。而所望者，則惟欲陛下先以東南之未治爲憂，而正心
> 克己，以正朝廷、脩政事，庶幾眞實功效可以馴致。〔註141〕

所謂「思奮厲者」便是指「急進派」。朱熹口中阻礙恢復大計的東南事，絕非單因國家實力不足，而還牽扯到複雜的政治因素，即包含朝廷不正、政事不脩的問題。其中最根本的恐怕就是近習干政。《皇宋中興兩朝聖政》引呂中《大事紀》說：

> 恢復之機既失，雖虞允文始相，建議遣使以陵寢故地爲請，然識者
> 以爲當爭之於未講和之初，而不當爭於和議已定數年之後。彼雖仁
> 義不足，而凶暴有餘，反以大義責我，故當時端人正士，如張栻、
> 黃中、劉珙、朱熹、呂祖謙最爲持大義者也。〔註142〕

這些反對請陵寢的「端人正士」皆爲「道學型士大夫」。〔註143〕這與他們幾乎也都曾在反近習運動中貢獻過一己之力，〔註144〕恐怕並非偶然。

〔註138〕《浪語集》，卷三十五〈薛公行狀〉：「方虞公銳意於事，一時言利言兵自衒鬻者甚眾，守經不阿或被罷斥，公見之晚，猶冀幸一改聽。……是歲乾道七年也。」頁27～28。所謂「見之晚」，應指道學群體諫恢復的熱潮在乾道六年，該年也是遣使求陵寢以挑釁金朝之時。

〔註139〕同註138，頁27；又可見同書，卷十七〈與虞丞相劄子〉，頁3～4。

〔註140〕《龍川集》，卷一〈上孝宗皇帝第一書〉，頁4。

〔註141〕《晦庵先生朱文公文集》，卷十一〈戊申封事〉，頁610。

〔註142〕《皇宋中興兩朝聖政》，卷五十四，頁16。

〔註143〕除了大事記提到的，本文另還提及趙汝愚、李浩、胡沂。

〔註144〕本節曾諫恢復的道學型士大夫，只有呂祖謙尚未見其諫近習，但在下章將會

　　道學型士大夫對急進恢復的質疑與批判，雖然受到《大事記》的肯定，但在當時卻遭受孝宗的反感。據張栻神道碑說「士大夫有憂其無備而召兵者，皆斥去之。」〔註145〕或許「皆斥去之」說得有些誇張，因為張栻自身便未因此遭斥逐，但熱心於恢復的孝宗對道學型士大夫的論諫感到反感卻是實情。淳熙四年（1177），孝宗向執政王淮、趙雄抱怨說：

　　　　士大夫諱言恢復，不知其家有田百畝，内五十畝爲人所強占，亦投牒理索否？士大夫於家事則人人甚理會得，至於國事則諱言之。
　　　　〔註146〕

這些「諱言」恢復的士大夫應該主要便是指理學集團，之所以「諱言」，便因「恢復」二字在他們心目中已然變質、不再符合復讎「大義」了。本文雖也認爲陳亮是道學型士大夫，但他相對激進的恢復態度，使他難以被畫歸爲「穩健派」，因此透過淳熙五年（1178）的〈上孝宗皇帝第二書〉從旁觀角度的分析，一方面讓我們更明確了解穩健、急進兩派意見的差異，亦可見孝宗對兩派各取何種態度：

　　　　論恢復則曰修德待時，論富強則曰節用愛人，論治則曰正心，論事則曰守法，君以從諫務學爲美，臣以識心見性爲賢。……宜其取輕於陛下也。論恢復則曰精間諜結豪望，論富強則曰廣招募刮隱漏，論治則曰立志，論事則曰從權，君以駕馭籠絡爲明，臣以奮勵馳驅爲最。……此所以取疑於陛下者也。……陛下始不知所仗而有獨運四海之意矣。〔註147〕

講「修德待時」而受孝宗輕視的顯然就是道學型士大夫所構成的「穩健派」；表現出「奮勵馳驅」而受到孝宗疑心的便是「急進派」。〔註148〕可見孝宗也不只對「穩健派」感到反感，他雖傾向支持急進派，但當談恢復者上書「滿屋」之後，孝宗也不由得起疑，而道學群體對「急進派」的批評，或許也對孝宗產生一定的影響。

　　至此，我們可透過本章的討論，總結道學集團對恢復的態度爲何發生轉

〔註145〕《晦庵先生朱文公文集》，卷八十九〈張公神道碑〉，頁4133。
〔註146〕《建炎以來朝野雜記》乙集，卷三〈孝宗論士大夫微有西晉風〉，頁680。
〔註147〕《龍川集》，卷一〈上孝宗皇帝第二書〉，頁16～17。
〔註148〕前引劉光祖對策，他批評「急進派」時用了「奮發果敢」來形容，可與陳亮形容的「奮力馳驅」相呼應。

變。隆興時期，曾經對宋金和戰發表過意見的道學型士大夫，都認為與金有不共戴天之讎，極力反對和議；然而到了乾道六年之後，道學集團對恢復已持明顯之批判態度。個中因素可分兩層次說明：其一是近習對恢復工作的參與而引發的弊病，淳熙七年，朱熹在〈庚子應詔封事〉詳盡說明了近習用事之害，值得引述：

> 宰相、臺省、師傅、賓友、諫諍之臣，皆失其職；而陛下所與親密，所與謀議者，不過一二近習之臣也。此一二小人者，上則蠱惑陛下之心志，使陛下不信先王之大道，而悅於功利之卑說；不樂莊士之讜言，而安於私暬之鄙態。下則招集天下士大夫之嗜利無恥者，文武彙分，各入其門，所喜則陰為引援，擢置清顯；所惡則密行訾毀，公肆擠排。交通貨賂，則所盜者皆陛下之財；命卿置將，則所竊者皆陛下之柄。……使天下之忠臣賢士深憂永歎，不樂其生；而貪利無恥敢於為惡之人，四面紛然，攘袂而起，以求逞其所欲。然則民又安可得而恤？財又安可得而理？軍政何自而修？土宇何自而復？而宗廟之讎恥又何時而可雪耶？〔註149〕

除了指責近習對孝宗的「蠱惑」、與外廷「無恥」士大夫的交結，也指出近習安排親信為將帥，將帥則將軍費移來賄賂近習，最後總結近習對民政、財政、軍政的破壞，將使恢復無成。其二是近習和主恢復宰相是採取「急進」的恢復政策，在道學型士大夫看來，他們多只是迎合上意，而非對恢復有一謹慎、切實的計畫，若將之付諸實踐，不但恢復無成，還可能陷南宋於危亡。總之，近習參與下的恢復工作，不但問題叢生，且方式冒進，在這樣的歷史背景下，道學型士大夫乃不得不調整原來與金不共戴天的說詞，轉而強調恢復應有多年的準備，並進而抨擊急進恢復的各種弊病。

「穩健派」和「急進派」皆致力爭取孝宗的支持，在陳俊卿任相時，「穩健派」似乎占上風；然乾道六年虞允文獨相、曾覿召回，宣示著「急進派」得勢，道學群體「諫恢復」的言論也因此風起雲湧，甚至進一步「主和」。曾在隆興時期大力抨擊和議的朱熹，在晚年與學生的對談中，也承認「所以當時號為端人正士者，又以復讎為非，和議為是。」〔註150〕可以想見，「恢復」二字至少對道學型士大夫而言已經質變，意義已不同以往，它成了各方勢力

〔註149〕《晦庵先生朱文公文集》，卷十一〈庚子應詔封事〉，頁586～587。
〔註150〕《朱子語類》，卷一三三〈本朝七〉，頁3199。

爲獲得己利的包裝品。以此我們終於能理解朱熹爲何說：「言規恢於紹興之間
者爲正，言規恢於乾道以後者爲邪。」〔註151〕前者是不惜犧牲政治前途以對
抗高宗和秦檜；後者卻是迎合孝宗和近習以謀取仕宦之順暢。

　　最後，須做三點澄清。第一，「急進派」的主要反對者是由道學型士大夫
構成的「穩健派」，但並非所有曾經反對急進、遣使者都是道學型士大夫。如
陳良祐，他與汪應辰關係惡劣，《宋元學案》提到：「先生（汪應辰）嘗爲上
言：『陳良祐在蜀多誕。』良祐聞而譖之。」〔註152〕但陳良祐在乾道六年也諫
遣祈請使，他的言論似乎並不特別激烈，然而孝宗卻大爲反感，將他遠貶筠
州看管。〔註153〕令人疑惑的是，陳良祐與道學集團同樣諫恢復，但前者遭受
的對待爲何遠比後者嚴厲？根據《宋會要輯稿》的記載，或許可以讓我們得
知陳良祐被貶的因素：

　　　　乾道六年，良祐爲吏部侍郎，時朝廷遣使求祖宗陵寢，良祐自疑當

　　　　　行，上書阻止其事，爲臣僚論罷，送筠州居住。〔註154〕

可見孝宗認爲陳良祐是因爲害怕出使而諫恢復，若此爲事實，那麼陳良祐與
道學集團雖同是諫恢復，但動機卻不相同。

　　其二，道學型士大夫面對迎合恢復者雖然有共同的態度，且也主張要花
一定時間修政事才足以論恢復，但這並非認爲道學集團內部彼此意見全然一
致、毫無歧見。葉適爲劉夙、劉朔兄弟寫的墓志中便說道：

　　　　於時士無不嚮恢復者，朱公元晦亦以爲人主義在復讎。遇著作（劉

　　　　夙）於李德遠，坐論之，著作弗是也。他日，朱公曰：「乃爲賓之、

　　　　德遠夾攻。」德遠者，吏部侍郎李浩也。〔註155〕

可見朱熹曾與劉夙、李浩談論過恢復，但彼此意見不盡相同。前面提到劉夙
的兄弟劉朔曾說「通和未爲失策」，因此劉、李二人恐怕比主張「人主義在復

<hr>

〔註151〕《朱子語類》，〈饒州刊朱子語續錄後序〉，頁4356～4357。
〔註152〕《宋元學案》，卷四十六〈玉山學案〉，頁98。
〔註153〕《宋史》，卷三八八〈陳良祐〉：「良祐奏：『……今遣使乃啓釁之端，萬一敵
　　　　騎犯邊，則民因於供輸，州郡疲於調發，兵挐禍結，未有息期。將帥庸鄙，
　　　　類之遠謀，對君父則言效死，臨戰陣則各求生。……今又無故而求侵地，陛
　　　　下度可以虛聲下之乎？況止求陵寢，地在其中，裏亦議此，觀其答書，幾於
　　　　相戲。凡此二端，皆是求釁。必須遣使，則祈請欽宗梓宮，猶爲有辭。內視
　　　　不足，何暇事外？』」奏入，忤旨，貶瑞州居住，尋移信州。九年，許令自便。」
　　　　頁11902～11903。其中「瑞州」據《宋會要輯稿》當爲「筠州」之誤。
〔註154〕《宋會要輯稿》，〈職官七十二・黜降官九〉，頁16。
〔註155〕《水心文集》，卷十六〈著作正字二劉公墓誌銘〉，頁11。

讎」的朱熹更偏向和議。但朱熹晚年也承認孝宗朝「號爲端人正士者，又以
復讎爲非，和議爲是」，因此彼此意見或有不同，但仍保持友誼，站在同一陣
線反對「急進派」。

其三，在大談恢復有機會補官的情形下，雖有不少人迎合上意，但並非
所有「急進派」都對恢復缺乏眞心。例如范成大出使之前便向孝宗說：

> 無故遣泛使，近於求釁，不戮則執，臣已立後，仍區處家事，爲不
> 還計，心甚安之。〔註156〕

大有爲恢復而犧牲生命的氣概。另一例是陸游，他與范成大頗有交情，〔註157〕
且也對恢復充滿熱情。乾道五年三月，虞允文從四川召回，接替他的便是曾
和劉珙論辯的王炎，〔註158〕王炎「宣撫川、陝，辟（陸游）爲幹辦公事。游
爲炎陳進取之策。」〔註159〕足見陸游支持王炎，並爲之獻策。只是像范成大、
陸游這樣衷心於恢復者，或許只佔「急進派」的少數。

〔註156〕《文忠集》，卷六十一〈范公神道碑〉，頁16。

〔註157〕《宋史》，卷三九五〈陸游〉：「范成大帥蜀，游爲參議官，以文字交，不拘禮
法，人譏其頹放，因自號放翁。」頁12058。

〔註158〕《宋史》，卷三十四〈孝宗二〉：「（乾道五年）三月丁巳朔。……乙亥，以王
炎爲四川宣撫使，仍參知政事。召虞允文赴行在。」頁645。

〔註159〕《宋史》，卷三九五〈陸游〉，頁12058。

第三章　黨論的興起與緩和

　　第二章討論到，近習配合孝宗的恢復政策，深入參與外交、軍事工作，朝中上下也瀰漫著主戰聲浪，道學型士大夫則因而轉為穩健甚至主和，這使道學集團在「近習」與「恢復」議題上皆與孝宗對立，也更容易引起孝宗的反感。本章便要討論乾道七年至淳熙八年（1171～1181）道學集團在此不利形勢下，一方面繼續攻擊近習，另一方面則受到越來越大的「植黨」指控。

第一節　反近習執政——張說事件

　　發生在乾道七、八年的「張說事件」，一方面可見道學型士大夫的團結一氣，但其結果也宣示了近習地位的上升。《宋史・佞幸》簡要地敘述了乾道七年發生的張說事件：

> 七年三月，（張說）除簽書樞密院事。時起復劉珙同知樞密院，珙恥與之同命，力辭不拜。命既下，朝論譁然不平，莫敢頌言于朝者。惟左司員外郎張栻在經筵力言之，中書舍人范成大不草詞。尋除說安遠軍節度使，奉祠歸第。不數月，出栻知袁州。〔註1〕

在上章我們提到劉珙力辭執政，並向孝宗諫恢復，而其力辭的原因除了朝廷恢復政策與自己主張不同外，原來還因為不願與張說同為執政。張說具有近習與外戚身分而被命為「執政」，因此輿論譁然並不令人意外。近習問題自孝宗即位不久便成為敏感話題，且張說在力求恢復的朝政下掌握兵權，對孝宗來說，讓張說任樞密院長官，不啻希望他能更深入地參與軍事計畫，因此反

〔註1〕《宋史》，卷四七○〈佞幸〉，頁13692。

對張說，意義便不止於反對近習，還是阻撓孝宗的恢復準備，所以朝士多不敢出言論諫。這時，勇於跳出來反對的便是理學家張栻。

張栻對近習的極度反感，使他無法緘默。他「夜草疏極諫其不可」，並指責宰相虞允文說：「宦官執政，自京、黼始，近習執政，自相公始！」等於是將虞允文比為北宋末的蔡京、王黼，虞允文為此「慙憤不堪」。〔註2〕張栻又向孝宗說，他雖然認同樞密長官用武臣（張說是武官），但「所用乃得如此之人」，意為否定張說的人品和能力。孝宗雖然暫時放棄張說的除命，但仍升張說為節度使。過了幾個月，張栻就出知偏僻的袁州。〔註3〕張栻補外的原因，據說是「宰相益憚公（張栻），而近倖尤不悅，合中外之力以排之。」〔註4〕這應該便是指虞允文與張說聯合，逐走張栻。

張栻的補外，引起一些道學型士大夫的聲援。其一是楊萬里，他上疏給孝宗說：

> 前日樞臣張說之除，在廷之臣無一敢言，獨栻言之。人皆以為成命之難回，而陛下即為之改命，是時天顏之喜，聖語之襃，行路之人皆能言之。……然一旦夜半出命，逐之遠郡，民相驚以為朝廷之逐張栻是為張說報仇也。〔註5〕

楊萬里生動地對比了孝宗態度的轉變和「公議」的反應。人們先是開心地稱讚孝宗，而後則相驚失色。從「夜半出命」也可見逐張栻的命令來得十分突然。按，楊萬里於紹興二十九年以弟子禮拜謁張浚，當時便是由張栻為萬里引見，〔註6〕張浚對之勉以「正心誠意之學」；楊萬里也與林光朝、謝諤等理學家往來，〔註7〕因此可算是一道學型士大夫。同年八月，孝宗要近臣「極陳」自己「所行之優劣」，時為太子詹事的陳良翰便真的直言不諱地說：「陛下欲任賢能，而張栻一言遽從外補，正直之氣鬱而不伸，是所以任賢能者未至也。」

〔註2〕《宋史》，卷四二九〈道學三·張栻〉，頁12773。
〔註3〕《宋史》，卷四二九〈道學三·張栻〉，頁12773。
〔註4〕《晦庵先生朱文公文集》，卷八十九〈張公神道碑〉，頁4134。
〔註5〕《歷代名臣奏議》，卷一四六〈楊萬里乞留張栻黜韓玉〉，頁32～33。
〔註6〕《鶴林玉露》，甲編，卷一〈誠齋謁子嚴〉，頁14。
〔註7〕《宋史》，卷四三三〈儒林三·楊萬里〉：「張浚謫永，杜門謝客，萬里三往不得見，以書力請始見之。浚勉以正心誠意之學，萬里服其教終身，乃名讀書之室曰誠齋。浚入相，薦之朝。」頁12863。又周揚波，〈楊萬里詩社與南宋孝宗朝政治〉，對楊萬里詩社中的友人有細緻的考證，其社友包含林光朝、謝諤等理學家，也指出楊萬里是理學的信徒。

陳良翰上奏後，就「以足疾求去」了。〔註8〕楊萬里和陳良翰的諫言不只是為個人的反對近習，更是為了支持同道（張栻），這顯示道學型士大夫已是一互相聲援的團體。

從前引《宋史‧佞幸》亦可見，張說除執政之所以能暫緩，還有另一人的功勞，即負責寫制書的中書舍人范成大。《桯史》詳細生動地紀錄了范成大諫近習的過程：

> 上用知閤門事，樞密都承旨張說為僉書，滿朝譁然起爭，〔註9〕上皆弗聽。范既當制，朝士或過問當視草與否，笑不應，獨微聲曰：「是不可以空言較。」問者不懌，又譁然謂范黨近習取顯位，范亦不顧。既而廷臣不得其言，有去者，范詞猶未下。忽請對，上意其弗繳，知其非以說事，接納甚溫。范對久將退，乃出詞頭納榻前，玉色遽屬。范徐奏曰：「……但聖意以謂有一州郡，一旦驟拔客將吏為通判職曹官，顧謂何耶！官屬縱俛首，吏民觀聽，又謂何耶！」上霽沈吟曰：「朕將思之。」明日，說罷。〔註10〕

這段史料傳達出許多訊息：其一，范成大遭到不少輿論壓力，許多人問他是否會書行，他並未正面回應，《宋史》本傳說他「留詞頭七日不下」，〔註11〕可見范成大似乎猶豫不決；其二，孝宗原本臆測范成大會書行，因此溫和地與他談事，但最後范成大還是封還詞頭，孝宗臉色立刻大變，顯示孝宗對張說的除命非常在意；其三，范成大「黨近習取顯位」之說，並非空穴來風，當范成大拒絕書行後，張說告訴友人說：

> 「范致能（范成大字）亦胡為見攻？」指所坐亭曰：「是材植皆致能所惠。」〔註12〕

可見范成大平日與張說交好，曾送建亭子的木材給張說，因此范成大應該是

〔註8〕　《建炎以來朝野雜記》乙集，卷三〈孝宗與近臣論德仁功利〉，頁674。又根據《晦庵先生朱文公文集》，卷九十七〈陳公行狀〉，頁4534，說陳良翰上奏後孝宗「嘉歎再三」，但這顯然是溢美之詞。

〔註9〕　「滿朝譁然起爭」是誇張的說詞，或許是為了凸顯范成大議論的說服力，或誤植乾道八年的情況。乾道七年，除本文所引，筆者未看到其他諫張說除命者，從前引《宋史‧佞幸》和楊萬里諫留張栻的奏疏，都可知當時敢出言反對張說除命的朝士是少之又少。

〔註10〕　《桯史》，卷四〈一言悟主〉，頁48～49。

〔註11〕　《宋史》，卷三八六〈范成大〉，頁11869。

〔註12〕　丁傳靖，《宋人軼事彙編》（北京：中華書局，2003年），卷十七，頁922。

在輿論壓力下才不得不封還詞頭。〔註13〕乾道六年之所以會派范成大出使請陵寢，便也可從他與近習交好中獲得理解，孝宗所以原先認爲范成大會書行，應該也是了解范成大一向的政治態度。

到了乾道八年二月，孝宗再次任命張說爲簽書樞密院事，引起更大的風潮。《宋史‧佞幸》有較簡要的說明：

> 八年二月，（張說）復自安遠軍節度使提舉萬壽觀，簽書樞密院事。侍御史李衡、右正言王希呂交章論之，起居郎莫濟不書錄黃，直院周必大不草答詔，於是命權給事中姚憲書讀行下，命翰林學士王曮草答詔。未幾，曮升學士承旨，憲贈出身，爲諫議大夫。詔希呂合黨邀名，持論反覆，責遠小監當。衡素與說厚，所言亦婉，止罷言職，遷左史，而濟、必大皆與在外宮觀，日下出國門。〔註14〕

幾乎如同隆興時期的「曾龍事件」，臺諫給舍再度聯合、反對近習的除命，最後也都被逐出京城。以下我們分別討論王希呂、李衡、周必大、莫濟四人在張說事件中的境遇和四人與道學的關係。

從上引史料來看王希呂似乎讓孝宗很是反感，孝宗認爲他藉由結黨反對張說以「邀名」，不論他是否有意藉此獲得名聲，王希呂本傳都說他「由是直聲聞于遠邇，雖以此黜，亦以此見知」，〔註15〕他顯然因此在南宋史上留名。有關王希呂的史料並不多，但據說淳熙八年，朱熹在浙東救災，王希呂正爲知紹興府兼兩浙東路安撫使，「朱熹雅敬之，委以諸暨蕭山荒政，活民十萬。」〔註16〕或許便是因他反張說而受到像朱熹這樣的道學家的敬重，但沒有史料足以說明他與道學型士大夫有密切的往來。其二是李衡，前引《宋史‧佞幸》雖說他向來與張說有交情，因而話也講得委婉，所以只是遷左史（即起居郎），但李衡並未接受這種寬厚的安排，他「遷起居郎，不就，知台州，又不就，復上章請老」，〔註17〕便因此致仕。〔註18〕李衡面對是否要反對張說除命或許

〔註13〕張劍霞，《范成大研究》（台北：學生，1985 年），頁 30～44，提到范成大的交遊，其中包含道學型士大夫周必大、楊萬里、林光朝等，但也包含與近習友好的三洪（洪适、洪遵、洪邁），范成大似乎與道學型士大夫和近習兩對立勢力都有交情，這或許可以部分解釋范成大猶豫的態度，和最後封還詞頭的決定。又可見王德毅編，〈范石湖先生年譜〉，收入吳洪澤、尹波主編，《宋人年譜叢刊》（四川：成都大學，2002 年），頁 5752～5799。

〔註14〕《宋史》，卷四七○〈佞幸〉，頁 13692～13693。

〔註15〕《宋史》，卷三八七〈王希呂〉，頁 11900。

〔註16〕《寶慶四明志》，卷八〈先賢事跡上〉，頁 25。

〔註17〕楊譓，《至正崑山郡志》（台北：成文，1983 年），卷四〈人物一〉，頁 8。

也有過一番掙扎，但最後他選擇十分強硬的態度，不惜告老辭官。據說李衡「道學精明，且樂於教人，……戒其子不得齋僧供佛，……又有易說、論語說若干卷。」〔註19〕因此李衡也是道學中人，其反張說的態度或許也與他對道學的認同有關，但筆者並未看到有史料表明他與本文提及的道學型士大夫有私交往來。

周必大在「張說事件」中與孝宗有一段有趣的對話：

> 孝廟欲除張說簽書樞密院事，在廷諸儒力爭。孝廟一日盛怒，與周益公（必大）言：「朕將用花臂膊者為樞密使。」益公答云：「臣敢為天下倡。」〔註20〕

孝宗在憤怒之餘說要找「花臂膊」的人當樞密使，〔註21〕周必大便說他敢帶頭倡導這樣做，顯然是在說反話，但周必大的譏諷恐怕只會讓已經「盛怒」的孝宗更加暴跳如雷，無怪乎孝宗直接下達命令要周必大出外奉祠，而且必須當日就離開，「趣公（周必大）出門，匹馬便面，翩然逕行。」〔註22〕而與周必大同議的莫濟也一起受到這種嚴厲對待。按，周必大在本文第一章就已登場，他確屬道學集團無疑；至於莫濟，陳俊卿曾向孝宗說他賢能，〔註23〕但也沒有足夠的史料能判定其身分。

乾道八年二月反對張說除命的四人，除了周必大可以肯定是道學型士大夫外，其餘三人也多少與道學有關，他們或是受道學型士大夫讚賞，或是本身也鑽研道學，但在沒有史料足以說明他們與道學型士大夫的往來前，還是無法認定他們屬於道學集團。在張說事件中，他們因為職位的關係，必須在贊成與反對中做抉擇，他們必然都面對強大的「公議」壓力，最後也都選擇反對張說除執政，並且也獲得了美名，據說「布衣莊冶作四賢詩以美之」，〔註24〕亦可見張說事件已不只為在朝當官者所關心，一般尚未有功名的士人

〔註18〕 《宋史》，卷三九○〈李衡〉：「外戚張說以節度使掌兵柄，衡力疏其事，……章五上，請老愈力，上知不可奪，仍以祕撰致仕。」頁11948。

〔註19〕 《至正崑山郡志》，卷四〈人物一〉，頁8。

〔註20〕 《貴耳集》，卷中，頁31。

〔註21〕 所謂「花臂膊」者，可能是指手臂上有刺青，身分低下的人，也可能指手臂上有刺青的軍人。

〔註22〕 樓鑰，《攻媿集》，收入《四部叢刊正編》（台北：商務，1979年），卷九十四〈周公神道碑〉，頁8。

〔註23〕 《宋史》，卷三八三〈陳俊卿〉：「從官梁克家、莫濟俱求補外，俊卿奏：『二人皆賢，其去可惜。』」頁11786。

〔註24〕 《至正崑山郡志》，卷四〈人物一〉，頁8。

也可能十分關注。

最後書行張說除命的是權給事中姚憲、翰林學士王曮。孝宗之所以特別任命兩人，必然是對他們的政治意向有把握，其中姚憲更是為了張說除命才「兼權給事中」，而且獲得「賜同進士出身」的恩賞，在書行後緊接著便與曾覿出使金朝，再度為受書禮向金主交涉，雖然無結果，但回宋後，姚憲超遷迅速，乾道九年（1173）底便升官至執政。〔註25〕就此而言，姚憲極有可能黨附近習，並因此獲得快速升遷的報酬。

張說順利除簽書樞密院事後，「勢赫然，無敢攖之者」。〔註26〕到了乾道九年，張說竟然向孝宗推薦莫濟、周必大任知州，似乎想展現「以德報怨」的姿態，然而「濟被命即出，必大至豐城稱疾而歸，濟聞之大悔。必大三請祠，以此名益重。」〔註27〕此亦可見越是反對近習，越是能獲得「公議」的稱許。

臺諫給舍負有監督官員除命的責任，因此他們即便自身並不很排斥近習，但在輿論壓力下，也很難不反對近習的除命。但原本可以置身事外的士大夫卻「主動」投身反對張說，便更可見是真正打從心裡反近習。毫不意外，主動反對張說者都屬道學集團。在南宋以詩聞名的尤袤，當時任館職，他「率三館上書諫，且不往見（張說）。」〔註28〕據余英時先生的考證，尤袤也是一道學型士大夫。〔註29〕這裡要補充的是，尤袤與朱熹是同年（紹興十八年進士），兩人相識既早，討論學術的書信也多；乾道五年、六年又受到汪應辰、陳俊卿的推薦；〔註30〕乾道七年尤袤遷秘書丞，楊萬里對之有一段紀

〔註25〕《嘉泰會稽志》，卷十五〈侍從〉：「（姚憲）權戶部侍郎，改權工部侍郎，兼臨安府少尹，兼權給事中，真拜工部侍郎，賜同進士出身，為左諫議大夫御史中丞，皆兼侍讀。自權工部侍郎至是皆不出一歲間，其超擢如此。遂拜端明殿學士，簽書樞密院，遷中大夫，參知政事。」頁10。又《宋史》，卷三十四〈孝宗二〉：「（乾道八年）二月⋯⋯戊申，遣姚憲等使金賀上尊號，附請受書之事。⋯⋯（乾道九年）十二月⋯⋯乙丑，以御史中丞姚憲簽書樞密院事。」頁653、656。

〔註26〕《宋史》，卷四七〇〈佞幸〉，頁13693。

〔註27〕《宋史》，卷三九一〈周必大〉，頁11697～11698。

〔註28〕《宋史》，卷三八九〈尤袤〉，頁11924。

〔註29〕余英時，《朱熹的歷史世界》，第十章第三節，〈孝宗晚年部署之二——擢用理學型士大夫〉，頁580～581。

〔註30〕吳洪澤編，〈尤袤年譜〉，收入吳洪澤、尹波主編，《宋人年譜叢刊》，頁5945～5947。

錄：

> 一日除書下，遷大宗正丞尤公延之（袤）爲秘書丞，吾友張欽夫悅
> 是除也，曰：「眞秘書矣。」予自是知延之之賢，始願交焉。〔註31〕

可見張栻十分欣賞尤袤，而楊萬里也因此得知尤袤爲「賢」，才願意和他相
交。此亦可見道學型士大夫在交友時，特別重視人品，即是否與自己「氣類
相近」。當時趙汝愚任著作左郎，也是館職的一員，他也不去見張說，還「率
同列並請祠去」，但沒有得到孝宗的許可，後來接到母親去世的消息，他沒等
到孝宗的同意，便自己罷職了。〔註32〕《通鑑紀事本末》的作者袁樞也主動
反對張說：

> 張說自閣門以節鉞簽樞密，樞方與學省同僚共論之，上雖容納而色
> 不怡。樞退詣宰相，示以奏疏，且曰：「公不恥與噲等伍邪？」虞允
> 文愧甚。樞即求外補，出爲嚴州教授。〔註33〕

除了與同僚共同上諫，袁樞也指責宰相虞允文，最後亦落得補外的命運。袁
樞對張說的反對態度，也該從他和道學型士大夫的交往中尋求理解。袁樞在
紹興時，周必大和劉珙就已「期以遠器」，〔註34〕他和楊萬里也交情深厚，楊
萬里曾說「初，予與子袁子同爲太學官，子袁子錄也，予博士也，志同志，
行同行，言同言也。」〔註35〕說明兩人的志同道合，甚至言行一致。當時呂
祖謙也任職於太學，他回憶當時與袁樞的往來說：

> 庚寅、辛卯之間（乾道六、七年），袁（樞）、楊（萬里）風節，隱
> 然在兩學間，予辱爲僚，相與講肄，蓋日有得焉。〔註36〕

可見呂祖謙不但與袁樞、楊萬里交好，彼此切磋學問，也對兩人的人品十分
欣賞。袁樞和朱熹也交情深厚，兩人除了常以詩唱和，〔註37〕晚年也討論許

〔註31〕《誠齋集》，卷七十九〈益齋藏書目序〉，頁9。

〔註32〕《宋代蜀文輯存》，卷七十一〈宋丞相忠定趙公墓誌銘〉，頁7。有關趙汝愚和
道學家的交遊，在第三章第四節再說明，因爲該節中，趙汝愚扮演了逐近習
的重要推手。

〔註33〕《宋史》，卷三八九〈袁樞〉，頁11934。

〔註34〕同註33。又見鄭鶴聲編，《袁樞年譜》，收入吳洪澤、尹波主編，《宋人年譜叢
刊》（四川：成都大學，2002年），頁6084。

〔註35〕《誠齋集》，卷七十九〈袁機仲通鑑本末序〉，頁10。

〔註36〕《東萊集》，卷七〈書袁機仲國錄通鑑紀事本末後〉，頁5。

〔註37〕董天工，《武夷山志》（台北：成文，1974年）：「袁樞與朱文公友善，武夷精
舍，題咏最多。」頁4；《袁樞年譜》言：「機仲與元晦屢有倡和之作，不僅武
夷精舍題咏已也。」頁6132。

多有關《易經》的問題。〔註38〕因此袁樞亦是道學型士大夫。且在乾道六年，袁樞也和許多道學型士大夫一樣，勸孝宗「圖恢復當審察至計，以圖萬全之舉」，〔註39〕這便是他身爲道學集團一員的反映。

值得注意的是，永嘉學派的薛季宣、陳傅良、蔡幼學師徒三人，在張說事件中也加入聲討。當年正好舉辦省試，蔡幼學在禮部試中名列第一，在殿試時他除了指張說「無一才可取」，更說宰相「曾不羞恥」，他也因直言不諱而得下第。〔註40〕按，蔡幼學是陳傅良的學生，後來在慶元黨禁中列入僞黨名單，因此他可算是道學型士大夫。乾道八年陳傅良也登第，他雖然不像蔡幼學言辭激烈，但將當時朝政的種種現象作了清楚的論述，他將孝宗與唐太宗對比，指出：

> 太宗感魏徵之言，使群臣不存形迹，陛下乃以近名責臣下，此臣之所未諭者三也。太宗屈意讎臣而不以秦府自衛，陛下乃以合黨疑外廷，此臣之所未諭者四也。……日近除授而臺諫有所彈奏，舍人不書黃、學士不草詔，是不曰官守言責乎？蓋職分常事耳。而夜半一紙忽從中出，或廢或逐，曾不淹辰。而吏卒譏訶，不容置輦轂下。……臣愚不識近日戒令何爲，而合黨之言累累發也。以臣觀之，今群臣大抵外同內異、惟身是計，何暇相黨？……臣故以爲陛下誠慕太宗，惟無以合黨疑外廷可也。〔註41〕

陳傅良顯然是針對張說事件而論，他認爲孝宗不該責怪臣下是爲了博得美名才反對近習，也不該懷疑外廷合黨，這也反映孝宗將外廷士大夫對近習的反對當作是好名、結黨的表現。從陳傅良的敘述，也可見當時懷疑外廷結黨的言論十分盛行。而所謂「吏卒譏訶，不容置輦轂下」，應該便是指周必大、莫濟出奉外祠，被要求當日離開的狼狽窘狀。此外，陳傅良也指出孝宗對臺諫給舍的或廢或逐，是在「夜半」，以「中出」的方式直接下達命令，但陳傅良認爲，臺諫給舍其實不過是守其「職分」而已，這也呼應了第一章第五節對道學型士大夫如何看待近習參政的論點。按，陳傅良從學於永嘉學派的鄭伯

〔註38〕見《晦庵先生朱文公文集》，卷三十八，共有十一封給袁樞的信，題爲〈答袁機仲〉。

〔註39〕《皇宋中興兩朝聖政》，卷四十九，乾道六年十二月戊午條，頁13。

〔註40〕《宋史》，卷四三四〈儒林三・蔡幼學〉，頁12895。

〔註41〕陳傅良，《止齋先生文集》，收入《四部叢刊正編》（台北：商務，1979年），卷二十九〈廷對策〉，頁5～7。

熊和薛季宣，也頗得其他道學家賞識，劉朔在溫州任官時，看到陳傅良的文章，「以爲絕出」；〔註42〕乾道六年，陳傅良「還過都城，始識侍講張公栻、著作郎呂公祖謙，數請間叩以爲學大指，互相發明。二公亦喜得友，恨見公之晚。」〔註43〕可見陳傅良與張、呂二人一見如故，張、呂對陳傅良的人品學問，必持肯定態度。陳傅良廷對的言論，也很有可能便是受到道學友人的影響。後來陳傅良也在慶元黨禁中被列入僞黨名單，其亦爲道學型士大夫當可肯定。乾道八年夏，陳傅良的老師薛季宣從淮西回到臨安，〔註44〕他也向孝宗諫近習，他說：

> 夫左右之爲欺，甚於天下，彼其伺候詞色之工，窺見意向之密，捭闔迎逢，殆難以狀其巧也。……然則左右之爲欺，人主又何從而察之，亦曰兼聽無我，收骨鯁、棄軟熟而已。……若乃骨鯁之士，世多以好名疑之，……舉事進言，果出於爲君上爲社稷也，然後可以得名，……人主爲社稷計，惟恐不得好名之士，人人皆好名畏義，則人主所欲爲者，無不濟矣。〔註45〕

薛季宣較委婉的稱近習爲「左右」，而敢於指責近習的「骨鯁之士」，常遭到「好名」的指責，但他反過來告訴孝宗，人主爲了社稷著想，應該要歡迎臣子「好名」才對。

　　張說雖然得以除執政，但道學型士大夫對他的批判並未停止。乾道九年五月，留正任中書舍人，〔註46〕張說建議「郎官、卿監通差武臣」，因留正反對而止；〔註47〕張說的兒子張薦「往視鎮江戰艦，挾勢遊觀，沉舟溺卒，除知閤門事、樞密副承旨，（留）正封還詞頭。」〔註48〕按，留正與道學家關係良好，余英時先生已有詳細論證，〔註49〕且留正名列於慶元黨禁的宰臣名單，

〔註42〕《攻媿集》，卷九十五〈陳公神道碑〉，頁16～17。

〔註43〕《止齋先生文集》，卷五十二〈陳公行狀〉，頁8。

〔註44〕《浪語集》，卷三十五〈薛公墓志銘〉：「乾道七年十二月至淮西，反命以明年之夏。」頁45。

〔註45〕同註44，卷十六〈奉使淮西回上殿箚子三〉，頁14～15。

〔註46〕何異，《宋中興百官題名》，收入《叢書集成續編》（上海：上海書店，1994年），〈東宮官〉：「留正，乾道八年十一月以起居舍人兼左諭德，九年正月除起居郎仍兼，五月除中書舍人。」頁10。

〔註47〕《宋史》，卷四七○〈佞幸〉，頁13693。

〔註48〕《宋史》，卷三九一〈留正〉，頁11937。

〔註49〕見余英時，《朱熹的歷史世界》，第十章第二節，〈孝宗晚年部署之一〉，頁531～552。

其自可視作道學型士大夫。同在乾道九年，李椿任樞密院檢詳諸房文字，連續兩事與長官張說意見不合，張說生氣地向別人抱怨說：「吾乃無一可耶？」李椿聽聞後求去，但孝宗「慰喻安職」，〔註50〕這顯示在近習問題未引起政治風潮時，孝宗既未與反近習者對立，便不一定支持近習。

　　至此，我們可對乾道末的張說事件作一小結。打響張說除執政第一砲的便是理學家張栻，爾後楊萬里、陳良翰、周必大、尤袤、袁樞、蔡幼學、陳傅良、薛季宣、李椿、留正等道學型士大夫不惜代價地繼續彼此聲援，為反對張說而努力，就此而言，道學集團的確就是反張說的主要力量。至於有責任繳駁「不合理」除命的臺諫給舍，自然未必是道學型士大夫，但他們都因輿論壓力而不得不封還詞頭，甚至原與張說有交情的范成大、李衡也不例外。在張說事件中，也很明顯看到反近習可以獲得「美名」，甚至反對得越激烈就越受到「公議」的讚賞；但對於權威受挫的孝宗而言，他不但厭惡朝臣的好名，甚至視朝臣反對近習是結黨行為；反近習的道學型士大夫既彼此相交甚密，則孝宗這樣的懷疑，至少對他而言，是有道理的。此外，當朝臣拼命反對張說時，孝宗完全站在張說這邊，張說因此得以除執政，這顯示朝臣對近習除命的反對已不再奏效，近習在配合孝宗恢復政策的情況下，聲勢似乎更加高漲，在道學型士大夫面前也不再見其卑微的姿態。但張說似乎高估了孝宗對他的信任，也忽略了孝宗不願屈服於朝臣的反對，多少是為了伸張皇權的意志，因此他除執政後「氣勢顯赫」，〔註51〕他的兒子也「挾勢遊觀，沉舟溺卒」，似乎十分囂張，於是很快地，張說就在淳熙元年七月被逐出臨安，〔註52〕隔月，他的兒子張薦也因收受賄賂的罪名，罷官責居彬州。〔註53〕

　　最後，筆者舉一朝臣與近習張說交結的例子作為本節的結束：

　　　張說之為承旨也，朝士多趨之。王質景文、沈瀛子壽，始俱在學校
　　　有聲，既而俱立朝，物譽亦歸之。相與言：「吾儕當以詣說為戒。」
　　　眾皆聞其說而壯之。已而，質潛往說所，甫入客位，而瀛已先在焉，
　　　相視愕然。明日喧傳，清議鄙之，久皆不安而去焉。〔註54〕

可見張說還是樞密都承旨時，就已有許多士大夫前往巴結，張說的「惡名」

〔註50〕《晦庵先生朱文公文集》，卷九十四〈李公墓誌銘〉，頁4324。
〔註51〕《宋史》，卷三八七〈王希呂〉，頁11900。
〔註52〕《宋史》，卷三十四〈孝宗二〉，頁658。
〔註53〕《皇宋中興兩朝聖政》，卷五十三，淳熙元年九月丁未條，頁12。
〔註54〕《齊東野語》，卷十一〈王沈趨張說〉，頁205。

此時大概也已經遠播，〔註55〕因此乾道七年除執政時才會「朝論譁然不平」；另從王質、沈瀛的行爲可知，他們即使心中想與近習交結，也不敢明言，甚至互相告誡不能謁見張說，可見「公議」力量之大，而他們也因此獲得美名；然而紙包不住火，兩人奔謁張說的事實終究爲人所知。淳熙四年，道學家林光朝爲中書舍人，繳回沈瀛除知梧州的詔命，林光朝指沈瀛「懦而無立，惟知干進」，又說「沈瀛得郡，則王質之輕儇狡險且將攀緣而至矣。」〔註56〕林光朝對王、沈兩人的反感，與他們攀附近習的行徑應該脫不了關係。而呂祖謙知道後，在寫給潘叔度的信中說：「艾軒（即林光朝）怕事，自來如此，然資質終是長者。又云沈子壽（瀛）繳章，乃謙之（光朝字）第一義，折其萌芽，亦不爲無益也。」〔註57〕對於林光朝繳沈瀛除命表示讚賞。就此而言，道學型士大夫不但厭惡近習，連帶也指趨附近習的士大夫「干進」而加以反對。沈瀛和王質的陰附張說，反映了在宋代的政治文化中，「近習」的負面意義籠罩了各種不同政治立場的士大夫，以致反近習的正當性不可能受到質疑，在時人的觀感中，與近習交結注定要站在道德、「天理」的對立面。

第二節　近習與黨論──龔茂良英州之禍

淳熙元年七月，張說罷執政，十一月，龔茂良除參知政事，〔註58〕這是道學集團自乾道六年不利政局後，第一次有人除「執政」。在一、二章提到，早在隆興二年，龔茂良便因向孝宗諫近習而出知建寧府；乾道六年，他有機會入對，時爲宰相的陳俊卿便向孝宗請求留龔茂良在朝，但不果，陳俊卿爲此與孝宗起嚴重衝突，並因而罷相。孝宗當然瞭解龔茂良的政治立場，因此當龔茂良任執政，孝宗便要他與近習曾覿「釋憾」，希望兩人能不計前嫌。〔註59〕然而，道學集團反近習的態度乃基於共同之理念，並非個人恩怨這麼簡單，當其他道學型士大夫繼續爲反近習而努力時，身爲在朝大臣的龔茂良

〔註55〕第二章第二節曾舉張說爲親戚求官而遭左相陳俊卿堅持拒絕的史料，就此而言，道學集團內部應該早就聽聞與張說有關之事。

〔註56〕《艾軒集》，卷二〈繳奏沈瀛除知梧州詞頭〉，頁3。

〔註57〕同註56，卷十〈遺事〉，頁1。

〔註58〕見《宋史》，卷二一三〈宰輔四〉，頁5579～5580。或許如同乾道七年劉珙拒絕與張說同爲執政，張罷龔任，也顯示道學型士大夫不與近習共事。

〔註59〕《建炎以來朝野雜記》，逸文，〈龔實之論曾龍〉：「除參知政事。時大淵久已死，茂良未至闕之數日，覿亦自京師除使相，上諭實之（茂良字）令與覿釋憾，實之雖奉詔，而覿銜之，終不釋也。」頁1189，但恐怕雙方都未「釋憾」。

更不可能置身事外；在此形勢下，近習亦不可能坐視自己受攻擊。到了淳熙四年：

> 開府儀同三司曾覿輩頗爲縉紳所指目，遂漸興朋黨之說。〔註60〕

從前面的章節及本節接下來的論述都可推知，所謂「縉紳」應該便是指道學型士大夫。此年曾覿及其黨羽以「朋黨」罪名指控龔茂良，使龔茂良遠貶英州，並連帶波及不少道學型士大夫。此事件對道學的興衰發展實有重要意義，但卻較被學界忽視，因此本節將對「英州之禍」作詳細的探討。

首先將「英州之禍」發生前的背景作一介紹。淳熙二年九月，主恢復的葉衡罷相，龔茂良便以參知政事的身分，實際上行宰相之事，〔註61〕直到淳熙四年六月罷參政爲止。這其中有兩個問題值得討論：其一，爲何孝宗不正式任命龔茂良爲宰相？筆者認爲，這可能因爲龔茂良「平生不喜言用兵」〔註62〕的政策傾向與孝宗的恢復目標不合；龔茂良此態度是其身爲道學集團之一員，對「急進」恢復持反對態度的反映。但孝宗爲何超過兩年不命宰相就成了另一疑問。〔註63〕淳熙二年閏九月，孝宗再次向金請求陵寢地，並且「命福建造海船，起兩淮民兵赴合肥訓練，并詔諸軍飭戎備，中外騷然」，〔註64〕大有備戰之意，這回派出的祈請使是湯邦彥，他曾因「敢爲大言」而受虞允文重用，〔註65〕然而：

> （湯）邦彥至燕，敵人拒不納，既旬餘，乃命引見，夾道皆控弦露刃之士，邦彥大怖，不能措一詞而出。上大怒，詔流新州。……邦彥既一斥，不復。自是河南之議始息，不復遣泛使矣。〔註66〕

湯邦彥代表宋朝出使，竟然在敵人面前嚇得連話都說不出來，這樣的恥辱，對孝宗的恢復壯志而言是一大打擊，因此葉衡罷相後，他未再任主恢復者爲相，反而讓不喜歡言用兵的龔茂良行相事，這似乎標示著恢復雖未放棄但暫緩。對道學集團來說，不論是龔茂良位處執政之首，或是急進的恢復政策受到挫折，都使局勢比乾道後期有利得多。

〔註60〕《寶慶四明志》，卷九〈先賢事蹟下〉，頁14～15。

〔註61〕《宋史》，卷三八五〈龔茂良〉：「葉衡罷，上命茂良以首參行相事」，頁11844。

〔註62〕《晦庵先生朱文公文集》，卷八十二〈記參政龔公陛辭奏藁後〉，頁3883。

〔註63〕孝宗到淳熙五年三月才命史浩爲相。本段所述宰輔任職時間，皆參自《宋宰輔編年錄》，卷十八，頁4～8。

〔註64〕《宋史》，卷三八六，頁11866。

〔註65〕《皇宋中興兩朝聖政》，卷五十四，頁15。

〔註66〕《皇宋中興兩朝聖政》，卷五十四，頁16。

　　道學集團當然沒有放過這較為有利的局面，他們繼續趁輪對或轉對向孝宗諫近習。李椿便要孝宗「察臣下有游近習之門者，嚴禁絕之，而益以公道用人，名節取士，則士風振而人材出矣。」〔註67〕鄭鑑和袁樞也向孝宗言近習之害，〔註68〕鄭鑑轉對後，孝宗非但沒有責怪，反而向龔茂良說：「可除校書郎，賞其盡言。……策中所言，或是或非，大率劌切不易。」〔註69〕他的轉對引起在朝的呂祖謙注意，呂祖謙在寫給朱熹的信中欣慰地說：「鄭自明（鄭鑑字）遷小著，亦可見主意未嘗以狂直為忤。」〔註70〕按，鄭鑑是陳俊卿的女婿，〔註71〕與道學前輩也多有往來，鄭鑑於淳熙七年去世，朱熹在寫給黃榦的信中悲傷地說：「昨收書報，及鄭台州（鑑）之訃，執書驚愕失聲。何天無意於斯世，而偏禍吾黨如此之酷？痛哉！痛哉！」〔註72〕可見朱熹將鄭鑑視作道學集團的一份子；朱熹在為鄭鑑寫的祭文中，盛讚他的直諫與磊落人格，並回憶「君昔過我寒泉之濱，一語定交，情義日親。」〔註73〕因此，鄭鑑無疑是道學型士大夫。袁樞在轉對時，則與孝宗有這樣一段對話：

　　（袁樞）且曰：「固有詐偽而似誠實，憸佞而似忠鯁者，苟陛下日與圖事於帷幄中，進退天下士，臣恐必為朝廷累。」上顧謂曰：「朕不至與此曹圖事帷幄中。」樞謝曰：「陛下之言及此，天下之福也。」〔註74〕

雖然並未明言「近習」二字，但在當時不論是孝宗或是任何朝臣，都能知道袁樞乃針對近習而論。龔茂良當政時期，曾覿已位居武泰軍節度使、開府儀同三司，等於是「使相」，而王抃也為知閤門事兼樞密都承旨，〔註75〕但這些道學型士大夫攻官位已高的近習，不但沒有出知外郡，反而受到孝宗的褒賞，這同樣是政局有利於道學集團的反映。〔註76〕

〔註67〕《晦庵先生朱文公文集》，卷九十四〈敷文閣直學士李公墓誌銘〉，頁4328。
〔註68〕《宋史》，卷四七〇〈佞幸〉：「校書郎鄭鑑、宗正丞袁樞因轉對，數為帝言之，帝猶未之覺也。」頁13694。
〔註69〕《皇宋中興兩朝聖政》，卷五十四，淳熙三年（1176）七月條，頁20。
〔註70〕《東萊別集》，卷八〈與朱侍講元晦十一〉，頁10。
〔註71〕《晦庵先生朱文公文集》，卷九十六：「女四人，……次適故著作佐郎鄭鑑。」頁4483。
〔註72〕《晦庵先生朱文公文集·續集》，卷一〈答黃直卿〉，頁4645。
〔註73〕《晦庵先生朱文公文集》，卷八十七〈祭鄭自明〉，頁3076～3077。
〔註74〕《宋史》，卷三八九〈袁樞〉，頁11934～11935。
〔註75〕《宋史》，卷四七〇〈佞幸〉，頁13688、13694。
〔註76〕朱熹在淳熙三、四年間寫給劉珙的〈答劉共甫〉（見《晦庵先生朱文公文集別

　　龔茂良自身也與近習發生衝突。前面我們數次提到道學型士大夫認爲近習參與軍務的結果是賄賂盛行，這裡我們就要舉個具體實例：

> 錢良臣以太府少卿爲淮東總領，龔實之秉政，聞戶部歲撥淮東贍軍錢六百九十萬緡，而本所歲用六百十五萬緡而已，因奏遣戶部員外郎馬大同、著作佐郎何萬、軍器少監耿延年，分往昇、潤、鄂三總司點磨錢物。時淳熙三年九月壬子也。會良臣以歲用不足，言於朝，乞借撥。實之奏：「令所委官一就驅磨。」而近習者恐賕賄事覺，極力救之，實之不顧。十二月萬奏總所侵盜大軍錢糧累數十萬，實之奏下其事於有司，次日御批令具析，既又改爲契勘，俄中旨令良臣赴闕奏事。〔註77〕

可見錢良臣利用「淮東總領」的職務之便與近習勾結，〔註78〕稱原本有剩餘的贍軍錢爲不足，但正好龔茂良派人點磨錢物，因而有東窗事發的危險。敢於求賄的近習，除了掌軍權的曾覿、王抃外恐再無他人。史料並未記載錢良臣到臨安奏事後有受到任何處罰，此事可能在近習暗助下不了了之。但龔茂良的舉動，顯然已對近習造成威脅。

　　不過，這時權位甚高的曾覿、王抃，不再只是被動地受攻擊，相較於道學型士大夫只能「公開」攻近習，近習卻能夠「暗地」打壓道學集團。淳熙二年夏，孝宗要龔茂良推薦「廉退」，龔茂良便推薦了朱熹，然而：

> 先生（朱熹）復再辭，且遺莊敏（龔茂良諡號）手書，其言專及一時權倖。書未達而群小已先乘閒讒毀矣。俄而內批付莊敏，以虛名之士，恐壞朝廷。翌日莊敏論奏再三，上默然，由是先生迄不拜命。〔註79〕

所謂「群小」應該便是朱熹所極言的「權倖」，他們當然不願意總是直言無諱

集》，卷四，頁4899）說：「近一二士大夫斥言近習無所隱避，上亦嘉納，但崇信如初，略無變改之效，不知又是何人陳此祕計，欲以柔道不戰而屈天下忠義之兵，彼自爲謀則巧矣，而爲國患日深奈何？」朱熹說孝宗想用「以柔克剛」之計對付諫近習者，這恐怕是出於朱熹個人的猜測，但至少可以確定，孝宗雖獎賞諫近習的道學型士大夫，但近習也並未因此受孝宗疏遠。

〔註77〕《建炎以來朝野雜記》乙集，卷十六〈龔實之點磨三總所錢物〉，頁1033。

〔註78〕第二章第一節提到朱熹在淳熙七年〈庚子應詔封事〉說：「總饋輸之任者，亦皆負倚幽陰，交通賄賂。」「總饋輸之任」應是指「總領軍馬錢糧」，負責供應軍需，「淮東總領」便是其中之一，因此朱熹此言，很有可能便是指（或至少包括）錢良臣以軍需賄賂近習之事。

〔註79〕《建炎以來朝野雜記》乙集，卷八〈晦庵先生非素隱〉，頁812。

的朱熹入朝，在近習的影響下，孝宗認為所謂「廉退」不過是「虛名」，甚至說朱熹「恐壞朝廷」，把朱熹說得十分不堪。龔茂良雖然仍努力勸說孝宗，但朱熹也不可能在此情況下接受任命。

　　總之，孝宗在龔茂良任參政時，雖曾要他與曾覿「釋憾」，但近習與道學集團的對立根本上無法改變，雙方的明爭暗鬥也讓彼此的敵意與日俱增。乾道後期，曾覿、王抃在恢復的旗幟下仕途順暢；但淳熙初形勢的轉變，讓他們面對越來越多道學型士大夫施予的壓力，孝宗對上諫的道學型士大夫的褒獎可能更讓近習感到焦慮，雙方的直接衝突乃不可避免。龔茂良「英州之禍」便是在這樣的背景下發生。

　　淳熙四年四月，武官身分的曾覿想要讓他的孫子以文官蔭補入仕，龔茂良「遽以文武官各隨本色蔭補法繳進」，一「遽」字顯示龔茂良的反對來得快速而突然，可能讓曾覿措手不及，結果曾覿大怒。〔註80〕這時雙方要維持表面的和諧也不可能了。過了兩天，雙方就正式撕破臉：〔註81〕

> 覿因茂良入堂道間，俾直省官賈光祖等當道不避。街司叱之，曰：「參政能幾時！」茂良奏：「臣固不足道，所惜者朝廷大體。」上諭覿往謝，茂良正色曰：「參知政事者，朝廷參知政事也。」覿慚退。上諭茂良先遣人於覿，銜替而後施行。茂良批旨，取賈光祖輩下臨安府撻之。手詔宣問施行太遽，茂良待罪。上使人宣諭委曲，令繳進手詔，且謂：「卿去雖得美名，置朕何地？」茂良即奉詔。〔註82〕

曾覿命賈光祖等不讓道於貴為「首參」的龔茂良，街司雖然喝斥之，但賈光祖竟說：「一個參政又能當多久！」可見孝宗頻繁更換宰執，〔註83〕使賈光祖寧願看近習臉色，而對龔茂良出言不遜。但理虧的曾覿在孝宗命令下不得不道歉，龔茂良這時占了上風卻不肯就此罷休，他擅自抓賈光祖等人到臨安府杖打，因而受到孝宗的質問，孝宗雖留龔茂良，但孝宗的理由之一竟然是擔心輿論的壓力，可見因對抗近習而去位必得「美名」，而孝宗也很清楚自己將

〔註80〕《宋史》，卷四七○〈佞幸〉，頁13690。

〔註81〕《宋史》，卷三十四〈孝宗二〉：「夏四月……乙亥，參知政事龔茂良以曾覿從騎不避道，杖之。」頁663。查陳垣，《二十史朔閏表》（出版地不詳：勵耘書屋，1925年），頁139，淳熙四年四月乙亥即四月六日。

〔註82〕《宋史》，卷三八五〈龔茂良〉，頁11845。

〔註83〕可參考蔣義斌，〈史浩與南宋孝宗朝政局──兼論孝宗之不久相〉，《中國歷史學會史學集刊》，第十五期（1982年，台北），頁41～76。

因被認為維護近習而遭「公議」譴責。

　　然而，龔茂良的激烈舉動，不但容易使孝宗想起過去道學型士大夫反近習的不愉快經驗，舊仇新恨也讓近習極力找機會報復。五月二十五日，孝宗和執政趙雄、王淮抱怨：「士大夫諱言恢復，不知其家有田百畝，內五六十畝為人所強占，亦投牒理索否？士大夫於家事則人人甚理會得，至於國事則諱言之。」〔註84〕孝宗只向趙雄、王淮訴說自己的不滿，而不見「首參」龔茂良的參與，孝宗的抱怨恐怕不是無的放矢：身為「穩健」的道學集團之一員，不喜言用兵的龔茂良對孝宗而言同樣是「諱言恢復」的。〔註85〕或許並非巧合，就在同日，「附曾覿」〔註86〕的謝廓然除殿中侍御史，這顯然是曾覿佈局自己人準備要打擊龔茂良，而孝宗事實上也是支持的，因其任命就是以「內批」發出。〔註87〕當時當制的中書舍人正是道學家林光朝，林光朝「疑之，不肯書黃」，〔註88〕他在繳奏中向孝宗說：

> 臣若書行，不知中書所當繳者何事。然天子擇言事之官，而臣以本職有所可否，則為犯雷霆之威，無復全生，臣已闔門待罪。所有錄黃，臣未敢書行。〔註89〕

林光朝聲稱此為最該封還的除命，並表達不惜任何代價的決心。二十七日，孝宗便將林光朝由中書舍人改除工部侍郎。〔註90〕呂祖謙對此事十分關心，他寫信給學生潘叔度說：

> 林謙之（光朝字）以繳新端除目遷工侍，次第須決去就，此舉過江後未有也。平昔保任此老，果不負所期，可喜。闊日來時事變更，疑畏者頗眾，然有心於避禍，終不若無心於任運耳。〔註91〕

呂祖謙稱讚林光朝的繳奏是南渡以來未有之事。更重要的是，呂祖謙察覺到當時政局的轉變，且敏感地嗅到禍事將起，「疑畏者」可能便是指與龔茂良立

〔註84〕《皇宋中興兩朝聖政》，卷五十五，淳熙四年五月甲子條，頁9。

〔註85〕面對道學集團對近習與恢復的批判，孝宗只能拿後者作文章，因為近習的爭議，道學集團可說是完全佔據「公議」優勢，孝宗即使敢怒也難以言。

〔註86〕《宋史》，卷三八五〈龔茂良〉：「廓然附曾覿者也。」頁11845。

〔註87〕《艾軒集》，卷十〈遺事〉：「淳熙四年五月二十五日甲子，謝廓然賜出身，除殿中侍御史。廓然之命自中出。」頁1。

〔註88〕《艾軒集》，卷十〈遺事〉，頁1。

〔註89〕《歷代名臣奏議》，卷一四四〈林光朝繳謝廓然〉，頁7。

〔註90〕《艾軒集》，卷十〈遺事〉，頁1。

〔註91〕《東萊外集》，卷六〈答潘叔度二〉，頁6。

場相同的道學型士大夫。林光朝當此之際，確實是在可能付出極大的代價下堅持繳奏。林光朝除工侍後「力求去，六月三日辛未，除集英殿修撰知婺州」。〔註92〕

　　林光朝補外後，龔茂良「求去益力」，六月九日，孝宗又以「內批」的方式讓龔茂良「除職與郡」。〔註93〕按規定，龔茂良必須在向孝宗辭行時奏事，不知是否爲表明自己並非「諱言恢復」，龔茂良竟向孝宗談論起恢復，但孝宗聽完龔茂良論恢復的反應是：

> 上曰：「卿五年不說恢復，何故今日及此？」退朝甚怒，曰：「福建
> 子不可信如此！」謝廓然因劾之。〔註94〕

孝宗因爲認爲龔茂良前後態度不一，〔註95〕而大動肝火。孝宗之所以會說「福建子」，很可能不僅因爲龔茂良是福建人，也因福建不但是南宋理學傳播的重鎮，反近習的道學集團中也有很多福建人，〔註96〕這個事實爲指控龔茂良結黨提供了依據。謝廓然便適時把握機會，彈劾龔茂良：

> 臣僚論茂良擅權植黨，上親灑宸翰，諭以體貌大臣之意。章再上，
> 落職罷。〔註97〕

謝廓然指控龔茂良「植黨」，龔茂良因此落職，但近習及其黨羽並不滿足於此，七月，謝廓然再論龔茂良「可誅」四罪：

〔註92〕《艾軒集》，卷十〈遺事〉，頁1。
〔註93〕《皇宋中興兩朝聖政》，卷五十五，淳熙四年七月條，頁15。
〔註94〕《宋史》，卷三八五〈龔茂良〉，頁11845～11846。
〔註95〕《晦庵先生朱文公文集》，卷八十二〈記參政龔公陛辭奏藁後〉：「大參龔公平生不喜言用兵，晚年去國，論事者乃言其陛辭之日，請大舉恢復之師，以逆合上意。聞者莫不怪之。予曩從公遊甚久，蓋嘗與公反覆論此，雖兩有所持，然竟不能以相屈也。至是，竊獨意公不宜有此，公薨後數年，過其故里，從公二子得其副本讀之，乃極論不可輕舉之意，蓋猶其平生之素論也。痛公見誣之甚，爲之太息流涕久之。」頁3883。可見朱熹認爲龔茂良所言恢復仍是持「穩健」的立場，並未違背自己過去的主張。
〔註96〕劉樹勛，《閩學源流》（福州市：福建教育出版社，1993年），頁120，指出以朱熹爲代表的閩學，之所以能集北宋理學之大成，與福建早期理學家對二程之學的傳播和闡發是分不開的，其中包含楊時、羅從彥、李侗、胡氏五賢、二劉（劉勉之、劉子翬），以及林光朝。而本文提及的道學型士大夫，爲福建人有龔茂良、陳俊卿、劉珙、林光朝、劉夙、劉朔、魏元履、黃中、袁樞、鄭鑑，而朱熹、傅自得亦長期居於福建，福建人可說居道學集團之多數。因此孝宗頗有可能以「福建子」代稱與龔茂良友好的道學集團。
〔註97〕《皇宋中興兩朝聖政》，卷五十五，淳熙四年七月條，頁15。

> 茂良行丞相事，首尾三年，臣僚奏對有及邊備利害，必遭讉罵，陛
> 辭之日，方有所論，凡數百言，此可誅一也；……具薦察官則私以妻
> 黨林慮為首擬，除後省則特以鄉人林光朝為言，其可誅四也。〔註98〕

若單看這條史料，可能會以為龔茂良是阻撓「恢復」的「投降派」；但若放在當時的政治背景下可知，龔茂良不喜言用兵，甚至反對朝臣言「邊備利害」，應該便是龔茂良身為道學型士大夫的「穩健」態度表現，一旦行相事，不免壓制「大言恢復」的言論；但這不幸成為近習黨羽論龔茂良的最佳罪狀，對「急進派」的重要成員近習而言，論「邊備利害」的臣僚，若非近習黨羽，也至少與近習的恢復立場相同，因此對龔茂良的指控，便可說是維護了與自己立場相同的急進派份子。第四條罪狀再次指控龔茂良結黨營私，「妻黨」、「鄉人」都隱含以福建之地緣關係的結黨行為，林慮、林光朝都被視為龔茂良黨羽。章上後，龔茂良被貶到位於廣南東路的英州，第二年和他的兒子在英州先後去逝。〔註99〕

對龔茂良「植黨」的指控，發揮了實際效用，據樓鑰行狀說：

> 及龔公去國，出其門者皆罷，而公（樓鑰）獨不及，力求去，添差
> 通判台州，太史公（浩）以故相侍經幄，壯公此舉，曰：「何其決
> 哉！」〔註100〕

樓鑰曾受知於龔茂良，這時主動求去，因而受到史浩的讚賞。按，樓鑰除受知於龔茂良，也受周必大賞識，〔註101〕據黃寬重先生的研究，樓鑰與陸學的袁燮十分友好，與陸學其他學者如舒璘、楊簡也有交情；與朱熹、呂祖謙及其傳人，亦密切往來。〔註102〕可見樓鑰的交友圈遍集道學中人，無怪乎後來在慶元黨禁中名列黨籍，〔註103〕因此亦可算是道學型士大夫。被視為龔茂良

〔註98〕《皇宋中興兩朝聖政》，卷五十五，淳熙四年七月條，第二、三條罪狀是：「陛下孝誠篤至，率群臣同上萬年之殤，與冊正中宮，駕幸二學，亦皆斷自聖心，舉行巨典，茂良乃自謂皆出其建明，誕慢如此，可誅二也。以己所言駕為天語，以陛下聖訓掠為己恩，其可誅三也。」頁15～16，所言屬實與否已難以考證。

〔註99〕《宋史》，卷三八五〈龔茂良〉：「安置英州。父子卒于貶所。」頁11846。

〔註100〕袁燮，《絜齋集》，收入《四庫全書》（台北：商務，1983年），卷十一〈樓公行狀〉，頁4～5。

〔註101〕《宋史》，卷三九五〈樓鑰〉：「丞相周必大心善之。」頁12046。

〔註102〕黃寬重，〈千絲萬縷——樓氏家族的婚姻圈與鄉曲義莊的推動〉，收入《宋代的家族與社會》，頁116～117。

〔註103〕《慶元黨禁》，頁8。

之黨而罷去的「門人」，據《宋會要輯稿》，至少包含了傅伯壽、葉世美、柴衛、譚惟寅。其中葉世美、譚惟寅沒有足夠的史料明其身分；而傅伯壽是第一章提及的傅自得之子，曾從學朱熹，如今被指控「奔走其（指龔茂良）門，曾無虛日」，柴衛則曾受業於楊時，被謝廓然指爲「龔茂良鷹犬」，〔註104〕故兩者應可算是道學型士大夫。樓鑰爲好友陳傅良寫的神道碑中，也提及陳傅良捲入龔茂良事件：

> 會太學錄闕，求之者眾，龔公實行宰相事，奏孝宗曰：「……臣欲擇取名儒爲士林所推者，越拘攣而用之，則人自服矣。」上問爲誰，以公（陳傅良）對。上曰：「是朕所素知者。」除命一下，果無異辭。就職幾月，車駕幸學，改承奉郎。龔公既罷政，亦寖有相嫉者，添差通判福州。〔註105〕

可見受知於龔茂良的陳傅良也受到近習黨羽的排擠，因而難以安位於朝廷，不得不補外。

前述以贍軍錢賄賂近習的錢良臣，也參與了逐龔茂良黨的計畫，錢良臣在龔茂良去位後十二日除中書舍人，而曾爲龔茂良點磨錢物的耿延年、何萬則「坐實之（茂良字）黨罷去」。〔註106〕該年八月，舉行制舉，李燾的兒子李塾應考。距龔茂良事件發生既未久，近習及其黨羽自然害怕李塾透過考試攻擊自己，於是讓錢良臣任考官，錢良臣便「承嬖近旨」，故意出難題，然後向孝宗報告無人合格，於是此次應制舉者便都落榜，推薦李塾的周必大也因此獲罪。當時李燾另一子李垕（李塾兄）任著作郎，被任命爲太學上舍考試，李垕便出了本朝制舉典故的題目，有人答題說即使像蘇洵也不免被黜落，富弼、張方平也不免答題錯誤，這引起臺官的攻擊。時爲禮部侍郎的李燾「自知朝論籍籍」，便彈劾自己和李垕，兩人皆因此補外。〔註107〕李燾父子的制舉

〔註104〕《宋會要輯稿》，〈職官七十二・黜降官九〉，頁4。

〔註105〕《攻媿集》，卷九十五〈陳公神道碑〉，頁18。

〔註106〕《建炎以來朝野雜記》乙集，卷十六〈龔實之點磨三總所錢物〉：「明年（淳熙四年）正月（錢良臣）除起居郎，六月除中書舍人，又明年四月除給事中，六月除簽書樞密院事。其爲舍人實之去位纔十二日也，英州之禍，預有力焉。延年時已遷將作監，萬遷著作郎，坐實之黨罷去。延年六月丙戌罷，萬六月甲午罷。」頁1033。

〔註107〕《建炎以來朝野雜記》甲集，卷十三〈制科六題〉：「近習貴璫又恐制策之或攻己也，共搖沮焉。……（淳熙四年八月二十七日）二日考試院言：『試卷內多有不知題目出處，及引用上下文不盡，止有僅及二通者。』上命賜束帛罷

事件，顯然是錢良臣和近習曾覿在幕後操控，就此而言，此事件實爲「英州之禍」的延伸。

「英州之禍」立刻引起道學家的關注。這年的七、八月間，﹝註108﹞於朝中任史職的呂祖謙輪對，在這敏感時期，他仍向孝宗諫近習：

> 陛下至公無我，左右之臣雖素號親密，至其有過，咸斷力行，何嘗有所牽制？可否黜陟，裁自聖心，所謂左右之臣不過供指、顧傳命令，何嘗假以事權？……狷介之士，忿激過當，至以漢唐權倖爲比，誠非所擬。然人之關鬲經絡，少有壅滯，久則生疾。陛下於左右雖不勞操制，苟玩而弗慮，則聲勢浸長，趨附浸多，過咎浸積，內則懼爲陛下所譴而益思壅蔽，外則懼爲公議所疾而益思詆排。及是時，忿激者之所憂將見之矣。此獨運萬機之說不可不察也。﹝註109﹞

呂祖謙的話顯然說得十分委婉，甚至說反近習者「忿激過當」，這與他寫給友人的信中對「時事變更」的憂心態度有所落差，這很可能是因其判斷在嚴峻的局勢下，過於直言反而會阻斷往後進諫的機會。﹝註110﹞張栻這時遠在廣西任安撫使，但仍密切注意朝廷一舉一動，他寫信給朱熹說：

> 伯恭（祖謙字）見報已轉對（應爲輪對之誤），未知所言竟云何。英州固爲病痛不小，但其去也，殊有所係。近事想悉聞之，使人憂心，

之，舉者周益公輩皆放罪。或曰『故事：六題一明一暗』，上下文有度數及事數謂之暗題，是時舍人錢師魏素與周（必大）李（燾）諸人異趨，且承嬖近旨，奏言制舉甚重，須稍難其題，御筆因差師魏考試，故所命皆暗題云。仁父時爲禮部侍郎同修國史，仲信（壆）爲著作郎，未幾仲信被旨考上舍試，因策問本朝制科典故，有云：『蘇洵輩皆嘗黜落，富弼、張方平驪識題意，亦不免錯誤。』坐此爲臺官所攻，皆罷去，仲信亦罷。」頁318～319。「璫」即是宦官之意，而「貴璫」就是指接近皇帝，有權勢的大宦官，可參考《宋代官制辭典》，頁63。因此所謂「貴璫」可能是指和曾覿、王抃交結的宦官甘昪；事件具體時間參見《宋會要輯稿》，〈職官七十二‧黜降官九〉，頁5。亦參考王德毅，《李燾父子年譜》，頁73～76。

﹝註108﹞《東萊別集》，卷八〈與朱侍講元晦十二〉：「對班猶在七、八月之間，雖不敢不自竭，政慮淺薄，無以動窹耳。」頁10。

﹝註109﹞《東萊集》，卷三〈淳熙四年輪對劄子二首〉，頁14。

﹝註110﹞《晦庵先生朱文公文集》，卷二十五〈答鄭自明書〉有言：「昨得都下知識書云伯恭說熹不必請對，此其意蓋恐熹復以抵觸得罪，沮壞士氣，此意人少識之者。」頁1137。可見呂祖謙反對在此時向孝宗激烈言事，以免「沮壞士氣」，或許便是這層擔憂，使呂祖謙用較委婉的言辭進諫。朱熹此書時間見《朱子書信編年考證》，頁152，認爲是在淳熙五年秋。

不遑假寐。〔註111〕

除了關心呂祖謙輪對，張栻也提到「英州之禍」，並表示他憂心到不能成眠。英州之禍在道學集團中顯然已引起頗大的恐懼、緊張之感。

至此，應可指出，「英州之禍」就是道學型士大夫在南宋中期被控結黨的頭一遭。上節我們已經看到，在張說事件中孝宗屢次懷疑反近習者結黨，《癸辛雜識》記載了一段有關張說事件的史料：

> 周必大子充，莫濟子齊，坐繳張說樞密之命，皆投閒。張說乃露章薦之，兩人皆得郡國，周得建寧，莫得溫。莫意欲往，周遷延不進。喻子才有書言：「激實生患，故東漢有士大夫之禍，蓋必以溫為是，建為非。」汪聖錫（應辰）報云：「東漢之患生於激，西漢之患生於養，方今患在養，不患在激也」。〔註112〕

喻子才即喻樗，他是汪應辰的岳父，且「少慕伊、洛之學」，〔註113〕是理學家楊時的弟子，〔註114〕因此亦是道學中人。他認為反近習的舉動太過激烈，並警告這可能會引起黨禍；但汪應辰不同意，認為現在政治禍患乃在日漸坐大的近習，而非道學群體的激切言論。〔註115〕無獨有偶，淳熙二年，孝宗在宴請宰執時也提出類似喻樗的觀點：

> 上曰：朝廷所行事，或是或非，自有公議，近來士大夫又好倡為清議之說，不宜有此，此語一出，恐相煽成風，便以趨事赴功者為猥俗，以矯激沽譽者為清高，浸浸不已，如東漢杜喬之徒，激成黨錮之風，殆皆由此，可不痛為之戒？〔註116〕

孝宗所指的「清議」，反對「趨事赴功」，而讚賞「矯激沽譽」，前者可能暗指道學集團對急進恢復的反對，〔註117〕後者則指激烈反對近習而獲美名的行

〔註111〕《南軒集》，卷二十一〈答朱元晦秘書九〉，頁6。

〔註112〕周密，《癸辛雜試》，收入《歷代史料筆記叢刊》（北京：中華書局，1988年），別集下，〈周莫論張說〉，頁282。

〔註113〕《宋史》，卷四三三〈喻樗〉，頁12854。

〔註114〕《宋元學案》，卷二十五〈龜山學案〉，頁25。

〔註115〕或許汪應辰指的「養」，類似「養癰遺患」的意思，是以西漢王莽等外戚比喻張說，等於是認為現在政治上的禍患是外戚近習等勢力，而非喻樗指為過激的道學群體，他似乎也不認為道學集團反近習是過於激烈的。

〔註116〕《建炎以來朝野雜記》乙集，卷三〈孝宗論不宜有清議之說〉，頁676～677。

〔註117〕「趨事赴功」以筆者所讀過的孝宗朝史料而言，意指各種為準備恢復而做的軍事、財政事務，如《朱子語類》，卷一〇九〈論取士〉，朱熹說：「自隆興以後有恢復之說，都要來說功名，初不曾濟得些事。今看來，反把許多元氣都

為；〔註118〕而急進恢復正為孝宗所喜，反對近習正為孝宗所惡。因此孝宗所警告將激成黨錮之風的清議，很有可能便是針對道學集團而發。〔註119〕在座的龔茂良聽到孝宗的批評，忍不住語帶諷刺地說：「天下有道，則庶人不議，惟公道不行於上，然後清議在下，此衰世氣象，不是好事。」〔註120〕他顯然是說，之所以有清議，是因為朝廷公道不行，很可能是暗指近習干政，也等於是把問題歸咎於孝宗。龔茂良平日的言行，恐怕早已令孝宗不滿。

　　由此我們認識到，龔茂良被控植黨絕非近習的創發，最晚從「張說事件」以來，道學集團的過激便引起黨禍的警告，孝宗也不斷懷疑外廷反近習行為是結黨的表現。近習因此得以利用孝宗已有的懷疑，以「植黨」罪名排擠龔茂良及其「黨羽」。道學集團在乾道時期對變質「恢復」的批判，並因而不言用兵或諱言恢復，成為他們被攻擊的重要因素；道學型士大夫多福建人，則是他們被控「植黨」的重要證據。淳熙四年這場精心布置的「黨論」，近習一方可說是大獲全勝，〔註121〕曾覿本傳說「覿前雖預事，未敢肆，至是責逐大臣，士始側目重足矣。」〔註122〕受「英州之禍」牽連的道學型士大夫，除龔茂良自身外，還有林光朝、樓鑰、陳傅良、李燾父子、傅伯壽、柴衛，打擊面雖不如慶元黨禁，但道學家莫不對「英州之禍」感到憂心，並對之密切關注，這點在下節討論淳熙五年的政局中，會看得更為清楚。

耗卻。管子、孔門所不道，而其言猶曰『禮義廉恥，是謂四維』。如今將禮義廉恥一切掃除了，卻來說事功！」朱熹指言恢復的人談「功名」、「事功」，正是「趨事赴功」的意思。

〔註118〕《晦庵先生朱文公文集》，卷十一〈戊申封事〉：「甚者以金珠為脯醢，以契卷為詩文，宰相可啗則啗宰相，近習可通則通近習，惟得之求，無復廉恥。……一有剛毅正直、守道循理之士出乎其間，則群譏眾排，指為道學之人，而加以矯激之罪，上惑聖聰，下鼓流俗。」頁603，可見那些賄賂宰相、近習的士大夫，指道學型士大夫為「矯激」，由此可旁證孝宗所謂「以矯激沽譽者為清高」應該也是指道學型士大夫，而「矯激」的罪名，很有可能便是從道學集團激烈反近習而來。

〔註119〕《鶴山先生大全集》，卷八十九〈吳公行狀〉，提到紹熙五年，寧宗在罷退朱熹後，吳獵上疏說：「熹當世老儒，善類攸歸，清議所出。」頁6，這與孝宗論「清議」雖相隔十八年，但應仍可旁證地位崇高的理學家就是「清議」的來源。

〔註120〕《建炎以來朝野雜記》乙集，卷三〈孝宗論不宜有清議之說〉，頁677。

〔註121〕以筆者所見到的史料而言，參與這次「英州之禍」的除了曾覿、謝廓然、錢良臣外，據曾覿本傳還有韓彥古：「韓彥古者，覿之姻，廓然之黨，遂獻議助之。」頁13691，而與曾覿「相蟠結」的王抃、甘昇應該也參與其中。

〔註122〕《宋史》，卷四七○〈佞幸〉，頁13691。

第三節　黨論的消退

到了淳熙五年，近習仍未放鬆對道學集團的打壓。該年正好爲省試年，三月，殿中侍御使謝廓然上奏說：

> 近來掌文衡者主王氏之說，則專尚穿鑿；主程氏之說則務爲虛誕。
> 夫虛誕之說行，則日入於險怪；穿鑿之說興，則日趨於破碎。今省
> 闈引試，乞召有司公心考校，毋得徇私，專尚程王之末習。〔註123〕

謝廓然雖同時抨擊王學、程學，但就道學長期反對近習，與前一年謝廓然助曾覿打擊龔茂良來看，謝實際上想要打壓的是程學，連帶攻王學不過是爲了不落人話柄罷了。〔註124〕謝廓然的建議，得到了孝宗的許可。〔註125〕謝廓然對「道學」明確的攻擊，也開啓了南宋中期「道學」受攻的大門。

然而，同在淳熙五年三月，親道學的史浩任相，爲政局帶來了變化：

> 四年，（史浩）召爲侍讀。……開府儀同三司曾覿輩頗爲縉紳所指目，
> 遂漸興朋黨之說。（史）浩極論姦邪欲陷正人，不爲朋黨之說則無以
> 盡逐之，人主于聽納之際，不可不察。上大悟，黨論遂沮。〔註126〕

史浩在淳熙四年召回爲侍讀，因此所謂「曾覿輩」漸興朋黨之論應該就是指發生於同年的「英州之禍」。史浩爲道學集團辯護，指曾覿等人是「姦邪欲陷正人」。至於「上大悟，黨論遂沮」可能是指史浩任相後，淳熙五年五月，孝宗與宰執熱烈討論朋黨時所表達的意向：

> 七日……上曰：「宰相豈當有朋黨，人主亦不當以朋黨名臣下。」……
> 十八日，……臣（范）成大奏：「陛下聖謨正大，可以頒示臣庶，使
> 皆知天子不以朋黨待天下之士。……」上曰：「朋黨之論不立，則士
> 大夫可以安心營職，無他顧慮。」〔註127〕

可見孝宗明確表示，他不願以朋黨待臣下，這使黨論不至於擴大。此後直到

〔註123〕《皇宋中興兩朝聖政》，卷五十六，淳熙五年三月條，頁2。
〔註124〕若不明白謝廓然與近習的關係，很有可能誤以爲這段史料是表示對學術採取
　　　　中立的態度。如程誌華，《學術與政治：南宋「慶元黨禁」之研究》（清華大
　　　　學歷史所碩士論文，1996年），頁48；謝康倫著，何冠環譯，〈論僞學之禁〉，
　　　　收入《宋史論文選集》（台北：國立編譯館，1995），頁162。
〔註125〕前引《皇宋中興兩朝聖政》一段史料，後有「從之」兩字。
〔註126〕《寶慶四明志》，卷九〈先賢事蹟下〉，頁14～15。
〔註127〕史浩，《鄮峰眞隱漫錄》，收入《四庫全書珍本·二集》（台北：商務，1971
　　　　年），卷十〈論朋黨記所得聖語〉，頁5～8，當時史浩已爲宰相，也參與此次
　　　　討論。

近習在孝宗朝活躍的最後一年，即淳熙八年，都不再有道學型士大夫因結黨罪名而受迫害。按，史浩受知於道學家張九成，史稱他有「昌明理學之功」，〔註128〕史浩平時與道學家也多有接觸：

> 忠定（史浩）再相，謂此行本非素志，但以朱元晦未見用，故勉強一出耳。……其家居則遣其諸子從慈湖（楊簡）講學，又延定川（沈煥）之弟季文（沈炳）於家，以課諸子。〔註129〕

可見史浩對理學頗有認同，才會延請陸學學者到家中教導子弟。〔註130〕淳熙八年他向孝宗推薦人才，也以道學家居多。〔註131〕因此史浩亦可算是道學型士大夫。史浩的任相，對於道學力量的復甦應有一定幫助，至少仍在朝廷的道學之士能得到一些庇護。此年八月朱熹也因史浩力薦命知南康軍。〔註132〕史浩是孝宗即位前的老師，孝宗對史浩的政治立場，當然不可能不了解，因此史浩任相本身的意義，便透漏了孝宗不再一味助近習打壓道學集團。孝宗對道學集團的反近習與諫恢復，雖頗爲反感，但卻未必想將道學型士大夫貶竄殆盡，這除了因個別道學型士大夫與孝宗的關係有好壞之程度差異外，孝宗也不願見到自己名聲過度受損。

然而，史浩此次任相不過八個月，淳熙五年十一月，史浩因近習王抃，與孝宗起了莫大的衝突：

> 淳熙再相，適樞密都承旨王抃建議，以殿步二司，軍多虛籍，請各募三千人充之。已而殿前司輒捕市人，城中騷動，號呼滿道，被掠者多斬指以示不可用。軍人怵眾，因奪民財。……獄既上，有旨皆從軍法施行，時十一月七日丙寅矣。史公見上曰：「此未得其平，當原其情而別其輕重。」上曰：「如之何則可？」史公曰：「諸軍掠人奪貨以至於閧，則始釁者軍人也，固當以軍法從事，若市人陸慶童特與之抗鬪耳，可同罰乎？且民有常刑，惡可一律行軍法哉？必不得已流之可也。」上大怒，不可。史公曰：「陛下惟懼軍人怨咨，故

〔註128〕《宋元學案》，卷四十〈橫浦學案〉，頁110～111。

〔註129〕全祖望，《鮚埼亭集》，收入《四部叢刊正編》（台北：商務，1979年），卷二十四〈鄞峰眞隱漫錄題詞〉，頁4。文中亦說：「幷東萊、象山、止齋、慈湖一輩，盡入啓事。乾、淳諸老其連茹而起者，皆忠定力也。」這應是指淳熙八年的薦士，而非指其任相時的做爲。

〔註130〕可參見黃寬重，《宋代的家族與社會》，〈結論〉，頁258。

〔註131〕《鄞峰眞隱漫錄》，卷九〈陛辭薦薛叔似等箚子〉，頁1～3。

〔註132〕《朱子年譜》，卷二，淳熙五年戊戌條，頁87。

欲一其罪以安之，夫民不得其平，其言亦可畏。等死，死國可乎？
是豈軍人語？」上愈怒曰：「然則比朕於秦二世也！」執政皆失色流
汗。史公復進曰：「自古民怨其上者多矣，時日曷喪，予及汝皆亡，
豈惟秦時爲然？」上拂袖而入。……史公堅求去，十五日，甲戌，
拜少傅節度使復以京祠兼侍讀。〔註133〕

王抃欲募人補殿步二司的虛籍，結果軍人在城中濫捕市人，史浩諫言軍、民
不可同用軍法，引起孝宗「大怒」，史浩仍直諫不止，於是孝宗「愈怒」，最
後甚至「拂袖而入」。這大概是現在能見的史料中，孝宗發最大脾氣的一次了。
君臣起了這麼嚴重的衝突，史浩唯有罷相一途。在此事件中，嚇得「失色流
汗」，且似乎未發一語的執政，即包含任職於史浩之後的兩位宰相：趙雄和王
淮。〔註134〕而史浩的據理力爭，正是與道學型士大夫「氣類相近」之處。

　　不過，在史浩任相時期，黨論確實緩和不少，孝宗「人主不當以朋黨名
臣下」的態度，使道學集團獲得喘息，甚至有機會繼續諫近習。淳熙五年，
呂祖謙一直在朝中任職，因此他的書信成爲了解此時政局的最好史料。約於
四月左右，他寫信給朱熹說：

某冗食三館，比又冒著作之命，亦重愧畏。鉛槧事業雖粗不廢，但
此外無一毫補益耳。日來善士間有一二還班列，進對者亦時聞昌言，
但力微勢弱，終莫能有所軒輊，此憂國者之所深慮也。〔註135〕

呂祖謙自責自己無補於朝政，欣慰的是有一、二「善士」回到朝廷，所謂「善
士」應該便是指反對近習的道學集團成員。但他仍認爲當時政局在龔茂良及
其「黨」罷去後，己方與近習的勢力懸殊，並爲此擔憂不已。呂祖謙在下一
封寫給朱熹的信中又說：

機仲（袁樞字）輪對亦只在數月間，日來輪對者亦聞有正論，雖塵
露未必能禆益，要且得氣脈不斷耳。〔註136〕

〔註133〕《建炎以來朝野雜記》乙集，卷七〈史文惠以直諫去位〉，頁865～866。

〔註134〕《宋史》，卷二一三〈宰輔四〉，頁5582，時趙雄爲參知政事，王淮爲知樞密
　　　　　院事。

〔註135〕《東萊別集》，卷八〈與朱侍講元晦十四〉，頁12。

〔註136〕《東萊別集》，卷八〈與朱侍講元晦十五〉，頁13。前一封信〈與朱侍講元晦
　　　　　十四〉呂祖謙說自己「冒著作之命」（頁12），〈年譜〉（《東萊集附錄》，卷一，
　　　　　頁12。）言其任著作佐郎在淳熙五年四月；而此第十五封信又說「子重已請
　　　　　得般家假，七月初當可去此。機仲輪對亦只在數月間。」因此此信應該寫於
　　　　　淳熙五年夏、秋之間。

可見在近習勢力高漲的情勢下，呂祖謙將「正論」視作可能並無助益的「塵露」，態度雖悲觀，但仍抱著一絲希望，期盼稀薄但不間斷的「正論」能對孝宗有所開悟。袁樞的輪對，當然是「正論」之一，袁樞在道學勢力微弱之際獲得輪對機會，自然不可能不向孝宗諫近習：

> （袁樞）遷太府丞。時士大夫頗有為黨與者。樞奏曰：「人主有偏黨之心，則臣下有朋黨之患。比年或謂陛下寵任武士，有厭薄儒生之心，猜疑大臣，親信左右，內庭行廟堂之事，近侍參軍國之謀。」
> 〔註137〕

袁樞的言論顯然具有針對性，所謂孝宗的「偏黨之心」自是偏向近習之黨，臣下的「朋黨之患」則是指道學集團被捲入英州之禍，被猜疑的「大臣」自然是指龔茂良。袁樞也不忘指責孝宗讓內廷的近習負責外廷事務，且還參與軍事工作。

近習攻擊道學集團，自然須要孝宗的支持，孝宗此時已不願將黨論擴大，近習對道學型士大夫的攻擊，便也不再順利。周必大在文集中紀錄了近習黨羽對道學型士大夫的持續排擠：

> 淳熙五年五月，請對，丐外，上恩不允。閏六月，繼請，又不允。會諫議大夫謝廓然乞令朝士久次者聽更迭補，于是吏部尚書韓元吉，侍郎李椿，相繼得請。或謂臣汙朝最久，廓然未必不相及，既袖札子面奏，即蒙宣諭云：「無人譖卿，元吉以老，李椿以病，乃許其去，卿何預此？況諫疏亦非謂侍徒也，卿奏便批降詔不允，毋得再請。」其餘獎勞之語，不復具載。〔註138〕

可見在謝廓然的建議下，李椿、韓元吉相繼補外。〔註139〕李椿在前文已提及

〔註137〕《宋史》，卷三八九〈袁樞〉，頁11935。

〔註138〕《文忠集》，卷十四〈御批丐祠不允奏并詔書跋〉，頁16。又同書同卷，〈御批丐祠不允奏并詔書跋〉：「淳熙五年冬，臣為學士一年有半矣，數求去，未遂。曾覿、韓彥古輩間言曰：『聞因答北使，加會慶節國書。』曲意指摘。」頁16，更清楚抱怨了近習對自己的排擠。

〔註139〕韓元吉據其《南澗甲乙稿》（台北：商務，1983年），〈提要〉，曾師事道學家尹焞，與朱熹相善，其女婿即呂祖謙，頁2～3；又《李燾父子年譜》指出淳熙四年時，李燾和韓元吉同朝相善，頁75；但《南澗甲乙稿》中，除可見韓元吉與朱熹的詩文往來，並曾舉朱熹、傅自得自代（卷九，頁36）外，亦可見韓元吉以詩贈湯思退（卷五〈送湯丞相帥會稽〉，頁1、同卷，〈湯丞相生日二十韻〉，頁23），且與曾覿姻親韓彥古頗有交情，卷二〈戲韓子師（彥古字）〉云：「我歌聲長君且聽，不特交遊幸同姓」，又見卷五〈送韓子師守婺州〉。

多次，他於淳熙二年龔茂良當政時亦曾向孝宗諫近習，他成為近習排擠的對象自不意外。周必大之所以會數次請外，當是因為感到政治空氣不利於己；「汙朝最久」似乎顯示在道學型士大夫相繼去朝後，「倖存」的周必大被嫌戀棧，這樣不堪的批評被周必大認為出於近習黨羽。而孝宗的再三慰留，除了表示他對周必大的看重，更顯示孝宗不願意將道學集團一網打盡。此時，呂祖謙寫信給去年因制舉事件被任命知湖北常德府的李燾：

> 周丈（必大）自春來請去之章已四上，李壽翁（椿）亦以病告經月，
> 陳能之（陳舉善）入史院，一日即得眩瞀之疾，迨今未平。大抵目
> 前善類或去或病，悒悒殊鮮況也。〔註140〕

李椿等人因病未能立於朝，周必大又數次上章求去，都讓呂祖謙感到道學集團在朝中的力量更加微弱，心中恐怕是憂心不已。

令道學集團感到打擊的，是淳熙五年閏六月，曾與陳俊卿並肩作戰對抗近習的劉珙去世了。他最後的遺奏仍不忘要孝宗將近習「亟加屏遠，以幸天下。」〔註141〕劉珙在病中仍切諫近習，自然是因為了解當時道學集團受近習打壓的不利局勢。〔註142〕約於此時，龔茂良父子在英州去世的消息傳回，呂祖謙在哀傷中，再次寫信給李燾：

> 龔參父子，沒於瘴氣，相自傷。劉樞（珙）亦復不起，善類甚惜之
> 也。張欽夫帥荊南，不知已到官未？同在一路，凡事可相應接，亦
> 非小補也。陳丞相（俊卿）有奏事之命，猶辭免，又未知到闕去留
> 如何。〔註143〕

龔茂良、劉珙皆曾任執政，他們的相繼去世，對道學集團而言當然是沉重的打擊。此時，陳俊卿有命入對，陳俊卿的去留對道學集團力量的升降，可說

又卷十一〈進故事・壬辰（乾道八年）五月進故事〉，有小字注云：「權尚書吏部侍郎，時朝士大夫因言張說，多去國者。」但文中只說希望孝宗效法太祖、太宗的納諫，並未提及任何與張說事件有關的情形，可說是把話說得很委婉。因此不將韓元吉列為道學型士大夫。

〔註140〕《東萊集・外集》，卷六〈與李侍郎仁父〉，頁9。
〔註141〕《晦庵先生朱文公文集》，卷九十七〈劉公行狀〉，頁4500。
〔註142〕《南軒集》，卷二十四〈答朱元晦〉：「共父一病，遽至薨逝，聞問慟哭，傷痛奈何？積望至此，亦殊未易，時多艱虞，喪此柱石，深為天下痛惜之。」頁4，除了對劉珙之死表達深切哀傷，也認為時勢多艱，劉珙去世，對道學集團而言就像喪失「柱石」。
〔註143〕《東萊集・外集》，卷六〈與李侍郎仁父〉，頁11。

至為關鍵，因此呂祖謙關心陳俊卿的去留，朱熹這時寫給鄭鑑的信中，也說「陳丈此行所繫不輕。」〔註144〕陳俊卿在九月入對時也不負友人所期，向孝宗大談曾覿、王抃之害，指兩人招權納賄、進退人才、交通將帥，但孝宗幾次否認陳俊卿所指的弊病。〔註145〕最後孝宗當然未留下陳俊卿，朱熹為陳俊卿寫的行狀說「上初欲為公設宴，會小疾，不果。」〔註146〕竟然只是因為「小疾」就取消宴會，這恐怕是朱熹委婉地透露孝宗對陳俊卿諫近習的反感。

　　總之，孝宗不願將黨論擴大的態度，使近習雖仍不時找機會攻擊道學型士大夫，但不再能為所欲為。對道學集團而言，淳熙五年的政局雖不似前年嚴峻，但經歷了英州之禍，許多貶官或補外的道學型士大夫仍使道學集團的力量大為削弱；不過，他們至少獲得留在朝廷的空間，如呂祖謙不時將朝廷動向告知道學友人、袁樞獲得輪對機會、周必大受孝宗慰留而未去職。然而他們對抗近習的力量依然薄弱，從呂祖謙的書信中，可見他感到深深憂慮。事實上，孝宗也並未改變他對道學集團諫近習的反感，陳俊卿過闕不留、史浩的罷相，便是說明。

　　淳熙四、五年，近習曾覿等人所興的黨論，雖未無限制擴大，但這卻是南宋中期道學集團首次因「朋黨」罪名而受禍，當時道學之士更因此對前途感到悲觀與憂懼。這次事件，顯然是任何曾經歷過的道學型士大夫都無法忘懷，淳熙十五年，朱熹在〈戊申封事〉中說：

> 一有剛毅正直、守道循理之士出乎其間，則群譏眾排，指為道學之
> 人，而加以矯激之罪，上惑聖聰，下鼓流俗。蓋自朝廷之上以及閭
> 里之間，十數年來，以此二字禁錮天下賢人君子。〔註147〕

「十數年來」，約是乾道末至淳熙前期，正是孝宗不斷懷疑（道學型）士大夫結黨的時期。將「賢人君子」指為道學之人，而將之「禁錮」的，絕對不單指王淮當政時陳賈、鄭丙對道學的指控，更應包含牽連甚廣的「英州之禍」。同在淳熙十五年，樓鑰在一篇題為〈論道學朋黨〉的奏議中也提到類似的情況：〔註148〕

〔註144〕《晦庵先生朱文公文集》，卷二十五〈答鄭自明書〉，頁1136。
〔註145〕《晦庵先生朱文公文集》，卷九十六〈正獻陳公行狀〉，頁4476～4477，詳細紀載了孝宗和陳俊卿的對話，其中部分已在前章引用，此處不再贅引。
〔註146〕《晦庵先生朱文公文集》，卷九十六〈正獻陳公行狀〉，頁4478。
〔註147〕《晦庵先生朱文公文集》，卷十一〈戊申封事〉，頁603。
〔註148〕樓鑰此奏的時間參考《朱熹的歷史世界》，第七章，〈黨爭與士大夫分化〉，頁

> 比年以來，曰執中，曰克己，曰謹獨，曰正心誠意，往往有所諱而
> 不敢言，人主躬行此道于上，士大夫反諱言於下，試攷之十數年間，
> 章奏無慮千萬，未聞一語及此，而又相戒以毋言。……故嘗以爲近
> 習之排士夫，非衰季之世無此，若士夫之自相排，雖盛時亦不能無
> 之。〔註149〕

「十數年間」亦是指淳熙以來的情況，可見英州之禍前後，士大夫開始諱言
道學的相關慣用語。所謂「近習之排士夫」，對曾經主動在「英州之禍」求去
的樓鑰而言，不可能是無地放矢，事實上，他是把道學受貶抑追溯到淳熙四、
五年近習黨羽對道學的攻擊。淳熙十六年（1189），時爲殿中侍御史的劉光祖
向光宗上奏：

> 臣從遠方來，誤玷班列，去來之間，今已一紀，見聞所慮，悉可指
> 陳，臣始至時，雖間有議貶道學之說，而實未覩朋黨之分。中更外
> 艱，去國六載，已憂兩議之各甚，每恐一旦之交攻。逮臣復來，其
> 事果見。因惡道學，力去朋黨，因去朋黨，乃罪忠諫。〔註150〕

根據余英時先生的考證，劉光祖「始至時」，就是淳熙五年，〔註151〕當時正經
歷了英州之禍與謝廓然攻程學。就此可言，劉光祖與朱熹、樓鑰相同，將「議
貶道學」追溯至近習黨羽對道學的攻擊；當時外廷的朋黨之分尚不明顯，但
從劉光祖的語意也可知，往後攻道學者繼承了近習黨羽對道學的攻擊，甚至
也進一步完成近習開啓的黨論。就此而言，英州之禍在道學集團的心目中，
眞有不可忽視的影響力，也恐怕加深了他們往後對近習的敏感與排拒。

第四節　近習勢力的消退與急進恢復的放棄

　　淳熙五年十一月，親近道學的宰相史浩去位，趙雄任右相，這標示著「急
進」恢復的政策再度得勢，宰相趙雄不但畏懼近習，甚至承望近習之風旨。
〔註152〕已因黨禍受打擊的道學集團，在人事、政策上便又都處於不利地位。
然而，在此極不利的形勢下，他們更無法坐視近習勢力繼續膨脹，他們依然

340。
〔註149〕《攻媿集》，卷二十〈論道學朋黨〉，頁14。
〔註150〕《西山先生眞文忠公文集》，卷四十三〈劉閣學墓誌銘〉，頁6。
〔註151〕《朱熹的歷史世界》，第七章，〈黨爭與士大夫分化〉，頁338。
〔註152〕見第二章第二節。

利用各種可能的機會企圖扭轉頹勢。

　　儘管孝宗對近習的信任似未稍衰，但就像呂祖謙所言的「氣脈不斷」，〔註 153〕道學型士大夫的諫近習就像是一場接力賽，不曾中斷。淳熙六年（1179），胡晉臣「極論近習」，據說上奏後「上感悟，自是近習嚴憚」，似乎表示孝宗多少聽進了胡晉臣的諫言。按，胡晉臣在淳熙十五年林栗攻朱熹時上疏「留熹而排栗」，光宗時又與道學型士大夫、時任宰相的留正「同心輔政」，〔註 154〕因此胡晉臣至少在政治態度上可算做道學集團的支持者。淳熙七年，朱熹在南康軍任上，上了〈庚子應詔封事〉，更是嚴辭抨擊近習，細論將帥如何賄賂近習、外廷又如何承望近習風旨，〔註 155〕但朱熹的直言不諱還是引起了孝宗的憤怒。〔註 156〕同年八月，黃中因老病而去逝，他在遺奏中也不忘諫近習，他「戒上以人主之職不可假之左右，言尤剴切」。〔註 157〕

　　道學集團接連不斷的進諫，與幾位道學型士大夫臨死的諫言，〔註 158〕似乎真的打動了孝宗。淳熙七年，朱熹在寫信給時任右諫議大夫的黃洽說：〔註 159〕

　　　　今天下之病在膏肓者久矣，夫人而能知之，夫人而欲言之，顧以不
　　　　當其任，則雖欲一效其伎，而無所施耳。乃者天子以執事有廉靖貞
　　　　孤之操，擢寘諫垣，納用其言，屏去姦惡，皆所謂膏肓之餘證，海
　　　　內有志之士知上之心蓋已深悟隱疾之在躬，而欲假執事之藥以去之

〔註 153〕《東萊別集》，卷八〈與朱侍講元晦十五〉，頁 13。亦見於上節。

〔註 154〕《宋史》，卷三九一〈胡晉臣〉，頁 11978。

〔註 155〕見《晦庵先生朱文公文集》，卷十一〈庚子應詔封事〉，頁 583～587。此在前文中已多次引用。

〔註 156〕《宋史》，卷三九六〈趙雄〉：「命（朱熹）知南康軍。熹極論時事，上怒。」頁 12074。

〔註 157〕《晦庵先生朱文公文集》，卷九十一〈黃公墓誌銘〉，頁 4220。

〔註 158〕道學型士大夫死前的遺奏，必不忘提及近習之害，除已提及的劉珙、黃中外，張栻在淳熙七年去世，朱熹在〈答黃直卿〉（見《晦庵先生朱文公文集·續集》，卷一，頁 4645）一信中說：「南軒去冬得疾，……他不數日聞訃，則以二月二日逝去矣。……聞其臨終猶手書遺箚數千言，不數刻而終，箚中大槩說親君子、遠小人，甚切當世之弊，此尤可傷痛也。」所謂切時弊的「遠小人」之說，應主要即指近習。而這些死前的諫言或許也對孝宗發生影響。

〔註 159〕朱熹此信題為〈與臺端書〉，據趙鋒，《朱熹的終極關懷》，頁 262，指此臺端為黃洽，但文中並未對此考證。《宋史》，卷三八七〈黃洽〉，頁 11874，言其先任右正言，後任右諫議大夫，應即是朱熹此信所謂：「擢寘諫垣，……而又進執事於臺端之重。」因此本文從趙鋒先生的意見。

也。……然而側聽累月未有所聞，則又懼夫二豎子者知良醫之傷，
已而先爲術以去之，以是憂疑不知所定，尚幸聖心堅定，不入其言，
而又進執事於臺端之重，是必君臣之間已有一定之計，足以稍慰士
大夫心。……然此書也一讀焉而采其意，然後削而投之火中，不足
爲外人道也。小貼子：此事所繫不輕，其成否不可必，但義所當爲
有不可得而避者。〔註160〕

所謂「二豎」應該便是指曾覿、王抃，朱熹將之視作眾所皆知的膏肓之病。
信中傳達的重要訊息是，黃洽已「屛去」的「姦惡」，可能就是近習黨羽，因
此「海內有志之士」推知孝宗已對近習感到厭惡，孝宗又擢升黃洽爲右諫議
大夫，似爲逐近習做準備。文中亦可見朱熹對近習可能受逐非常關切，面對
此事也十分小心翼翼。然而，黃洽後來似乎未在逐近習的過程盡到一己之力。

不過，孝宗欲逐近習的消息似乎還是可靠的。《宋史・佞幸》說：

覿用事二十年，權震中外，至於譖逐大臣，貶死嶺外。（孝宗）自是
寖覺其姦，嘗謂左右曰：「曾覿誤我不少。」遂稍疏覿。覿憂恚，
疽發于背。七年三月，侍帝宴于翠寒堂，退爲記以進。十二月，
卒。〔註161〕

所謂孝宗「自是」發覺曾覿之「姦」，並疏遠曾覿，恐怕並非在龔茂良貶死於
英州後，而應該在朱熹寫信給黃洽的淳熙七年左右，否則我們便無從解釋爲
何淳熙五年任相的趙雄須要畏懼近習。而所謂「曾覿誤我不少」是指孝宗因
近習而受到公議批評，還是指將帥賄賂近習而阻礙恢復大計？已無法詳究。
淳熙七年時，曾覿已是個七十二歲的垂垂老人了，受皇帝疏遠的他不啻喪失
了利用皇權的憑藉，於是在憂懼病痛中，結束了他倍受爭議的一生。

另一近習王抃，在淳熙八年底也遭到驅逐的命運，主其事者便是趙汝愚。
淳熙八年三月，趙汝愚除權吏部侍郎兼右庶子，〔註162〕劉光祖在爲其作的墓
誌銘中提到：

（趙汝愚）首奏疏及上左右。其略曰：「陛下以兼聽爲美，而或來膚
受之言，以分任爲功，而適啓多門之弊。潛窺聖意，密預政機，大
臣依遵聽命，事有不可而莫敢與爭，否則締合往交。」上雖不言，

〔註160〕《晦庵先生朱文公文集》，卷二十六〈與臺端書〉，頁 1145～1147。
〔註161〕《宋史》，卷四七〇〈佞幸〉，頁 13691。
〔註162〕《宋中興百官題名》，〈東宮官〉，頁 10。

而實行其意，蓋指知閤門事樞密都承旨王抃用事也。……公所言皆
人臣所難言者，上意稍動。會北使魏正吉、蕭梅來賀正旦，要人主
起受書如舊儀。孝宗難之，朝見改別日。……抃已先許使人明日用
舊儀見矣。明日公侍殿上，孝宗數目公，意極悔之，北使去，公亟
請對，遂出抃外，朝野稱慶。〔註163〕

這段史料有幾點值得注意：首先，趙汝愚並非言官，卻身任逐王抃之事，這
恐怕要從其道學型士大夫的身分去考慮，否則將難以理解。趙汝愚和許多道
學家如朱熹、張栻、呂祖謙、汪應辰、林光朝等交好，〔註164〕在平日往來中，
應早就建立了反近習的信念，在張說事件中，趙汝愚便曾表達反對近習的堅
定立場；其次，王抃之所以被逐，關鍵還是在孝宗的「實行其意」，我們很難
相信有豐富外交經驗的王抃會因一次朝見禮儀而被驅逐，事實上，孝宗早就
打算逐走王抃，受書禮不過是個藉口，而趙汝愚一貫且積極的反近習意向，
則適時成為孝宗的得力助手。

　　王抃被逐後，時任太學錄的章穎，也論王抃「風金使過求，欲己任調護
以為功」，〔註165〕孝宗卻對他「論事狂直」感到不滿，宰相王淮向孝宗說：「陛
下樂聞直言，士大夫以言相高，此風可賀也，黜之適成其名。」〔註166〕事實
上，王淮是頗具技巧地提醒孝宗，若罷黜章穎，將使之獲美名，對孝宗而言
並不有利。按，章穎在《宋元學案》中列於汪應辰的門人，〔註167〕在任道州
教授時曾「作周敦頤祠」，〔註168〕慶元黨禁中也名列黨籍，其為道學型士大夫
當無疑。

　　王抃的驅逐，自會引起朝野的關注，這從趙汝愚隨後的奏疏中可看出：

臣仰惟陛下神聖聰明，比隆堯舜，渙發大號，斥遠巨姦，朝野聞之
莫不鼓舞以服陛下之斷、以頌陛下之明，幸甚！……臣謂陛下此舉
威行萬里，中外將士孰不人人聳懼朝廷之所為。若朝廷乘此事一新
天下之觀聽，草除蠹弊，委任忠良，四方聞風易於感格。此其勢甚

〔註163〕《宋代蜀文集存》，卷七十一〈宋丞相忠定趙公墓誌銘〉，頁8～9。
〔註164〕《宋史》，卷三九二〈趙汝愚〉：「凡平昔所聞於師友，如張栻、朱熹、呂祖
　　　　謙、汪應辰、王十朋、胡銓、李燾、林光朝之言，欲次第行之，未果。」頁
　　　　11989。
〔註165〕《宋史》，卷四○四〈章穎〉，頁12226。
〔註166〕《宋史》，卷三九六〈王淮〉，頁12071。
〔註167〕《宋元學案》，卷四十六〈玉山學案〉，頁96。
〔註168〕《宋史》，卷四○四〈章穎〉，頁12226。

順也。〔註169〕

趙汝愚大讚孝宗逐走王抃，還形容王抃爲「巨姦」，並用「鼓舞」來形容士大夫的歡欣之情；而「中外將士」，包含那些曾賄賂近習者，都爲孝宗的決斷而驚恐，感到朝政將出現新氣象。趙汝愚則勸孝宗趁此時機，對朝政做出改革，這似乎也符合孝宗的意願，孝宗本紀說道：

> 九年春正月……癸未，罷樞密都承旨王抃爲在外宮觀，因罷諸軍承
>
> 受，復密院文書關錄兩省舊法，以文臣爲都承旨。〔註170〕

可知孝宗至少做了三項改革，前兩項在此不論，〔註171〕第三點「以文臣爲都承旨」則值得加以討論。繼王抃爲樞密都承旨的「文臣」是蕭燧。〔註172〕龔茂良尚爲參政時，孝宗除蕭燧爲左司諫，孝宗向龔茂良詢問蕭燧的除命如何，龔茂良說：「燧純實無華，正可任言責，聞除目下，外議甚允。」〔註173〕除左司諫後，蕭燧便奏罷王抃與甘昇的親友，表現出對近習黨羽的排斥。〔註174〕在恢復議題上，蕭燧「未嘗談兵言利」，〔註175〕龔茂良罷政後，再度有人議恢復，孝宗問蕭燧的意見，蕭燧回說：「兵未強，財未裕，正宜臥薪嘗膽以圖內治。」又說「近習有勞可賞以祿，不可假以權。」〔註176〕在龔茂良事件的嚴峻氣氛下，蕭燧仍堅持穩健的恢復政策與反對近習的立場，可見他確是道學集團的支持者。蕭燧死後，道學家謝諤爲他作行狀，〔註177〕周必大爲他作神道碑，可見他與道學型士大夫的交情匪淺，以此蕭燧本人亦可算是道學型士大夫。就此而言，以「文臣」取代「武臣」爲樞密都承旨，實是代表政策的轉向：助孝宗恢復的近習或死或貶，並用不談兵言利的蕭燧爲樞密都承旨，都揭示了急進的恢復政策被放棄。

　　急進恢復的放棄，又可由外廷宰相的人事變動進一步得到論證。積極於

〔註169〕《歷代名臣奏議》，卷一四四，頁31。

〔註170〕《宋史》，卷三十五〈孝宗三〉，頁677。

〔註171〕有關罷諸軍承受，可參考安倍直之，〈南宋孝宗朝の皇帝側近官〉，頁92〜94，但其實有關孝宗朝的諸軍承受的史料並不豐富。

〔註172〕《文忠集》，卷六十七〈蕭公神道碑〉：「八年冬召還。……近例，知閣官兼樞密都承旨，或怙寵招權，上思復用儒臣，九年正月，命公以龍圖閣待制爲之。」頁15。

〔註173〕《宋史》，卷三八五〈蕭燧〉，頁11840。

〔註174〕同註173。

〔註175〕《文忠集》，卷六十七〈蕭公神道碑〉，頁11。

〔註176〕《文忠集》，卷六十七〈蕭公神道碑〉，頁14。

〔註177〕同註176：「令公之子以里人工部尚書謝諤所狀行實請碑墓。」頁11。

恢復、並與近習聯結的宰相趙雄，於王抃逐退前不久（淳熙八年八月）罷相，繼任者即王淮，余英時先生便認為「孝宗不談『恢復』，轉求安靜，必在趙、王交替之際。」〔註178〕孝宗之所以不再談恢復，可從衛涇於淳熙十一年（1184）與孝宗的問答中看出：

> 臣竊觀陛下即位之始，銳於為治，念版圖之未復，憤仇讎之未殄，慨然奮發，將一掃而清之。一旦起故老於廢棄之中，擢將相於儔常之列，畀之大任，責以成功，而徒肆大言，習為誕謾，玩歲愒日，無補事功，比比負責而去，而陛下大有為之志，亦自是少弛矣。〔註179〕

可見大言恢復的「急進派」，不論是近習、宰相，或其他主恢復的將帥，都沒有做出顯著的功業，因此讓孝宗感到失望。朱熹也曾有過類似的意見：

> 因論壽皇（即孝宗）最後所用宰執，多是庸人。……曰：「壽皇本英銳，於此等皆照見。只是向前為人所誤，後來欲安靜，厭人喚起事端，且如此打過。」〔註180〕

可見孝宗轉向「安靜」，是因自覺為喚起事端的倡言恢復者所誤，而心生厭倦。因此，與內廷近習被逐呼應的，便是外廷的趙退王進，兩者都代表了孝宗對急進恢復的放棄。

恢復功業之無成，恐怕是孝宗對曾覿、王抃感到失望而決定將之逐退的根本因素，道學型士大夫對近習持續不斷的聲討，也是在此情況下才真正被孝宗接受。但無論如何，道學型士大夫反近習的一貫主張，與對恢復的穩健態度，到了淳熙九年（1182）似乎都獲得了肯定。淳熙十五年，朱熹再次向孝宗諫近習，針對的是曾與曾覿、王抃交結的宦官甘昇，朱熹還抱怨「中外無一人敢白其姦」，〔註181〕但這其實也可見甘昇的影響力與所受到的注意力，比曾、王兩人小得多，甘昇被逐退的確切時間，也沒有史料可供考察。因此，孝宗朝的近習勢力，在王抃逐退的淳熙八年底幾乎消退，但甘昇的存在，似乎也暗示了近習力量並未完全結束。

在此要澄清，本文並非認為所有反近習的士大夫皆屬道學集團，因為在反近習成為「公議」下，很可能讓原來對近習不持鮮明立場者，在關鍵時刻

〔註178〕余英時，《朱熹的歷史世界》，第七章〈黨爭與士大夫的分化〉，頁355。

〔註179〕衛涇，《後樂集》，收入《四庫全書》（台北：商務，1983年）卷九〈集英殿問對〉，頁5～6。

〔註180〕《朱子語類》，卷一二七〈本朝一・孝宗朝〉，頁3061。

〔註181〕《晦庵先生朱文公文集》，卷十一〈戊申封事〉，頁594。

也不得不表態反對近習；本文也並非認爲所有道學型士大夫皆反近習，例如陸九淵，就不曾見他反對過近習。〔註182〕但透過本文各章節的論證，應該可以肯定道學集團就是反近習與諫恢復的主要力量，以下再舉兩條重要史料印證之。南宋後期，眞德秀在〈著作劉公奏藁〉中說：

> 夫方乾道、淳熙間，中外既已大治，獨近習有窺覦笑賣福威者，一時端士正人指陳闕失，必以是爲先，若相國陳正獻公（俊卿）、參政龔公、朱文公、張宣公（栻）、鄭自明、魏元履數君子，與著作公（劉夙），前後若出一口，卒之，佞幸小人消縮摧沮不能大爲姦慝。〔註183〕

眞德秀舉出諫近習者共七人，皆是彼此熟識的道學型士大夫，這恐怕並非巧合，而說他們「前後若出一口」，更透露了他們是基於共同的政治信念而反近習。《皇宋中興兩朝聖政》引呂中《大事記》說：

> 曾覿、龍大淵、王抃、甘昇四人憑恃恩寵，招權納賄，然四凶之寡不能以勝元凱之眾，故曾覿、龍大淵之始用事，雖劉度、張震、胡沂、周必大、金安節諸公爭之而未勝，而終以陳應求（俊卿字）一言而去；曾覿再至，與王抃、甘昇爲姦，雖劉珙、張栻、龔茂良、鄭鑑、袁樞爭之未勝，而曾覿復以俊卿一言而去；王抃以趙汝愚一言而去；甘昇以朱熹一言而去，於此見孝宗之英明，塵翳終不能以淬太清也。〔註184〕

言近習因某人「一言而去」，雖是誇大或簡化實情，但文中舉出了曾諫近習者共十三位，其中確定爲道學型士大夫者就有十一位，〔註185〕這同樣說明了反近習的主力就是道學集團，而這也深深影響了道學集團在南宋中期的命運。

〔註182〕陸九淵在朝爲官，有機會藉輪對向孝宗言事，已是在淳熙十一年，因此他即使也反對近習，也沒有必要出言聲討了。但陸九淵在張說事件發生的乾道八年登第，當年「廷對考官意其必慷慨極言天下事。」但結果不然，有人問陸九淵原因，陸九淵說「見君之初，豈敢過直。」（見《陸象山全集》（台北：世界，1971年），卷三十六〈年譜〉，頁320。）當時值得「慷慨極言」的恐怕就是喧騰一時的張說事件和急進的恢復政策，且陸九淵也被期待將「極言」，但他當時考慮以及後來的仕途發展，都讓他沒有機會諫近習。

〔註183〕《西山先生眞文忠公文集》，卷三十五〈著作劉公奏藁〉，頁8～9。

〔註184〕《皇宋中興兩朝聖政》，卷五十六，淳熙五年九月壬申條，頁9～10。

〔註185〕只有劉度、張震不算是道學型士大夫，可參考本文第一章第一節的討論。

第四章　政治特色的延續——
淳熙九年到開禧北伐

　　淳熙八年，近習王抃的逐退與趙雄的罷相，都標示著急進恢復政策被孝宗放棄，道學型士大夫長久以來的努力似乎看到了成果。然而，道學集團並未從此一帆風順，誠如余英時先生所論，王淮入相後，掀起了以王淮為首的「官僚集團」和「道學集團」之間的鬥爭，〔註1〕最後並導致慶元黨禁的悲劇。余英時先生亦論及官僚型士大夫與光宗朝近習姜特立、寧宗朝韓侂胄的聯合，可見近習的影響力並未隨孝宗的退位而消失。然而，余先生在官僚集團結合近習以對抗道學集團的論述中，特別強調官僚集團與道學集團的彼此攻擊，而較忽略近習所扮演的腳色，特別是近習與道學集團之間的互動。〔註2〕基於本文對孝宗朝前期政治的探究，我們應該要問，近習之所以和官僚集團合作以鬥爭道學集團，是否根植於道學型士大夫與近習長期且激烈的對立？

〔註1〕 所謂「官僚集團」，余英時先生認為這是在淳熙八年王淮入相後形成，爾後王淮雖去相，但此集團仍繼續為攻擊「道學集團」而一直持續到慶元黨禁。與「道學集團」渴求「得君行道」的政治目的不同，「官僚集團」所追求的是個人的名位。《朱熹的歷史世界》下，主軸即圍繞在兩集團的對抗。

〔註2〕 余英時，《朱熹的歷史世界》，第十一章，〈官僚集團的起源與傳承〉：「把慶元黨禁的一幕悲劇輕輕的歸之於"近習竊柄"四個字則未免過於簡單，……代表皇權的韓侂胄和代表官僚集團的京鏜、何澹等人雖都以趙汝愚和理學集團為共同的敵人，但雙方的重點仍有不同；前者的直接目標在剝奪趙汝愚的執政權力，而後者的終極目的則在摧毀整個理學集團的政治基地。……侂胄在趙汝愚死後便已有意逐漸開放黨禁，但因官僚集團抗拒甚力，一時不能付之實踐而已。」頁674～684。但若考慮道學集團對近習長期的排斥，則恐怕近習對道學集團的厭惡不會少於官僚集團。

本章便是要討論孝宗朝前期的政治模式，如何延續至孝宗後期以至慶元黨禁甚至開禧北伐。本章討論的主題和時間範圍與余英時先生的《朱熹的歷史世界》多有重疊，因此在不少地方都奠基於余先生的研究成果，並將重點放在余先生未論及之處。

第一節　孝宗後期政局與官僚型士大夫對近習的態度

　　淳熙八、九年之交，是孝宗朝政治的重要轉折點，這明顯表現在政治風氣的變化，這個變化，又是由於孝宗調整了自己對恢復的態度。當時的士大夫對此轉變已深有感覺。李燾的神道碑提到：

> 前兩入朝，適虞允文暨趙雄當路，士大夫爭談兵，二公皆蜀人，雅
> 敬公，一無所徇。晚在經筵，人頗懷安，公（李燾）爲上言：「前日
> 紛紛，今日默默，俱非自治。」其持論不隨時，類如此。〔註3〕

「前日紛紛」充分顯示在主恢復的虞允文、趙雄當政時，朝野充斥迎合恢復的聲浪；對比之下，淳熙十年（1183）李燾在經筵時，〔註4〕感到的是「今日默默」，所謂的「安靜」，在他看來其實是苟且偷安。這其中轉變的因素，羅點於淳熙十一年所上奏箚中論及：

> 臣聞虛誕之風勝，則紛擾而生事，偷惰之習成，則頹靡而廢事。陛
> 下初載，急于事功，小人乘時，以才自進，久之皆以虛誕，紛然擾
> 敗，聖意厭之。由是韜晦斂縮，日趨偷惰頹靡之域，其失等爾，臣
> 願陛下復振啓之。〔註5〕

可見「虛誕」的大言恢復者，〔註6〕因不切實際、做不出成績而讓孝宗大爲失

〔註3〕《文忠集》，卷六十六〈李公神道碑〉，頁21。
〔註4〕同註3：「（淳熙）十年六月……進敷文閣直學士，提舉佑神觀兼侍講，同修國史。」頁19。
〔註5〕袁燮，《絜齋集》（台北：新文豐，1984年），卷十二〈羅公行狀〉，頁190。
〔註6〕此段史料並未明指迎合孝宗「急於事功」的「虛誕」者，就是主急進恢復者，但孝宗所積極追求的「事功」，除恢復外，恐再無其他。陳亮曾指主恢復的宰相葉衡「以誕謾進」（收入鄧廣銘點校，《陳亮集》（石家莊市：河北教育，2003年），頁432）；又《宋史》，卷三九八〈袁樞〉：「乾道七年，（袁樞）爲禮部試官，就除太學錄，輪對三疏，一論開言路以養忠孝之氣，二論規恢復當圖萬全，三論士大夫多虛誕、僥榮利。」將士大夫的「虛誕」放在「規恢復當圖萬全」之後，可見在袁樞眼中，許多慕榮利的士大夫，並不顧慮恢復是否準備充分。皆可旁證南宋中期道學型士大夫口中的「虛誕」、「誕謾」常形容急進恢復者。

望，但物極必反的結果卻又是偷惰成習，不論何種政風都過由不及。按，羅點也是陳俊卿的女婿，〔註7〕其爲道學型士大夫的身分余英時先生也已辨之甚明。〔註8〕

　　政治風氣在王淮入相後雖有明顯改變，但孝宗的施政方式，甚至過去存在的弊病，並沒有一同消失。淳熙十年秋，張大經在奏疏中，以層層遞進的方式極言當時之弊：

> 國家竭天下之財以養兵，而軍伍乃有貧乏之嘆，何哉？蓋生齒滋衆而廩給不瞻，故負薪饘履亦皆爲之，爲主帥者又多務剝下以濟其私。臣聞之道路，皆謂中外兵帥多出貴倖之門，主之者唯譽其美，恃之者略無所憚。……然今日之蔽復有大者，……往者一二近習固嘗招權納賂以致人言，陛下特發英斷，斥而去之，雖舜之去四凶不是過也。今道塗之人，猶竊有議，但見干進者或得其所欲，由徑者或遂其所求，而竊意其有爲之地者，皆謂此輩在陛下之前，未必敢直指某人之賢與否也，明言某人之求與此除也。……然今之弊又有大者，……陛下屬精於上，而大臣不任責於下，今日進呈，明日取旨，殆不過常程老除，瑣瑣細故而已。〔註9〕

所謂過去被斥而去的一二近習，應該便是指曾覿、王抃，但兩大近習的去逐，似乎並未使政治更爲清明。孝宗身旁仍有人左右著人事的任命，甚至因爲怕再遭「公議」譴責，而更加秘密進行；將帥對軍糧的侵吞也仍依舊；甚至孝宗也並未因「安靜」而無爲而治，他仍凡事過問，以致宰執大臣只能奉命行事。羅點在淳熙十三年（1186）的進言中也同樣指「人人上決于淵衷，物物取裁于睿斷，君勞而臣逸，雖有大志，不得達于天下，甚可惜也。」〔註10〕

　　孝宗事必躬親的一部分，是對軍事活動的持續操控；雖然不再大談恢復，但孝宗似乎仍未放棄恢復的企圖。爲了避免重蹈大言無功之覆轍，孝宗在淳熙九年後改以低調的方式進行軍事準備。可以想見，「穩健」的道學型士大夫此時恰可爲孝宗助手。淳熙九年六月，周必大任知樞密院事，據說他任執政後，「政事之外，尤究心武備，選將練兵，常如敵至，慨然以規恢大義爲不可

〔註7〕　《晦庵先生朱文公文集》，卷九十六〈正獻陳公行狀〉：「女四人，……次適故著作佐郎鄭鑑，再適太常少卿羅點。」頁4483。
〔註8〕　《朱熹的歷史世界》第十章，〈孝宗與理學家〉，頁588～591。
〔註9〕　《誠齋集》，卷一二一〈張公神道碑〉，頁6～7。
〔註10〕　《絜齋集》，卷十二〈羅公行狀〉，頁191。

已，而務存審重」，〔註11〕可見周必大雖在孝宗轉爲「安靜」後才任執政，但仍著意於恢復，重要的是，他的態度是審愼持重的。雖然宋代樞密院掌管軍事，但是否實際負責軍政，仍常視皇帝的意志而定，而周必大似乎受到孝宗很大的軍事託付。周必大的神道碑提到：

> （淳熙十年）上稱公通練軍政，深副朕擢用之意。公（周必大）謝
> 曰：「臣本以文墨受知，豈能曉暢武事，誤蒙任使，不敢不勉，彼方
> 恫疑虛喝，正恐我或先動，所當精擇邊將，鎮之以靜。」〔註12〕

文中引用周必大的話，故應該不（完全）是作碑者的溢美之詞。可見周必大盡力於軍事準備，但他的目標並非主動出擊，而是穩定與金朝的邊界。淳熙十一年三月，孝宗又「命利路三都統吳挺、郭鈞、彭杲密陳出師進取利害，以備金人。」〔註13〕亦可見此時的軍事工作，防備是首要目標，但仍不排除出師進取的可能性；而一「密」字，顯示孝宗的軍事準備是暗地進行，可能只有少數參與者知悉。〔註14〕

　　淳熙十一年，周必大拜樞密使，再度顯示孝宗對他的倚重。孝宗向他說：「卿在西府，光前絕後，若有邊事，宣撫使惟卿可，他人不能也。」〔註15〕宣撫使是南宋軍情危急時任命的軍事長官，因此從孝宗此語亦可看出他對周必大的信賴。約莫此時，局勢有所轉變。遼朝滅亡之際，耶律大石率領遼朝殘餘在西域建立了西遼，淳熙十二年（1185）二月，傳來西遼想要借道夏國伐金的消息，孝宗於是「諭（必大）結約夏國事」，〔註16〕又「密詔利西都統制吳挺與（四川）制置使留正議之」，〔註17〕同樣是秘密地商討與夏、遼結盟伐金的可能性。後來吳挺出使夏國，但未獲得夏國的積極回應，故而不了了之。〔註18〕此外，周必大在樞府時，向孝宗推薦了趙汝愚，說他「在福州，百廢

〔註11〕《文忠集附錄》，卷二〈行狀〉，頁27。

〔註12〕《攻媿集》，卷九十四〈周公神道碑〉，頁15。

〔註13〕《宋史》，卷三十五〈孝宗三〉，頁681。

〔註14〕筆者閱讀《皇宋中興兩朝聖政》，未見有關孝宗後期進行軍事準備的記載，可見此事在當時只有少數相關人士知道，到元代修《宋史》時，可能才根據相關檔案寫入孝宗本紀。

〔註15〕《攻媿集》，卷九十四〈周公神道碑〉，頁16。

〔註16〕同註15。

〔註17〕《宋史》，卷四八六〈夏國下〉，頁14026。

〔註18〕蔡東州、唐祿祥，〈論南宋同西夏的關係〉，載《四川師範學院學報（哲學社會科學版）》，第2期（1992年，四川），頁75～80。

具舉，孜孜國事，殆不多得」，〔註19〕於是到了淳熙十二年十二月，孝宗把留正召回後，就以趙汝愚接替留正，任軍事重地四川的制置使，四川制置使「負六十州之安危」〔註20〕，是四川最高民政、軍事長官。〔註21〕

　　從淳熙後期的軍事活動看來，至少有兩個特色。其一，孝宗不再高談恢復，而是秘密地進行軍事準備，相較於以往，可說是更加務實；其二，在此謹慎低調的軍事準備中，孝宗的得力助手即是過去對恢復持「穩健」態度的道學集團，毫不意外，在孝宗晚年部署所擢用的三相：周必大、留正、趙汝愚，〔註22〕在淳熙後期便都已參與了孝宗的軍事計畫，這即是「急進」恢復被放棄後，「穩健」的道學集團與孝宗更形靠攏也獲得更多政治機會的反映。而也只有密切參與恢復政策的近習被逐退，與之勢不兩立的道學型士大夫才有可能深入參與軍事活動。

　　相較於道學型士大夫對軍事的參與，身為宰相且兼樞密使的王淮，幾乎沒有參與軍事活動。〔註23〕余英時先生論官僚集團在光宗時期與近習姜特立交好，但在孝宗朝，官僚集團的第一代領袖王淮，似乎刻意與近習保持距離。乾道八年十一月，王淮任太常少卿，〔註24〕據說：

　　　　近習曾覿一再來見，公（王淮）竟不見。聞者欽歎。〔註25〕

淳熙元年，時任中書舍人的王淮又將龍大淵和張說的除命封還：

　　　　近習龍大淵贈太師，仍畀開府儀同三司恩數，參知政事姚憲罷政，除資政殿學士，戚里張說為樞密罷政，除太尉在京宮觀，皆封還詔書。〔註26〕

然考其實，張說此時已經失勢：

　　　　淳熙元年，帝廉知說欺罔數事，命侍御史范仲芑究之，遂罷為太尉，提舉玉隆宮。諫官湯邦彥又劾其姦贓，乃降為明州觀察使，責

〔註19〕《攻媿集》，卷九十四〈周公神道碑〉，頁15。

〔註20〕《皇宋中興兩朝聖政》，卷六十，淳熙十年六月條，頁5。

〔註21〕有關南宋宣撫使、制置使的制度，可參見余蔚，〈論南宋宣撫使和制置使制度〉，《中華文史論叢》，第一期（2007年，上海），頁129～179。

〔註22〕《朱熹的歷史世界》，第十章，〈孝宗與理學家‧孝宗晚年部署之一〉，頁531～532。

〔註23〕可參見《攻媿集》，卷八十七〈王公行狀〉和《誠齋集》，卷一二○〈王公神道碑〉。

〔註24〕《攻媿集》，卷八十七〈王公行狀〉：「八年十一月除太常少卿」，頁5。

〔註25〕《誠齋集》，卷一二○〈王公神道碑〉，頁23。

〔註26〕同註25。

居撫州。〔註27〕

可見是孝宗授意侍御史彈劾張說，湯邦彥再進一步彈劾張說，也被孝宗接受，所以王淮封還詔書，是看準情勢，不但不會觸怒孝宗，甚至可能迎合孝宗想營造自己願意納諫的名聲之意圖；〔註28〕此外，當時龍大淵已去世多年，這時突然贈太師，又被封還，也頗有可能是孝宗想藉一位死去的近習來換取納諫的美名。在王淮爲執政期間（淳熙二年九月到八年八月），〔註29〕他事實上不曾主動攻擊近習，他對近習的反對，似乎只是消極的「不見」而已。

淳熙八年底孝宗逐退王抃，時已任宰相的王淮，也參與了此事：

> 樞密副都承旨王抃，竊弄威柄，……公（王淮）憂之已久，至此頗甚造膝極陳，上始爲之動色，既而欣然開納曰：「非卿盡言，朕不聞此，當爲卿斥之。」後數日，上又及之，公奏：「近習弄權，人主鮮不以此受謗，一旦斥去，中外無不服陛下之明斷。」既而宣諭，欲改用文臣，公曰：「救弊之初，當有以新天下之耳目。」力薦蕭燧，以待制爲之。〔註30〕

王淮若眞的一直擔憂王抃竊柄，爲何「至此」才進諫？從「後數日」來看，王淮從極論王抃到力薦蕭燧，應該是發生在幾日內的事。根據孝宗本紀，金國來賀正旦在淳熙八年十二月戊辰，用蕭燧爲都承旨則在九年正月癸未，〔註31〕兩者相隔十五日，因此王淮「極陳」王抃之失，應與賀正旦事件後趙汝愚攻王抃約略同時發生。趙汝愚因孝宗暗示而攻王抃，則王淮的攻擊，恐怕也是因早就洞悉孝宗的聖意。此外，從王淮提出逐王抃的原因來看，他與道學型士大夫擔憂近習干政而擾亂政治常軌的立場頗爲不同，他是站在孝宗的角度，提醒孝宗近習的存在使「人主受謗」，這大概能使孝宗感到心有戚戚焉；王淮又說「一旦斥去，中外無不服陛下之明斷」，可知孝宗逐退近習，也

〔註27〕《宋史》，卷四七〇〈佞倖〉，頁13693。

〔註28〕劉子健在〈南宋君主與言官〉（收入氏著《兩宋史研究彙編》（台北：聯經，1987年），頁14），指出南宋君主非不得已不責備言官，以免遭到拒諫的壞名聲，反過來說，藉著聽從言官的諫言就可以營造納諫的好名聲，這對曾極力維護近習而名譽受損的孝宗而言或許更加需要。Lau Nap Yin, (1986). *The Absolutist Reign of Sung Hsiao-tsung (r. 1163~1189)*. (PhD diss: Princeton University, 1986.)也指出只要臺諫官不違背自己的意志，孝宗樂見臺諫官執行自己的任務，以使自己獲得好名聲，頁131。

〔註29〕《宋史》，卷二一三〈宰輔四〉，頁5581～5582。

〔註30〕《攻媿集》，卷八十七〈王公行狀〉，頁10～11。

〔註31〕《宋史》，卷三十四〈孝宗三〉，頁677。

能藉此贏得賢君之名聲。

　　淳熙九年，朱熹在寫給王淮的〈上宰相書〉中說：「苟苴輦載，爭多鬥巧，以歸於權倖之門者，歲不知其幾巨萬，明公不此之正，顧乃規規焉較計毫末於飢民口吻之中，以是為撙節財用之計，愚不知其何說也。」等於指責王淮對將帥賄賂近習視而不見，朱熹還不客氣的直指王淮「憂國之念不如愛身之切，是以但務為阿諛順指之計。」〔註32〕可見在朱熹眼中，王淮的政治立場根本不是真正反對近習，所謂「阿諛順指」或許也表現在王淮總是挑近習失勢之際，才「適時」表現出反近習的態度。

　　官僚集團的另一成員鄭丙，在淳熙九年，朱熹彈劾唐仲友一案後，因「雅厚仲友，且迎合宰相（王淮）意」，〔註33〕而上疏言道學欺世盜名。〔註34〕但在近習活躍的時期，鄭丙也表現出反對近習黨羽的態度：

　　　淳熙六年，鄭少融丙初拜西掖，……韓子師（彥古）以曾覬援，有

　　　起廢意，少融極口詆之曰：「是人仰累聖德。」〔註35〕

但他反對韓彥古的理由與王淮頗類似，都是站在孝宗的立場，指近習或其黨羽使孝宗受到輿論的批評。這使他們一方面能藉反近習獲得美名，另一方面又不會引起孝宗太多的不滿。

　　基於對淳熙八年以前政治態勢的認識，我們至少可以從三個層面來思考官僚集團與道學集團的對立。其一是「公議」對官僚型士大夫的影響：考察官僚集團個別成員（王淮、鄭丙）在淳熙八年以前的政治經歷，會發現他們也試圖與近習保持距離，且在不危害自己政治前途的前提下反對近習。這恐怕是因近習受到公議的批評，他們不敢冒聲敗名裂的風險與近習交結；然而，無法與皇帝身旁的近習互通款曲，對「追求個人名位」的官僚型士大夫而言，〔註36〕反近習的「公議」成了阻礙他們升遷的絆腳石，他們對堅決反近習的

〔註32〕《晦庵先生朱文公文集》，卷二十六〈上宰相書〉，頁1178。

〔註33〕《宋史》，卷三九四〈鄭丙〉，頁12035。

〔註34〕謝康倫著，何冠環譯，〈論偽學之禁〉，收入《宋史論文選集》（台北：國立編譯館，1995），頁164，指出鄭丙曾受王藺推薦，墓誌銘又是周必大所寫（周必大略去不提鄭丙攻道學之事），可見他與支持道學和反道學雙方都有交情。我們可以想見，一位士大夫的交遊圈很可能擴及不同群體，以增加自己的政治資源，但當他得在雙方間做選擇時，我們才比較能夠看到他真正的政治傾向。鄭丙在「雅厚仲友，且迎合宰相（王淮）意」的情況下，選擇攻擊道學，因此若說他屬官僚集團，應不為過。

〔註35〕《桯史》，卷十二〈鄭少融遷除〉，頁140。

〔註36〕《朱熹的歷史世界》，第十一章，〈官僚集團的起源與傳承〉，頁636。

道學集團感到不滿也就可想而知。其二是道學集團勢力的威脅：相較於官僚集團在王淮任相後才形成，道學型士大夫早就因為共同的信念，與共同的政治立場（反近習與反急進恢復），形成一團體；且在孝宗後期，道學集團的成員更擔任了重要的軍事職務，成了孝宗「恢復」的助手，這對王淮及其黨羽而言，不能不說是一重大威脅，再加上彼此間的具體衝突（如唐仲友案），雙方對立乃不可避免。〔註37〕其三，兩大近習（曾覿、王抃）的逐退對政治態勢的影響同樣值得思考，這雖然讓道學集團鬆一口氣，但更能因而佔政治上風的恐怕是官僚型士大夫，因為他們少了一個令他們左右為難的政治因子；甚至，沒有近習可攻，使道學型士大夫失去了提升政治聲望與表現骨鯁形象的條件，這讓官僚集團能夠在沒有後顧之憂的情況下攻擊道學集團，這或許解釋了兩派相攻為何會發生在近習逐退之後。並且，官僚集團不像近習只能躲在幕後打擊道學，官僚集團能夠光明正大的利用「欺世盜名」等名目攻擊道學。而官僚集團越益鮮明的反道學立場，不啻與近習越來越契合，這就難怪官僚集團會在光宗朝正式與近習聯合了。

第二節　光宗時期：道學型士大夫對近習姜特立的批判

宋孝宗在淳熙十六年二月禪位給光宗，〔註38〕光宗朝亦發生近習爭議。余英時先生在《朱熹的歷史世界》已對光宗朝最重要的近習姜特立做了十分詳盡的考察。不過，余先生把論述的重點放在官僚集團如何與姜特立交結，以使官僚集團找到一條「與理學集團相抗衡的途徑」，因此在余先生筆下，姜特立的作用是使官僚集團得以從淳熙到慶元維持其集體同一性。〔註39〕而本節則把重點擺在道學型士大夫對近習姜特立的反對，並將之放在道學集團長期反近習的脈絡下來理解，希望能提供另一個觀察面向。

《宋史・佞幸》有姜特立本傳：

> 姜特立字邦傑，麗水人。以父綬恩，補承信郎。淳熙中，累遷福建
> 路兵馬副都監。海賊姜大獠寇泉南，特立以一舟先進，擒之。帥臣

〔註37〕道學集團這種自視清高，且相對團結的團體，本就容易樹敵。
〔註38〕《宋史》，卷三十六〈光宗〉：「（淳熙十六年）二月壬戌，孝宗吉服御紫宸殿，行內禪禮，應奉官以次稱賀。內侍固請帝坐，帝固辭。內侍扶掖至七八，乃微坐復興。」頁694～695。
〔註39〕《朱熹的歷史世界》，第十一章，〈官僚集團的起源與傳承〉，頁657。

趙汝愚薦于朝，召見，獻所爲詩百篇，除閤門舍人，命充太子宮左
右春坊兼皇孫平陽王伴讀，由是得幸於太子。太子即位，除知閤門
事，與謙熙載皆以春坊舊人用事，恃恩無所忌憚，時人謂曾、龍再
出。〔註40〕

這段史料指出一個很重要的訊息，那就是姜特立被認爲如同孝宗朝的曾覿、
龍大淵，細讀這整段史料，可說都支持著此意見。首先，姜特立頗有才氣，
他不但立下軍功，還擅長做詩，他對自己的詩大約很有自信，才敢於獻上
百篇，現今其詩集《梅山續藁》尚留存，他能文能武的形象，與孝宗朝的近
習相似；其次，據《宋會要輯稿》，姜特立入閤門並任「太子宮左右春坊」在
淳熙十一年，〔註41〕當時孝宗朝的重要近習都已或死或逐，他雖無緣與曾覿
等人相識，但卻與之有十分相近的政治遭遇：他因在東宮而得幸於太子，太
子即位後，他與曾、龍一樣遷閤門的首長「知閤門事」。所不同的，或許是他
的態度更爲囂張，但這也更容易讓道學集團回憶起他們過去反近習的經驗。
因此，看到本節接下來所引的史料，我們便不須疑惑道學型士大夫爲何堅決
反對姜特立。應該注意的是，姜特立原先受到趙汝愚的推薦，可見道學型士
大夫絕非一開始就反對姜特立其人，而是因其特質與政治經歷讓人感到「曾、
龍再出」。

姜特立對於自己被視爲「曾、龍再出」，似乎也十分敏感：

光宗即位，甫兩旬，開講筵，（尤）袤……越數日，講筵又奏：「……
權要貴近之臣，優游而歷華要，舉行舊法。」姜特立以爲議己，言
者固以爲周必大黨，遂與祠。〔註42〕

身爲道學型士大夫的尤袤（見第三章第一節），雖沒有指名道姓「權要貴近之
臣」是誰，但姜特立卻認爲尤袤就是針對自己，因而感到不安。正好淳熙十
六年五月周必大罷相，姜特立便趁此機會要言官以和周必大結黨的罪名攻去
尤袤。至於尤袤爲何被指爲周必大黨而去職？所謂「言者」是誰？便是我們
接下來要釐清的問題，這有助於我們了解在周必大罷相的過程中，道學集團、
官僚集團與近習姜特立三方勢力如何交錯。

淳熙十五年五月，王淮罷相。十六年一月，周必大任左相，留正任右相。

〔註40〕《宋史》，卷四七〇〈佞幸〉，頁13695。
〔註41〕《宋會要輯稿》，〈職官七・東宮官〉，頁33。
〔註42〕《宋史》，卷三八九〈尤袤〉，頁11927。

兩人雖然都屬道學集團，但彼此卻不和睦。﹝註43﹞周必大於五月去相，將之攻去的言官是時爲右諫議大夫的何澹：

> 王丞相罷，留丞相爲次輔，與益公（周必大）不合，擢何澹爲諫長，攻益公，罷之。﹝註44﹞

可見留正是攻去周必大的主使者，何澹看起來只是奉留正之命行事。然而，何澹表面上爲留正攻去周必大，另一方面卻也與道學集團的死對頭近習姜特立交結：

> 時姜特立、譙熙載以春坊舊恩頗用事。一日，光祖過澹，因語澹曰：「曾、龍之事不可再。」澹曰：「得非姜、譙之謂乎？」既而澹引光祖入便坐，則皆姜、譙之徒也，光祖始悟澹謾諾。﹝註45﹞

劉光祖亦爲道學型士大夫（見第一章第五節），他在淳熙十六年也受留正的推薦，任殿中侍御史。﹝註46﹞劉光祖的話顯示姜特立爲「曾、龍再出」的批評，很可能即出於道學型士大夫之口。劉光祖天眞的勸好友何澹防範姜特立等人，但何澹早就與姜特立「之徒」結爲盟友。

據余英時先生的論證，何澹其實就是官僚集團的第二代領袖。﹝註47﹞他與留正雖然都視周必大爲政敵，但兩人的政治立場實不相同，這明顯表現在他們對周必大底下的道學人才之不同態度。留正身爲道學集團的支持者，所欲攻擊的只是周必大個人，而不希望周必大去相波及其底下的道學之士：

> 益公（周必大）之門多佳士，相繼去國者眾，太學博士沈有開應先爲留丞相所厚，力勸以拔用知名之士，留丞相從之，自是一時善類多聚于朝。﹝註48﹞

另據余英時先生的考證，留正當政後所以能擢用理學之士，是因靠著周必大

﹝註43﹞周、留不合的因素，史料都含糊帶過，如《道命錄》，卷六〈劉德脩論道學非程氏之私言〉只說：「留正相，爲次輔，與益公不合。」頁13；《攻媿集》，卷九十四〈周公神道碑〉只說周必大被諫官攻去，而不提及周、留不合，頁20。因此無法提出較爲肯定的解釋。

﹝註44﹞李心傳，《道命錄》，收入《宋史資料萃編》（台北：文海，1981年），卷六〈劉德脩論道學非程氏之私言〉，頁13。

﹝註45﹞《宋史》，卷三九四〈何澹〉，頁12025。

﹝註46﹞《西山先生眞文忠公文集》，卷四十三〈劉閣學墓誌銘〉，頁5。

﹝註47﹞《朱熹的歷史世界》，第十一章，〈官僚集團的起源與傳承〉，指出王淮任相時，助其攻道學的陳賈，是何澹的姑父，而何澹爲官僚集團二代領袖，頁640～641。

﹝註48﹞《道命錄》，卷六〈劉德脩論道學非程氏之私言〉，頁13。

為相時所擬的《荐士疏》，〔註49〕可見留正不但不願連帶攻擊周必大底下的「佳士」，還進一步拔選周必大所擬而未用的道學型士大夫。這便顯現周必大、留正同屬道學集團，兩人間的鬥爭並未使道學集團產生內部分裂，因此留正還能繼續重用「知名之士」。劉光祖在這點上當然與留正立場相同，而就是在面對道學集團的態度上，劉光祖與何澹出現了分歧：

> 澹嘗與所善劉光祖言之，光祖曰：「周丞相豈無可論，第其門多佳士，
> 不可併及其所薦者。」澹不聽。〔註50〕

照行文來看，何澹與劉光祖所說的，應該就是如何彈劾周必大，但劉光祖卻認為周必大底下有許多人才，是周值得稱道之處，並希望何澹不要連帶攻擊「佳士」，何澹的「不聽」，便顯示他實際上對道學集團持敵視態度。據說何澹在看了劉光祖為道學辯護的〈道學非程氏私言〉後，「恍惚者數日，至餌定志丸。」〔註51〕他對道學的恐懼可想而知。何澹所以排斥道學，除了余英時先生所論因他身為「官僚集團」的第二代領袖，應該也與他和姜特立的交結有關，因為被指為「曾、龍再出」的姜特立，更容易感受到道學集團對自己的威脅。故而，何澹只是表面上助留正攻周必大，他骨子裡的政治立場是助姜特立排擠道學型士大夫。因此，史料說何澹「不聽」劉光祖要其保全善士的勸告，使我們合理懷疑何澹就是攻去尤袤的「言者」，這即是他在攻周必大之餘一起攻去「佳士」的實例之一。總之，周必大的罷相，表面上是道學集團內部成員的衝突，然實際上近習已與官僚型士大夫聯合，藉機暗中打擊道學集團。

道學集團當然不會坐視近習的勢力膨脹。劉光祖任殿中侍御使的任務就是要彈劾姜特立的黨羽。原本劉光祖有機會彈劾何澹，但卻因與何澹曾有交情而放過：

> 劉公（光祖）入臺也，識者望其擊何（澹）去之，以絕禍本，而劉
> 公不忍，但擊陳、黃罷之。〔註52〕

劉光祖擊去的「陳、黃」即指陳賈、黃掄：

> 劉公入對，復論前諫議大夫陳賈，今右正言黃掄，憸黠佞柔，清議
> 所非。出賈與祠，掄補郡。二人皆攻道學者也。〔註53〕

〔註49〕《朱熹的歷史世界》，第十章，〈孝宗與理學家〉，頁 598。
〔註50〕《宋史》，卷三九四〈何澹〉，頁 12025。
〔註51〕《道命錄》，卷六〈劉德脩論道學非程氏之私言〉，頁 13。
〔註52〕同註 51，頁 14。
〔註53〕同註 51，頁 13。

根據余英時先生的考證，黃掄與姜特立很有交情，〔註54〕陳賈是何澹的姑父，因此與姜特立關係良好也可想而知。此外，劉光祖又攻去與近習結交的葉翥、沈揆：

> 戶部尚書葉翥，太府卿兼中書舍人沈揆，結近習圖進用，公皆劾去之。〔註55〕

據余英時先生的論證，劉光祖劾去的陳賈、黃掄、葉翥、沈揆都是官僚集團的成員，〔註56〕他們都與近習姜特立交結，應該並不偶然。官僚集團自王淮當政時就敵視道學，而被視爲「曾、龍再出」的姜特立則更有理由對道學仇視，以致近習與官僚集團一拍即合。姜特立因爲有皇權的憑藉，故在與官僚集團的互動似乎佔據上風，姜特立甚至「昌言臺諫皆其門人」，〔註57〕此言雖然誇張，但確實不虛，右諫議大夫何澹、右正言黃掄都是依附姜特立者，前引史料也表明何澹的坐上客都是「姜、譙之徒」，可見姜特立將官僚型士大夫視爲「門人」、「門徒」。因此，對劉光祖而言，彈劾官僚集團的成員，不但是保護道學集團，也是爲了對抗有皇權撐腰的近習姜特立，同時他也堅持了道學型士大夫長期以來的反近習立場。

攻去周必大去後，留正獨相，他並沒有愧對身爲道學集團一員的身分，劉光祖削弱姜特立羽翼後，留正也把握機會攻擊姜特立：

> 光宗受禪，主管左右春坊姜特立隨龍恩擢知閤門事，聲勢浸盛。正列其招權預政狀，乞斥逐，上意猶未決。會副參闕，特立謁正曰：「上以丞相在位久，欲遷左相，葉翥、張杓當擇一人執政，未知孰先？」正奏之，上大怒，詔特立提舉興國宮。〔註58〕

這段史料余英時先生已做過分析。〔註59〕這裡要補充的是，姜特立的受逐與乾道三年曾覿、龍大淵受逐的情形非常近似，〔註60〕都是宰執早有意逐近習，後來終於找到近習洩漏人事任命的具體事證，進而成功逐走近習。

〔註54〕《朱熹的歷史世界》，第十一章，〈官僚集團的起源與傳承〉，指出與姜特立交結的官僚型士大夫有黃掄、何澹、許及之、丁逢、葉翥，頁661～669。

〔註55〕《西山先生真文忠公文集》，卷四十三〈劉閣學墓誌銘〉，頁5。

〔註56〕《朱熹的歷史世界》，第十章，〈孝宗與理學家〉，頁616。

〔註57〕《宋史》，卷三八九〈尤袤〉，頁11928。

〔註58〕《宋史》，卷三九一〈留正〉，頁11974。

〔註59〕《朱熹的歷史世界》，第十章，〈孝宗與理學家〉，頁535；第十一章，〈官僚集團的起源與傳承〉，頁660。

〔註60〕參見第一章第三節。

不論是過去的曾、龍，或是現今姜特立的逐退，道學型士大夫都未因而放鬆對近習的戒備，他們繼續利用面見皇帝的機會，向皇帝灌輸近習用事之弊。淳熙十六年十月，楊萬里有機會到臨安向光宗奏事，他上奏道：

> 臣竊觀陛下臨御以來，……總攬天下之大柄，而歸之於獨斷。……然古之帝王，固有知以一己攬其權，而不知臣下竊其權者，大臣竊之則權在大臣，大將竊之則權在大將，外戚竊之則權在外戚，近習竊之則權在近習。竊權之最難防者，其惟近習乎？蓋近習之在君側，何起居之不侍？何言語之不聞？……今陛下始初清之日，福威玉食莫不惟辟，禮樂征伐莫不自天，豈容有此？而近習者乃有以招權用事，自抵譴黜，陛下赫然震怒，屏之外服，此天下所以詠歌奮激，仰服聖斷而不能自已也。〔註61〕

楊萬里表面上在頌揚光宗能屏退近習，但更重要的是，他提醒光宗近習是各類型竊權者中最難防範的，〔註62〕目的無非是希望光宗能杜絕干權的近習再度出現。陳傅良也向光宗說「陛下踐祚以來，不信近習而信外廷；不聽游言而聽公論，亦既深得藝祖之意矣。」〔註63〕與其說是稱頌光宗，不如說是藉讚美來提醒光宗「不信近習」是祖宗的深意。

在第一章已論及，伴隨近習干政的，是皇帝頻繁以「內降」、「中出」、「御筆」的方式施政，在這點上，光宗也繼承了孝宗。據說「光宗初即位，內降頗多」，〔註64〕這正是前引楊萬里指光宗攬權獨斷的反映，此當然也為姜特立用事創造了有利條件。然而，頻繁的「內降」，並未隨姜特立的驅逐而結束。羅點在紹熙元年（1190）拜吏部侍郎時，便向光宗「極言內降之弊」，並指杜絕「內降」是「陛下之家法也」。〔註65〕紹熙二年（1191），光宗因天災而下詔求言，羅點又上疏說：

> 御筆處分，祖宗所無，今紛焉四出，不由進擬，則宰執之職可廢矣；不經鸞臺鳳閣，何名為敕，今而直降，則給舍之職可廢矣。……今左

〔註61〕《誠齋集》，卷六十九〈己酉自筠州赴行在奏事十月初三日·第二劄子〉，頁24～25。

〔註62〕這段話將近習之害置於大臣、大將、外戚之上，充分反映南宋中期近習干政的特點，若時代是在西漢末，外戚之害可能會被置於他種身分之上。

〔註63〕《止齋先生文集》，卷二十〈轉對劄子〉，頁14～15。

〔註64〕《攻媿集》，卷九十六〈彭公神道碑〉，頁4。

〔註65〕《絜齋集》，卷十二〈羅公行狀〉，頁197。

> 右近習雖不敢擾政，而簪履微臣，猶出入宮掖，道途之語，至謂宰執
> 之拜罷，臺諫之進退，將帥之廢置，章疏之可否，非其人不決。往來
> 之間，蹤蹟秘密，使人主受謗，中外切齒，亦豈門戶之福哉。〔註66〕

「簪履微臣」與近習有何不同，羅點並未說明，但他們在皇帝左右，影響外廷人事任命的舉動，與近習似無差異；並且，他們可能記取姜特立的前車之鑑，不敢招搖行事，改以「蹤蹟秘密」的低調路線。可見「御筆」、「直降」的施政方式仍然持續，外廷宰執的權責仍不時被侵奪。

「內降」的持續，似乎暗示了姜特立有被召回的可能。紹熙四年（1193），彭龜年收到召姜特立的小報，第二天雖得知為虛傳，但他仍感到不放心，於是趕緊寫信給宰相留正，其中說到：

> 當此報之傳也，某密察之人情，特善類以為慮耳，其他泛泛不問者
> 固亦不少，聞之而喜者不知幾人。……相公斥逐特立無幾日，一時
> 仕路寖清，朝綱頓肅，某以為或可以有為。……廟堂緣一時既逐此
> 人，諸事每畏其激，或少有過舉，未免放過，而不知今日放過一件，
> 明日放過一件，日往月來，積習成慣，遂致無可奈何。〔註67〕

所謂「善類」應該多屬道學集團，而「喜者」則應屬官僚集團，可見彭龜年十分注意朝臣對近習的態度，但他對所觀察到的現象十分憂心；彭龜年並指責留正攻去姜特立後，反而因為害怕過「激」，開始得過且過。早在乾道後期的張說事件，喻樗便曾警告「激實生患，故東漢有士大夫之禍」，〔註68〕留正避免過激，或許也是為避免升高衝突而引起黨禍。按，彭龜年從學於張栻和朱熹，〔註69〕在慶元黨禁中名列黨籍，其為道學型士大夫當無疑。

然而到了五月，光宗正式召回姜特立。留正對此表達了不願妥協的抗議：

> （紹熙四年）五月……丙戌，……召浙東總管姜特立。丞相留正以
> 論特立不行，乞罷相，不報。……六月丙申朔，留正出城待罪。……
> 秋七月，……己巳，留正復論姜特立，繳納出身以來文字，待罪于

〔註66〕同註65，頁199。
〔註67〕彭龜年，《止堂集》，收入《四庫全書珍本·別集》（台北：商務，1975年），卷十二〈上丞相論虛傳姜特立召命書〉，頁5。
〔註68〕見第三章第二節。
〔註69〕《攻媿集》，卷九十六〈彭公神道碑〉：「（彭龜年）問南軒張公中庸語孟大義，至是義理愈明，開發後進，摳衣北面者日眾；復與劉子澄清之往復問辯，時相與折衷于晦菴朱公，而學愈成矣」，頁4。

范村。……十一月……戊寅，帝朝重華宮，都人大悅。遣右司郎官
徐誼召留正于城外。庚辰，正始入朝，復赴都堂視事。命姜特立還
故官。〔註70〕

從五月到十一月，留正為了反對姜特立而出城待罪，僵持了近半年之久。最
後光宗讓步，召回留正，姜特立再遭外逐的命運。〔註71〕光宗的妥協，並非
留正孤軍奮鬥的成果，當時在朝的道學型士大夫，莫不奉獻一己之力：

六月……戊戌，祕書省著作郎沈有開，著作佐郎李唐卿，祕書郎范
鏑、彭龜年，校書郎王爽，正字蔡幼學、顏棫、吳獵、項安世上疏，
乞寢姜特立召命。〔註72〕

余英時先生分析這段史料說：

九人之中後來名列慶元黨禁者至少有五，即沈有開、彭龜年、蔡幼
學、吳獵、項安世（范鏑疑即范仲鏑，若然，則為六人）。李唐卿則
疑是朱熹門人，單王爽、顏棫二人待考。無論如何，此疏代表了理
學集團的集體抗議。〔註73〕

可見反姜特立除命的士大夫，大多屬道學集團。其中彭龜年還「勉樞廷爭之」，
〔註74〕所謂樞廷，應是指道學的支持者、時為知樞密院事的胡晉臣和同知樞
密院事的趙汝愚。〔註75〕此外，曾被指為周必大黨而奉祠的尤袤，於紹熙三
年（1192）召回，〔註76〕任給事中，他此時上封事說：「至姜特立召，尤
為駭聞。……彼其閑廢已久，含憤蓄怨，待此而發，儻復呼之，必將潛引黨類，
力排異己，朝廷無由安靜。」〔註77〕可見尤袤擔憂姜特立若召回，將對道學
集團展開報復性攻擊；羅點行狀也說他「陳源之與內祠，姜特立之趣召，皆
駁奏其姦，命寢而後止。」〔註78〕

〔註70〕《宋史》，卷三十六〈光宗〉，頁705～707。
〔註71〕光宗的妥協原因雖不得其詳，但應與其到重華宮見太上皇孝宗有關。光宗患
　　　　心疾後，便稱病不願見孝宗，對此上諫最力的也是道學型士大夫，可參見《朱
　　　　熹的歷史世界》，第十二章，〈皇權與皇極〉，頁788。因此十一月戊寅，光宗
　　　　朝重華宮，又於同日召回留正，應有連帶關係。
〔註72〕《宋史》，卷三十六〈光宗〉，頁705。
〔註73〕《朱熹的歷史世界》，第十一章，〈官僚集團的起源與傳承〉，頁660。
〔註74〕《攻媿集》，卷九十六〈彭公神道碑〉，頁6。
〔註75〕《宋史》，卷二一三〈宰輔四〉，頁5588。
〔註76〕此時留正當政，亦可旁證他對周必大底下「佳士」的援引。
〔註77〕《宋史》，卷三八九〈尤袤〉，頁11929。
〔註78〕《絜齋集》，卷十二〈羅公行狀〉，頁206。

就此而論，道學型士大夫並未因孝宗的退位而結束他們反近習的「使命」，光宗即位後，他們不但要面對官僚集團的打壓，還要繼續對付他們的「宿敵」——擁有近習身分的姜特立。姜特立的個人才能與升遷模式，都讓道學集團想起了孝宗朝的曾覿、龍大淵，且姜特立夾帶的皇權之勢，幾乎把依附他的官僚集團成員視作門徒，勢力之大，使道學型士大夫說什麼也要把他屏之於外。姜特立的先逐後召，也幾乎重演了乾道四年到六年孝宗召回曾覿的一場拉鋸戰，事隔二十三年，道學型士大夫依舊扮演著極力阻止召回近習的角色。欣慰的是，最後光宗放棄召回姜特立，然而到了寧宗朝，面對近習韓侂冑，道學集團卻不再那麼幸運了。

第三節　寧宗前期：道學型士大夫對近習韓侂冑的批判

紹熙五年（1194）六月，太上皇孝宗去世，光宗不肯執喪，引起重大的政治危機。當時的知樞密院事趙汝愚透過知閤門事韓侂冑從中傳話，得到太皇太后的支持，讓光宗退位，皇子嘉王即皇帝位，是為寧宗。此事件後，韓侂冑自居有功，希望升任節度使，卻被趙汝愚拒絕，兩人因此關係破裂。此後，韓侂冑靠著寧宗的信任，漸掌大權，驅逐趙汝愚及其黨羽，並將之禁錮，不得為官，此即「慶元黨禁」。因此，歷來討論慶元黨禁的文章，大都將之視為韓侂冑與趙汝愚兩人間的政治鬥爭，並因而波及趙汝愚所引用的道學家。〔註79〕然而，我們若將此事件放在南宋中期的政治發展脈絡來理解，則

〔註79〕如酈家駒，〈試論關於韓侂冑評價的若干問題〉，《中國史研究》，第二期（1981年，北京），頁147～161；俞兆鵬，〈略論朱熹與慶元黨禁〉，《南昌大學學報（社會科學版）》，第二十五卷第四期（1994年，江西），頁85～117；程誌華，《學術與政治：南宋「慶元黨禁」之研究》，清華大學歷史所碩士論文，1996年；以及一些通論性著作，如劉伯驥，《宋代政教史》，〈韓侂冑專政〉一節，對慶元黨禁始末有詳細介紹，認為「韓侂冑爭權奪柄，專以排斥趙汝愚為事。」頁416；陳振，《宋史》，頁490～491；何忠禮、徐吉軍，《南宋史稿》，頁246。另外也有其他種觀點，如張義德的〈如何評價慶元黨禁〉，《中國文化研究》，第十八期（1997年，北京），頁9～15，將當權者（韓侂冑）打壓學術的原因解釋為對思想領域中的新東西（非官方）的傳佈之不信任甚至恐懼感，但作者未提出任何史料支持此觀點；又如韓隆福的〈論韓侂冑與開禧北伐〉，《常德師範學院學報（社會科學版）》，第二十四卷第五期（1999年，湖南），頁42～46，肯定韓侂冑是民族英雄，認為朱熹的理學「已成為主和派投降的理論支柱」（但作者此論點只引二手研究為依據），因此韓侂冑上台後，反道學的鬥爭是為北伐掃除思想障礙。

不該忽略道學集團的主動性，他們對具有近習身分的韓侂胄之批判，〔註 80〕
或許才是引發黨禍最關鍵的因素；甚至，開禧北伐之所以會發生，也必須放
在此脈絡下來理解，北伐時期，道學型士大夫的反應，也該從孝宗朝找尋其
根源。

　　我們若對比韓侂胄和曾覿的仕宦歷程，會發現兩者相似度極其的高。《宋
史・佞幸》：

> 曾覿字純甫，其先汴人也。用父任補官。紹興三十年，以寄班祗候
> （按，應爲「閤門看班祗候」之誤）〔註81〕與龍大淵同爲建王內知
> 客。孝宗受禪，……覿自武翼郎除帶御器械，幹辦皇城司。……未
> 幾，卒以……覿，文州刺史、權知閤門。……六年……十月，覿以
> 京祠召。七年，……升承宣使。八年，……除武泰軍節度使，提舉
> 萬壽觀。淳熙元年，除開府儀同三司。……六年……加覿少保、醴
> 泉觀使。〔註82〕

韓侂胄的傳記則被放入《宋史・姦臣四》：

> 韓侂胄，字節夫，……。侂胄以父任入官，歷閤門祗候、宣贊舍
> 人、帶御器械。淳熙末，以汝州防禦使知閤門事。……寧宗既立，
> 侂胄欲推定策恩，……而侂胄但遷宜州觀察使兼樞密都承旨。侂胄

〔註80〕 大部分討論韓侂胄的文章，並不重視或未注意其近習身分，而安倍直之，〈南
　　　　宋孝宗期の皇帝側近官〉，《集刊東洋學》，第八十八卷（2002 年，仙台市），
　　　　頁 83～103；藤本猛，〈武臣の清要──南宋孝宗朝の政治狀況と閤門舍人〉，
　　　　《東洋史研究》，第六十三卷第一號（2004 年，京都市），頁 1～35，都注意
　　　　到韓侂胄實爲近習，在這兩篇文章末尾，作者都認爲韓侂胄的專權，是來自
　　　　於孝宗朝高漲的皇權與近習的人事介入，與秦檜的專權有本質上不同。但對
　　　　此論點，兩篇文章都點到爲止。而寺地遵，〈韓侂胄專權の成立〉，《史學研究》，
　　　　第二四七期，（2005 年，廣島），頁 20～43，具體說明了韓侂胄是孝宗朝御筆
　　　　近習政治的延續，並將之視爲韓侂胄得以專權的原因之一，但文中主要仍把
　　　　慶元黨禁視作韓侂胄和趙汝愚兩人的權力鬥爭。小林晃，〈南宋中期における
　　　　韓侂胄專權の確立過程〉，《史學雜誌》，第一一五期（2006 年，東京），頁 31
　　　　～54，在寺地遵的基礎上，進一步分析寧宗即位時的「政治空間」，以說明有
　　　　側近性的韓侂胄得以專權的原因。
〔註81〕 《建炎以來繫年要錄》，卷一八六，紹興三十年九月條：「庚子，敦武郎權閤
　　　　門看班祗候曾覿爲建王府內知客。」頁 651-2，與《宋史》言曾覿爲「寄班祗
　　　　候」不同，據龔延明，《宋代官制辭典》，頁 62，寄班祗候是內侍官，然曾覿
　　　　並非宦官，故應該以《要錄》所記爲是，「閤門看班祗候」是閤門的低層官。
〔註82〕 《宋史》，卷四七○〈佞幸〉，頁 13688。

> 始觖望，然以傳導詔旨，浸見親幸，時時乘間竊弄威福。……未
> 幾，……侂胄進保寧軍承宣使，提舉佑神觀。……已而侂胄拜保寧
> 軍節度使，提舉佑神觀。……侂胄加開府儀同三司。……四年，侂
> 胄拜少傅，五年……遷少師。……六年，進太傅。……（嘉泰）三
> 年，拜太師。〔註83〕

可見兩人都自親近皇帝的閤門開始任官，由較低級的閤門（看班）祗候升遷
至（權）知閤門事，並也都曾任隨侍在皇帝身旁的「帶御器械」；〔註84〕兩人
也都在武官的升遷系統中升至節度使的尊位，並因爲奉內祠而繼續留在皇帝
身邊；爾後更升至寄祿官的最高階「開府儀同三司」。〔註85〕所不同的是，韓
侂胄曾以知閤門事兼任「樞密都承旨」，曾覿卻未曾任後者，但在孝宗朝，龍
大淵、張說、王抃等近習的重要特色正是擔任此二職，〔註86〕而韓侂胄也就
是因兼任此二職，才能夠「傳導詔旨，浸見親幸」。當然，韓侂胄的「成就」，
也不是曾覿等人所能比擬，韓侂胄從少傅升至太師，反映了南宋中期近習勢
力的進一步膨脹。

　　因此，韓侂胄無疑有很鮮明的近習身分，當時便已有人將他與曾覿對比：

> （傅）伯壽，自得之子。乾道間自得以不受曾覿之招名聞四方，至
> 伯壽則奴事侂胄、隸人蘇師旦，致身通顯，其弟伯成非其所爲，每
> 切責之。〔註87〕

在第一章第三節，我們曾提到傅自得拒絕曾覿的拜謁，並讓兩子伯壽、伯成
從學於朱熹；這段史料則對比自得與子伯壽截然不同的行爲，前者嚴拒曾覿，
後者卻親附韓侂胄。〔註88〕然這段史料在有意無意間也把曾覿和韓侂胄相提
並論了。〔註89〕

〔註83〕　《宋史》，卷四七四〈姦臣〉，頁 13771～13773。
〔註84〕　可參考龔延明，《宋代官制辭典》，頁 421。
〔註85〕　同註84，頁 568。
〔註86〕　《文忠集》，卷六十七〈蕭公神道碑〉：「（淳熙）八年冬召還。……近例，知
　　　　　閤官兼樞密都承旨。」頁 15。可參考第二章第一節。
〔註87〕　不著撰者，《兩朝綱目備要》，收入《宋史資料萃編》（台北：文海，1967 年），
　　　　　卷四，慶元元年五月戊戌詔誡風俗條，頁 10～11。
〔註88〕　在第三章第二節，提到龔茂良事件波及傅伯壽，然如今傅伯壽已轉變他道學
　　　　　型士大夫的身分，依附韓侂胄。
〔註89〕　彭龜年也曾把韓侂胄與光宗朝的姜特立相提並論，羅大經，《鶴林玉露》，收
　　　　　入《唐宋史料筆記叢刊》（北京：中華，1983 年）甲編，卷三〈慶元侍講〉：「時
　　　　　子壽（彭龜年）出護使客，回則公（朱熹）已去矣，即上章攻侂胄云：『……

紹熙五年，朱熹受召入臨安，「在道聞南內朝禮尙闕，近習已有用事者。」
〔註90〕可見在朱熹的認知中，用事的韓侂冑確爲近習身分，這是長期反近習
的朱熹所無法容忍的。他入京後擔任寧宗的侍講，自然無法緘默。十月底，
在一次爲寧宗講課結束後，朱熹上了〈經筵留身面陳四事箚子〉，其中傳達了
許多重要訊息：

> 至於朝廷紀綱，尤所當嚴，上自人主，以下至於百執事，各有職
> 業，不可相侵。蓋君雖以制命爲職，然必謀之大臣，參之給舍，使
> 之熟議以求公議之所在，然後揚于王廷，明出命令而公行之，……
> 此古今之常理，亦祖宗之家法也。今者陛下即位未能旬月，而進退
> 宰執、移易臺諫，甚者方驟進而忽退之，皆出於陛下之獨斷，而大
> 臣不與謀，給舍不及議，……況中外傳聞，無不疑惑，皆謂左右或
> 竊其柄，而其所行又未能盡允於公議乎！此弊不革，臣恐名爲獨
> 斷，而主威不免於下移，欲以求治，而反不免於致亂。蓋自隆興以
> 來已有此失，臣嘗再三深爲壽皇（孝宗）論之，非獨今日之憂也，
> 尚賴壽皇聖性聰明，更練世事，故於此輩雖以驅使之故稍有假借，
> 實亦陰有以制之，未至全墮其計，然<u>積習成風，貽患於後</u>，其害已
> 有不可勝言者。〔註91〕

朱熹指出，寧宗的「獨斷」，事實上是使權力下移到左右竊柄的近習。接著，
朱熹追溯了近習用事的弊端，他明確指出，此弊端始自「隆興以來」，這當然
便是指曾鬧得沸沸湯湯的「曾龍事件」，〔註92〕朱熹說自己曾經「再三」向孝
宗諫此弊病，「再三」雖是虛數，但朱熹一生共面見過孝宗三次，確實都把近
習用事問題放在最重要的進諫事項，〔註93〕而今，他親眼目睹近習用事的「積
習」，「貽患」到寧宗朝，並且愈發嚴重，恐怕更不免憂心忡忡，自己一生最

在太上皇朝，始用姜特立，大臣尚能逐之使去。後用袁佐，諫官尚能論之使
懼。不謂陛下初政清明，有臣如此，乃無一人敢出一語，則其聲勢可知矣。』」
頁41～42。
〔註90〕《朱熹年譜》，〈附錄一：朱先生行狀〉，頁510。
〔註91〕《晦庵先生朱文公文集》，卷十四〈經筵留身面陳四事箚子〉，頁680～681。
〔註92〕見第一章第一節。
〔註93〕《晦庵先生朱文公文集》，卷十一〈戊申封事〉：「抑臣於此又竊有感而自悲焉：
蓋臣之得事陛下，於今二十有七年矣，而於其間得見陛下，數不過三。自其
始見於隆興之初，固嘗輒以近習爲言矣，辛丑再見，又嘗論之。今歲三見，
而其言又不過此。」頁613。

努力對抗的政治弊端，到最後竟要徒勞無功。朱熹語重心長的一段話，便將孝宗即位到寧宗朝的整個南宋中期最重要的政治特色點出了，那便是近習用事問題。而此問題之所以會屢生不絕，又是因爲朱熹在這段話前半部所指出的「朝廷紀綱」未受遵守，這使外廷的宰執、給舍無法在其職位上守其「職分」，內廷的近習則可趁機干政，甚至侵奪外廷臣僚的權責。可以想見，在此情況下御筆政治應該十分盛行，據吳獵行狀說：

> （紹熙五年）九月丁卯（吳獵）除監察御史，其冬以灾異求言，公疏五事以諫：「……三曰，寢御扎以專廟堂之責。……」是時上趣修大內，韓侂胄已從中用事，黜陟賞刑率託之御筆。君子小人之勢將不兩立，故公縷縷及之。……自後御札日盛。〔註94〕

可見在九月時，吳獵已經爲御筆政治上諫過，朱熹所上的箚子在十月，他所感受到的問題嚴重性，可能更超過吳獵。

以上，我們說明了韓侂胄延續了孝宗以來的政治特色，即他同樣是依附在御筆政治下的近習，那麼，道學型士大夫對韓侂胄持批判態度可說是已在預料之中。這裡所要指出的是，道學型士大夫對韓侂胄的反對，早在光宗朝就已開始。《宋史·尤袤》：

> 韓侂胄以武功大夫、和州防禦使用應辦賞直轉橫行，袤繳奏，謂：「正使有止法，可回授不可直轉。侂胄勳賢之後，不宜首壞國法，開攀援之門。」奏入，手詔令書行，袤復奏：「侂胄四年間已轉二十七年合轉之官，今又欲超授四階，復轉二十年之官，是朝廷官爵專徇侂胄之求，非所以爲摩屬之具也。」命遂格。〔註95〕

可見尤袤極力反對韓侂胄的快速升遷。而道學集團的成員黃裳，〔註96〕在光宗朝任給事中時，也曾繳駁韓侂胄的除命。〔註97〕留正在光宗朝任宰相時，

〔註94〕《鶴山先生大全集》，卷八十九〈吳公（獵）行狀〉，頁6～7。

〔註95〕《宋史》，卷三八九〈尤袤〉，頁11927～11928。

〔註96〕《宋史》，卷三九三〈黃裳〉：「有王府春秋講義及兼山集，論天人之理，性命之源，皆足以發明伊、洛之旨。嘗與其鄉人陳平父兄弟講學，平父，張栻之門人也，師友淵源，蓋有自來云。」頁12006；又卷三九二〈趙汝愚〉：「會黃裳、羅點卒，侂胄又擢其黨京鏜代點，汝愚始孤。」頁11988，可見黃裳篤信道學，並爲趙汝愚的支持者。亦見《朱熹的歷史世界》，第十章，〈孝宗與理學家〉，頁586～588對黃裳的考證。

〔註97〕《宋史》，卷三九三〈黃裳〉：「裳在瑣闥甫一月，封駁無慮十數。韓侂胄落階官，鄭汝諧除吏部侍郎，裳皆繳其命。」頁12002。

甚至「在都堂眾辱侂胄」。〔註98〕可見道學型士大夫看不起近習，也對之甚為防範。在前引《宋史・姦臣四》韓侂胄在孝宗朝於閤門任職，而光宗朝的姜特立，在孝宗朝同樣是閤門官，兩人可說是同僚，彼此可能已熟識，甚至交好；〔註99〕並且，韓侂胄在淳熙末任知閤門事，姜特立則是隨著光宗受禪才任知閤門事，因此在孝宗末年，韓侂胄應短暫擔任過姜特立的長官。〔註100〕姜特立在道學集團的圍攻下，很快就被趕出臨安，但任知閤門事的韓侂胄，卻得以隨侍在光宗旁，韓侂胄後來上給寧宗的奏疏中便回憶道：「光宗皇帝嗣登大寶，亦蒙眷遇，每獲欽奉清閒之燕。」〔註101〕韓侂胄既與姜特立熟識，則很可能在光宗朝，韓侂胄就已被神經敏感的道學型士大夫視作須要防範的近習了。

　　《慶元黨禁》「偽黨」名單中開列的五十九位道學型士大夫，〔註102〕絕非是趙汝愚與韓侂胄鬥爭的「無辜」牽連者，他們事實上多是因投身入反近習韓侂胄的奮鬥中，而被禁錮。除了前面引到朱熹、尤袤、黃裳、留正對韓侂胄的反對或侮辱外，可以再舉幾條史料來印證：

> 事定（指寧宗即位），侂胄意望節鉞，忠定（趙汝愚）不與。知閤劉弼乘間言曰：「此事侂胄頗有功，亦合分些官職與他。」忠定曰：「渠亦有何大功！」弼語侂胄，侂胄未信，謁忠定以探其意，忠定岸然不交一談。〔註103〕

面對韓侂胄的拜謁，趙汝愚竟然連一句話都不屑說，趙汝愚對韓侂胄的高姿態，顯然是道學型士大夫對近習的典型態度。此外，趙汝愚因在光宗退位、寧宗即位之際有定策功勞，這時又居於宰輔之位，於是他「收召四方之士，

<hr>

〔註98〕《宋史》，卷四七三〈姦臣四〉：「留正舊在都堂眾辱侂胄，至是，劉德秀論正引用偽黨，正坐罷斥。」頁13773。按，留正在寧宗剛即位就被免相，他在都堂羞辱韓侂胄，較可能是其最得勢、即在光宗朝任相的時期。

〔註99〕據《兩朝綱目備要》，卷七，嘉泰元年三月條：「是春，姜特立建節。以和州防禦使為寧遠軍節度使。」頁6～7。嘉泰元年，韓侂胄正得勢，他讓姜特立任節度使，可見兩人關係不錯。韓侂胄與姜特立的關係，也解釋了與姜特立交結的官僚集團，為何能在寧宗朝轉而依附韓侂胄。

〔註100〕韓侂胄和姜特立的關係，解了「官僚集團」為何能在姜特立逐走後，繼續與韓侂胄交結。

〔註101〕《兩朝綱目備要》，卷七，嘉泰元年五月，韓侂胄請致仕不許條，頁9。

〔註102〕謝康倫，〈論偽學之禁〉分析了偽學名單的成分包含朱熹、陸九淵、浙東事功三個重要派別，且彼此交好、熟識，頁176～183。

〔註103〕《鶴林玉露》，甲編，卷四〈紹熙內禪〉，頁63。

聚於本朝，海內引領，以觀新政。」〔註104〕可說是延續留正收召道學型士大夫的政策。然而，越多的道學型士大夫聚於朝廷，反近習的聲勢就越大，一旦遇到黨禍，波及面也會越廣。這些被收召的道學集團成員，便已在朝廷上熱烈討論著如何驅除韓侂冑勢力：

> 時知閣門事韓侂冑出禁中，侵盜權，爲威福，故公（劉光祖）首及之。……公言：「……號令不常者，繇群陰用事故也。……陛下有獨斷之意，乃是小人陰竊主柄之謀，而陛下未之思也。」……既而朱公（熹）除職與郡，公又極言，卒不聽。……先是，吏部侍郎彭公龜年與公素善，每相接必慨然竊歎：「上新即位，豈宜使外戚閣門用事。」欲深論之。小人覘知其意，使出護使客，又斥朱公以孤其黨。彭公使還，密語公曰：「不拔禍根，無以爲國。」公曰：「公爭不勝，必去，朱公既去，公又去，國空無人，亦非所以爲國。」彭公憮然曰：「吾志決矣。」既見上，果力言。侂冑已陰爲計，遂擠彭公于外。〔註105〕

可見劉光祖、彭龜年、朱熹等志同道合的好友，共同爲反對韓侂冑而討論、計畫著。在朱熹罷去侍講後，憂心不已的彭龜年，繼續爲反近習而義無反顧。到了慶元六年（1200），黨禁已持續了六年，仍有呂祖泰冒死攻擊韓侂冑：

> （慶元六年）秋九月十一日甲子，進士呂祖泰投匭上書，略曰：「……願陛下亟誅侂冑及蘇師旦、周筠，而罷逐陳自強之徒。……」書出，中外大駭，侂冑雖怒，甚恐重違人心，會方行明堂禮，故未及問。〔註106〕

呂祖泰言論之激切，可說是典型的道學型士大夫之行事風格，當然，他後來也被列入「僞黨」名單。總之，「道學集團」雖與「官僚集團」敵對，但道學型士大夫最爲反對、仇視的卻非官僚集團成員，而是他們的宿敵，近習韓侂冑。

在〈附錄〉中，我列出了本文各章節出現的曾經反近習或諫恢復的道學型士大夫，從隆興到紹熙，總共44位，能知道生卒年的共42位，〔註107〕其中27位在慶元黨禁前已經去世，剩下的15位在黨禁時仍在世，其中入「僞

〔註104〕《慶元黨禁》，頁7。
〔註105〕《西山先生眞文忠公文集》，卷四十三〈劉閣學墓誌銘〉，頁12～14。
〔註106〕《慶元黨禁》，頁24。
〔註107〕未知生卒年的是傅伯壽和柴衛，其中傅伯壽前文已提及，他在黨禁時幫助韓侂冑，是極少數的「變節者」。

黨」名單的就有十三位，〔註108〕這絕非巧合，而是一方面支持道學的宰相，陸續收召道學型士大夫入朝廷；另一方面則是他們延續了孝宗朝以來的經驗，繼續在寧宗朝反對近習，對他們而言，反對曾覿、王抃、姜特立，或是反對韓侂冑，在本質上並無不同。另兩位未入「偽黨」名單的是楊萬里和袁樞，但他們的境遇和遭黨禁者幾乎沒兩樣。《宋史》楊萬里本傳說他：

> 韓侂冑用事，欲網羅四方知名士相羽翼，嘗築南園，屬萬里爲之記，
> 許以掖垣。萬里曰：「官可棄，記不可作也。」侂冑憲，改命他人。
> 臥家十五年，皆其柄國之日也。〔註109〕

可見楊萬里因爲不在朝爲官而逃過黨禁，但他身爲道學集團的成員，反對韓侂冑的態度同樣十分堅決，在韓侂冑當政的十五年間，拒絕仕宦。袁樞的本傳則說道：

> 寧宗登位，擢右文殿修撰、知江陵府。……尋爲臺臣劾罷，提舉太
> 平興國宮。……自是閑居十載。〔註110〕

可見袁樞在趙汝愚當政時，也被擢用，因在地方任官而沒有機會直接攻擊韓侂冑，但他在生命的最後十年，同樣選擇閑居在家。因此，我們可說，許多反對韓侂冑的道學型士大夫，實是延續了他們在孝宗朝就已建立的反近習立場。道學集團所以遭到黨禍，便非偶然的政治衝突，而是長久以來的政治態勢所造成。他們的團結一致，在遇到勢力夠大的近習如韓侂冑，「朋黨」的罪名，就是近習將道學集團一網打盡的最好方法。

我們也該從韓侂冑的角度來看他如何面對道學型士大夫的攻擊。我們可以想見，韓侂冑曾經親眼目睹他的同僚姜特立被道學集團攻去，自己在光宗朝也已嚐過被道學型士大夫反對甚至羞辱的切膚之痛，如今，他成了寧宗朝最主要的近習，道學型士大夫又在趙汝愚的召用下紛紛入朝，他所承受的壓力恐怕是很大的。據說：

> 疏入，侂冑大怒，陰與其黨謀去其爲首者，則其餘去之易爾。所謂
> 首者，蓋指熹也。〔註111〕

所謂「疏入」是指前面曾引用到的朱熹〈經筵留身面陳四事箚子〉，朱熹揭露

〔註108〕即周必大、朱熹、劉光祖、趙汝愚、蔡幼學、陳傅良、留正、樓鑰、章穎、彭龜年、沈有開、吳獵、項安世。
〔註109〕《宋史》，卷四三三〈儒林三・楊萬里〉，頁12870。
〔註110〕《宋史》，卷三八九〈袁樞〉，頁11936。
〔註111〕《慶元黨禁》，頁9。

韓侂胄乃是承襲孝宗以來的近習政治，這使韓侂胄十分憤怒，韓侂胄在道學集團與自己勢不兩立的情況下，即使只是出於自保，也得要努力排除堅決反對自己的道學集團。〔註112〕因此，韓侂胄的政敵，絕非只是趙汝愚個人，而是以朱熹爲首的道學群體。將朱熹視作「首者」，可見朱熹當時在道學集團中地位崇高，他長期堅決的反近習立場，使他有充分資格擔任領袖。〔註113〕下面這條史料也可見韓侂胄所要對付的實是整個道學集團：

> （慶元）二年正月⋯⋯二十日庚子，趙汝愚歿於衡州。⋯⋯一時號
> 爲君子無不斥逐，太皇太后聞而非之，二十六日甲戌，御筆今後給
> 舍臺諫不必更及舊事，務在平正，以稱朕意。侂胄及其黨皆怒，遂
> 令臺諫爭之，於是右諫議大夫劉德秀、監察御史姚愈、張伯垓力爭
> 以爲不可。乃改爲不必專及舊事，自是侂胄與其黨攻治之志愈急
> 矣。〔註114〕

韓侂胄深刻了解道學型士大夫對自己的威脅，因此他自始至終所要排除的對象就是道學群體，所以趙汝愚的去世並不能使韓侂胄放鬆對道學集團的打擊。〔註115〕與淳熙時期的曾覿一樣，韓侂胄打擊異己的主要工具，就是利用附和自己的臺諫官。

但也如余英時先生所論，「官僚集團」在慶元黨禁中也扮演了重要角色，韓侂胄之所以能夠順利攻去道學型士大夫，便是因爲官僚集團的配合。並且，隨著官僚集團主要成員的去職，韓侂胄最後放寬了黨禁：

> 蓋侂胄用事以來，一等小人知素不齒於名教，懼一旦善類復用，而
> 己斥去，於是橫身以任其責。⋯⋯辛酉歲（嘉泰元年）七月十三日，
> （何）澹罷知樞密院事，魁憝盡去，侂胄亦厭前事，欲稍事更改，

〔註112〕黃俊彥，《韓侂胄與南宋中期的政局變動》（臺灣師範大學歷史所碩士論文，1976 年）認爲：「韓侂胄之所以專擅權柄，未嘗不是道學官僚群排擠太甚，爭之太力而激之使然；韓氏打擊道學官僚群，也可視爲權力之爭中自衛行爲的反映。」頁 47。

〔註113〕本文以朱熹爲靈魂人物，自因如此乃符合歷史情境，而非迷信朱熹的學術地位。

〔註114〕《慶元黨禁》，頁 17～18。

〔註115〕余英時，《朱熹的歷史世界》，頁 680 認爲：「趙汝愚既死，他（韓侂胄）個人的目的已經達到，似沒有對理學集團繼續窮究的必要。」因此推測《慶元黨禁》這段史料的「侂胄」二字是作者在原有史料上自己加入的。但本文認爲，身爲近習的韓侂胄，排斥道學集團的需求應不比官僚集團低。

> 以消釋中外意，時亦有勸其開黨禁，以杜他日報復之禍者，侂冑以
> 爲然。嘉泰二年壬戌春二月朔，詔：「……趙汝愚……可復資正殿學
> 士。」於是黨人之見在者，……咸先後復官。〔註116〕

在留正、趙汝愚先後引用與自己志同道合的道學型士大夫下，官僚集團很自然地受到威脅，因爲前者政治空間的擴張，正會壓縮到後者的政治空間；而道學家對「小人」的排斥，也使官僚型士大夫倍感壓力。因此，這段史料說他們害怕「善類復用，而己斥去」是很有道理的，於是他們也義無反顧地幫助韓侂冑排擠道學集團。然而，官僚集團與近習畢竟性質有所不同，官僚型士大夫與道學型士大夫必須分享外廷同一塊政治大餅，若此消則彼長，且官僚型士大夫已與近習結爲政治盟友，必然難以再見容於道學集團，因此官僚型士大夫不可能容許黨禁的開放；反觀韓侂冑，他雖是道學集團攻擊的主要目標，但他處於內廷，與道學集團並沒有政治資源的競爭；並且，經過黨禁，韓侂冑幾乎壓制了反對聲浪，他在慶元五年也已貴爲「少師」，地位可說相當穩固，因此，可能是爲了避免受後人報復或譴責，何澹罷職後，韓侂冑終於在嘉泰二年（1202）開了黨禁。

　　至此，我們應該可以確定，慶元黨禁的性質，就是道學型士大夫與近習在南宋中期長期對立下，最後也最嚴重的衝突：近習韓侂冑繼承了孝宗以來的御筆近習政治；道學集團也繼承了他們從隆興以來就反對近習的政治立場。而南宋中期的這一政治特色，在南宋後期已有士大夫清楚點明，魏了翁在奏疏中說：

> 興隆（爲隆興之誤）、乾道間，用龍大淵、曾覿，如周必大、張震、
> 龔茂良諸賢皆有論列，孝皇始雖不納，卒以陳俊卿一言逐之。乾道
> 用張說，張栻以侍講上疏，范成大以西掖封還詞頭，周必大以翰苑
> 不草答詔，莫濟在後省不書錄黃，至於臺諫交章爭之。韓侂冑之始，
> 羅點、樓鑰、徐誼、彭龜年、林大中、章穎、鄧馹諸賢皆以近臣首
> 嬰其鋒，……及呂祖泰等皆群起而攻之，〔註117〕於是宰執從官以
> 下，中外之得罪者不下五十餘人。乾、淳餘澤之未泯，其功蓋如此。
> 自慶元二年以後，士氣頓索，習成暗啞。〔註118〕

〔註116〕《慶元黨禁》，頁28～30。
〔註117〕這句話也證實道學型士大夫皆把韓侂冑視爲攻擊的目標。
〔註118〕《鶴山先生大全集》，卷十八〈應詔封事〉，頁10。

魏了翁將「曾龍事件」、「張說事件」與道學集團對韓侂胄的群起反對相提並論，並認為臣僚反對韓侂胄是因為「乾、淳餘澤之未泯」，明確把反韓視作孝宗以來的反近習政爭之延續。真德秀更進一步指出，這些反對近習的臣僚是屬於同一朋黨：

> 嗚呼！二劉公不可復見矣。若永嘉之文亦豈易得哉？〔註119〕其言紹興末迄淳熙中名儒十餘人，言論同、出處偕，如立直木於九達之衢，後生有所望而趨讀之，令人慨歎不已。夫言論同、出處偕，世之所指為朋者也。名儒十餘人，既為一朋，望而趨者不知幾千百，又為一大朋，則士之相朋莫斯時若也。然適足以增淳熙之盛，其功及於紹熙、慶元間。至韓氏用事，惡其朋而禁錮之，其患有不可勝言者。〔註120〕

所謂「二劉公」即指劉夙、劉朔兄弟，在本文第一章曾經提及他們積極地向孝宗諫近習，真德秀為劉夙寫的〈著作劉公奏藁〉，便盛讚他反近習的氣節。〔註121〕因此，真德秀稱這些名儒「言論同、出處偕」，應該就是指他們共同的政治立場（而非彼此常爭論不休的理學思想），尤其表現在反近習上。而他們的共同政治信念，使他們在「紹興末迄淳熙中」形成一「朋黨」，即道學集團。他們反近習的態度，「功及於」紹熙間，表現在反對姜特立上；到慶元間，則表現在反對韓侂胄上。韓侂胄當然厭惡這些總是團結一致攻擊近習的道學型士大夫，最終將之禁錮。

最後討論開禧北伐，這同樣是延續了孝宗朝的大政方針，即孝宗對「恢復」的積極性，甚至是「急進」的恢復政策。《齊東野語》有一段史料說：

> 符離潰師，雖府庫殫竭，士卒物故，而壽皇（孝宗）雄心遠慮，無日不在中原。侂胄習聞其說，且值金虜寖微，於是患失之心生，立功之念起矣。〔註122〕

〔註119〕即指葉適所寫的〈著作正字二劉公墓誌銘〉（見《水心文集》，卷十六），文中有言：「每念紹興末、淳熙終，若汪聖錫、芮國瑞、王龜齡、張欽夫、朱元晦、鄭景望、薛士隆、呂伯恭，及劉賓之復之兄弟十餘公，位雖屈，其道伸矣，身雖沒，其言立矣。好惡同、出處偕，進退用捨必能一其志者也。表直木於四達之逵，後生之所望而從也。」頁12。

〔註120〕《西山先生真文忠文集》，卷三十五〈著作正字二劉公誌銘〉，頁7～8。

〔註121〕同註120，〈著作劉公奏藁〉：「其輪對則斥近倖盜權，以為陰侵陽之應；其上封論事又申言之，至謂流蕩戲狎，常始於燕游之無度，人獸雜亂常出於御幸之無節。嗚呼！其亦可謂激切也。」頁8。

〔註122〕《齊東野語》，卷三〈誅韓本末〉，頁51。韓隆福，〈論韓侂胄與開禧北伐〉，

韓侂冑自己曾說：「臣……誤蒙孝宗皇帝特達之知，擢寘賓閣。」〔註123〕似乎認爲孝宗對自己有知遇之恩。韓侂冑在孝宗朝身爲閤門官，曾跟隨在孝宗左右，他受到孝宗恢復熱情的影響，是很有可能的。韓侂冑掌權不久，慶元元年（1195）八月，就用皇帝的名義下詔：「內外諸軍主帥條將佐士卒器械船艦可用與否，及控扼防守之策以聞。」〔註124〕顯示出他對軍事的重視。不只如此，早於此時，他已經結交了在朝中當人質的吳曦：〔註125〕

> 公（趙汝愚）在相位，客有聞公言欲以吳曦爲文臣帥，問之故，則曰：「武帥他日又嗣掌蜀兵，非國之利。」客嘆而退。是時曦已深交於侂冑，議弗果成，公罷相，侂冑專國十年，曦益得其欲，竟與侂冑表裏興師，而曦首叛如公素憂。〔註126〕

韓侂冑在趙汝愚仍任宰相時就結交吳曦，可見他與吳曦建立交情在趙汝愚罷相的慶元元年二月以前。韓侂冑在掌權初期，一方面留意軍事，一方面結交吳曦，雖然不能就此斷定韓侂冑已決意北伐，但他受孝宗影響的恢復意識，多少使他著意於軍事準備工作。《兩朝綱目備要》載嘉泰元年（1201）吳曦入蜀事：

> 爲興州都統制兼知興州，此開邊之始也。吳氏世職西陲，威行四蜀，列聖皆留其子孫於中朝，所以爲慮者甚遠。……曦久蓄歸蜀之志，朝廷不許，韓侂冑欲握兵權，遂遣曦入蜀。〔註127〕

吳曦入蜀，或可代表韓侂冑早期的恢復準備，在決心北伐後發揮了作用。應該注意的是，嘉泰元年七月，吳曦回到四川，正是何澹去職，韓侂冑已有意開放黨禁之際，開黨禁固然是因爲官僚集團的主要成員皆已去職，但或許也是韓侂冑爲了開邊，不願內部分裂，想進一步團結道學集團力量之故。

《常德師範學院學報（社會科學版）》，第二十四卷第五期（1999年，湖南），頁42～46；李印傳的〈韓侂冑與開禧北伐〉，《安慶師範學院學報（社會科學版）》，第十九卷第四期（2000年，安徽），頁55～60、64，都引此段史料認爲「韓侂冑北伐收復中原的思想因宋孝宗的影響早已牢牢確立」。但細讀這段史料，韓侂冑應該只是受孝宗影響而有恢復意識，讓他決意北伐乃是因其當權時「值金虜寖微」。

〔註123〕《兩朝綱目備要》，卷七，嘉泰元年五月，韓侂冑請致仕不許條，頁9。
〔註124〕《兩朝綱目備要》，卷四，慶元元年八月己巳條，頁13。
〔註125〕吳氏在南宋時候的四川世代爲將，爲了防止吳氏叛變，南宋便留其子孫在朝中爲人質。
〔註126〕《宋代蜀文輯存》，卷七十一〈宋丞相忠定趙公墓誌銘〉，頁15。
〔註127〕《兩朝綱目備要》，卷七，嘉泰元年秋七月己巳吳曦入蜀條，頁12。

因此，若將開禧北伐置於南宋中期的政治型態來考慮，會發現韓侂胄以近習的身分而思恢復並將之付諸實踐，也應該追溯到孝宗朝。孝宗朝的近習便已密切參與了恢復工作，韓侂胄在這點上，似乎無愧於他的前輩。雖然有人勸韓侂胄「立蓋世功名以自固」，〔註128〕然而，當時韓侂胄已位高權重，甚至大膽放寬黨禁，實看不出他有固位的需要，他之所以發動北伐，應該說是受到孝宗朝強大的主恢復聲浪之影響。即便韓侂胄想藉此立下蓋世功名，這也與孝宗的恢復動機沒有本質上的差異。

那麼，開邊之議一興，朝臣的反應又如何呢？真德秀的行狀說道：

> 嘉定改元，（真德秀）遷博士為禮部典檢試卷官。……輪言……又言：
> 「慶元以來，柄臣顓制，……至於北伐，舉朝趨和，而爭之者不數
> 人。」〔註129〕

可見在握有大權的韓侂胄主張北伐下，大部分的朝臣都附和支持，反對者在少數，而不少剛獲解禁的道學型士大夫就是這反對的少數人：

> 侂胄建議開邊，一時爭談兵以規進用。（詹）體仁移書廟堂，言兵不
> 可輕動，宜遵養俟時。〔註130〕

詹體仁曾受學於朱熹，也名列黨籍。他看到眾多談兵利以圖進用的士人，感到十分憂心，他秉持謹慎小心的態度，希望朝廷能再多等待時機。韓侂胄為了凝聚恢復力量，也願意擢用道學型士大夫，但劉光祖「以不習邊事辭」，〔註131〕事實上表達了他不能贊同的態度。長期閑居的楊萬里聽聞北伐的反應則是：

> 忽族子自外至，遽言侂胄用兵事。萬里慟哭失聲，亟呼紙書曰：「韓
> 侂胄姦臣，專權無上，動兵殘民，謀危社稷。吾頭顱如許，報國無
> 路，惟有孤憤！」〔註132〕

可見楊萬里對韓侂胄開邊一事極為反對。吳獵對北伐的態度則是：

> 倡議者方指期克復，而公（吳獵）所陳二疏大抵必欲先內後外，日
> 積月累，使規摹先全，異論不搖，故往往不快於心。〔註133〕

〔註128〕《建炎以來朝野雜記》乙集，卷十八〈丙寅淮漢蜀口用兵事目〉，頁1069。
〔註129〕劉克莊，《後村先生大全集》，收入《四部叢刊正編》（台北：商務，1979年），卷一六八〈行狀・西山真文忠公〉，頁1～2。
〔註130〕《宋史》，卷三九三〈詹體仁〉，頁12021。
〔註131〕《西山先生真文忠公文集》，卷四十三〈劉閣學墓誌銘〉，頁14。
〔註132〕《宋史》，卷四三三〈儒林三・楊萬里〉，頁12870。
〔註133〕《鶴山先生大全集》，卷八十九〈吳公行狀〉，頁9。

同樣是持謹慎保留的態度，而這樣的態度當然不被當權者所喜。同樣曾列黨籍的葉適，雖然參與了北伐工作，但他也向韓侂胄表達了不可輕舉妄動的意見。〔註134〕道學型士大夫在國家與金發生戰事之際，於情於理都難以置身事外，〔註135〕並不能就此認爲他們改變了政治立場，他們對恢復仍然持謹慎小心的「穩健」態度。而開禧北伐前的朝論，也不啻重演了乾道六年「急進派」和「穩健派」的對峙：大多數的朝臣選擇迎合當權者，附和急進的恢復政策，一些未入仕的士人，則藉著迎合恢復謀求一官半職；而道學型士大夫依然扮演著令當權者不悅的反對派，延續了一貫的穩健態度，反對韓侂胄的激進恢復。

最後，我要引眞德秀一段具有總結性的文字，作爲本節的結束。韓侂胄死後約半年，眞德秀在任館職上給寧宗的對策中說：

> 何謂深可畏者二？更化以來，將半載矣。……迺者柄臣氣燄薰燎，豈一旦所能爲哉？漸漬之深，彌縫之久，人主墮其中而不自覺焉耳。……。何謂亟當圖者三，曰戒近習，曰畏小人，曰拯民命。夫謂之近習，固人主之所親而易褻者也。……今公道昭融，固亡此患，獨嘗竊怪邇者一二除授，或煩宸筆，雖以大臣執奏而竟寢，然左右請謁之私蓋不能無撓成憲者矣，其漸誠不可長也。……夫人臣出力以抗權近，非爲身計，爲朝廷惜法度，爲人主惜舉動耳。……愚故謂近習用事之萌不可不戒也。雖然，近習之親暱固人主所當戒，而小人之窺伺，尤人主所當憂，蓋近習之與小人實相唇齒以濟其私者也。方柄臣得志之始，權任尚輕，機械尚淺，未至蕩然亡所制也，惟夫外廷小人志在附麗，於是煽其歅燼之燄，導其方決之流，而柄臣之勢始滔天燎原而不可遏。〔註136〕

眞德秀指出韓侂胄之所以能得勢的原因可歸結爲二，其一是外廷「小人」的依附，其二則點出韓侂胄攬權並非一朝一夕，而是「漸漬之深，彌縫之

〔註134〕《宋史》，卷四三四〈儒林四・葉適〉：「方侂胄之欲開兵端也，以適每有大讎未復之言重之，而適自召還，每奏疏必言當審而後發，且力辭草詔。」頁12894。

〔註135〕如薛叔似、吳獵、葉適都在北伐中參與軍事工作。《宋史》，卷三九七〈薛叔似〉更說他：「叔似夙以功業自期，逮臨事，絕無可稱。……侂胄誅，諫官葉時再論，降兩官，謫福州，以兵端之開，叔似迎合故也。」頁12092，可見薛叔似甚至迎合韓侂胄開邊，但究竟爲道學集團中的極少數。

〔註136〕《西山先生眞文忠公文集》，卷三十二〈館職策〉，頁11～15。

久」，話雖說得含糊，但很有可能便是指整個南宋中期近習不斷干政的現象。〔註137〕此外，我們若不明白南宋中期「近習」的關鍵位置，恐怕便不能理解真德秀此論爲何不防宦官也不防外戚，而要特別防範近習，因爲「近習」，就是牽動南宋中期許多重要道學家之敏感神經的一種特殊身分，基於對「紀綱」的堅持，他們對近習的敵意，不會因近習受逐而放鬆，也不會因近習死亡而懈怠。然而從真德秀的話中可知，他承認現在「公道朝融，固亡此患」，可見韓侂胄死後，已經沒有具有影響力的近習了，真德秀所防的，不過是近習用事「之漸」、「之萌」罷了。往後，南宋的政治在權相史彌遠專權下，開始步上新的一頁。

〔註137〕本文曾引真德秀〈著作正字二劉公墓誌銘〉、〈著作劉公奏藁〉可看出真德秀對南宋中期道學集團的反近習有深刻的認識，可旁證「漸漬之深，彌縫之久」可能便是指近習長期用事的現象。

結　論

　　道學集團激切的反近習運動是南宋中期政治史的鮮明特色，其所造成的影響也是多方面的。道學集團的存在爲許多學者所共知，問題在於，道學集團在何時、爲了何事而形成？道學型士大夫原是一群有共同理念，並對彼此人格懷有尊崇的親友，這使他們「氣類向近」，而容易相互認同、支持。但私交往來未必能保證他們成爲政治集團，當道學型士大夫發覺了共同的反對標靶——近習，他們才凝聚得更緊密，前仆後繼地以相同的思維方式，攻擊近習。這種具有政治意義的行爲，便使他們在皇帝或其他士大夫眼中，成爲一個政治集團〔註1〕。是以，道學集團的成形便在宋孝宗即位後不久，至遲不會晚於乾道六年，因爲在此之前，已有爲數不少的道學型士大夫，透過互相傳訊、慰勉、商討，結成反近習的共同陣營。

〔註 1〕 美國宋史學界流行的看法認爲，南宋士階層精英已失去對政治的熱誠，並將大部分的注意力投入地方社會，致力於家族地位與勢力的發展，以韓明士（Robert P. Hymes）的 Statesmen and Gentlemen : the Elite of Fu-chou, Chiang-hsi, in Northern and Southern Sung.（New York : Cambridge University Press,1986）爲代表；而包弼德（Peter K. Bol）新著 Neo-Confucianism in History（Harvard University Asia Center : Distributed by Harvard University Press, 2008），綜合既有的學術成果，考察南宋道學家在地方社會的活動，認爲南宋士人雖將注意力投入社會，但重視全國性士階層間的聯結，也不排斥在政府中任官以推動社會改革。余英時的《朱熹的歷史世界》則認爲道學家最在意的依然是「得君行道」的政治理想，包弼德寫的書評《對余英時宋代道學研究方法的一點反思》《世界哲學》第 4 期（2004，北京），92～102，就批評余英時未注意到南宋社會的變化，認爲討論南宋士階層，仍應將重點放在社會圈而非政治圈。本論文討論南宋中期道學型士大夫對近習與恢復問題的關注，印證了余英時先生主張的南宋士大夫對政治持有熱情與關切，但亦認爲南宋士階層同時也十分關心地方社會的建設。

　　就近習的立場而言，宋代政治文化中「近習」的負面形象，使他們背負著原罪；孝宗的專權，又使近習無法不干政，這就令他們成為可攻擊的對象。但並非所有的士大夫都願意犧牲政治前途向皇帝諫近習，道學型士大夫便是那種將政治良窳看得比個人得失重要的一群人，他們對近習的撻伐，正顯現他們與其他士大夫不同之處。觀察孝宗即位到淳熙八年的反近習政爭，可發現「曾龍事件」和「張說事件」發生時，在位的臺諫給舍未必是道學型士大夫，但他們多迫於公議而不得不反對近習的除命，亦即，他們的反近習很難說是主動或自願的。然而，道學型士大夫不僅在事件發生之際聲援反近習；更在近習未成為爭論焦點時，不斷透過各種面見皇帝的機會諫近習，甚至在殿試時直言不諱，不惜落得下第。道學集團反近習的積極主動性由此可見。事實上，反近習已成為道學集團的重要文化，任何一位士大夫一旦因「氣類相近」而成為道學中人，便無可避免地站到近習的對立面。

　　將「恢復」議題放在道學集團反近習的政局中來理解，我們才有可能明白朱熹為何說「言規恢於紹興之間者為正，言規恢於乾道以後者為邪」。近習對「恢復」事業廣泛、深入的參與，使外廷部分官僚職權被侵奪，而軍中賄賂公行，也使恢復事業弊病叢生；其次，近習與主恢復宰相所採取的恢復策略是「急進」的，在朝野迎合急進恢復的言論充斥下，南宋很有可能未準備充分就與金開戰。這都使「恢復」在道學型士大夫心目中發生變質，成為非正義群體獲取己利的招牌，於是道學型士大夫不再高喊與金有「不共戴天」之仇，轉而強調恢復須經過多年的準備，甚至贊成暫時與金和議，以攻擊急進的恢復政策。如果我們單看乾道六年以後道學型士大夫的恢復意見，可能會誤以為他們不再積極於恢復，甚至用「自治」的口號來掩飾苟且偷安，然而若把他們的意見放在當時的政治環境中，則可見他們對恢復的「穩建」態度其實是朝中的少數，且是針對「急進」恢復而來。

　　淳熙四、五年發生的「英州之禍」，可看做是道學集團攻擊近習與急進恢復政策後所付出的政治代價。道學型士大夫在政治上的團結一致和穩健的恢復態度，在近習曾覿眼中，就成了「植黨」且「諱言恢復」的形象，龔茂良於是成了道學集團政治堅持的代言人與犧牲者，連帶波及不少在朝的道學型士大夫。「英州之禍」乃由近習指控道學集團「植黨」，近習黨羽謝廓然並要求在省試時壓抑道學，這都開啟了南宋中期道學受攻擊的大門，就此而言，「英州之禍」實為「慶元黨禁」具體而微的前奏。朱熹、劉光祖、樓鑰在孝宗末、

光宗初面對強大的反道學力量，即都把源頭追溯至淳熙前期。

　　到了淳熙九年，重要的近習都已或死或貶，然而道學型士大夫似乎不曾忘卻近習的危害。朱熹在淳熙十五年上給孝宗的〈戊申封事〉便說：

> 臣竊思之，必使陛下聽疏遠之言，而逐其平日深所愛幸之人，誠有所難能者，然此事利害既陳於前，而臣所深憂，又恐其不可爲後聖法也。伏爲陛下深爲宗社子孫萬事之慮，忍而行之，天下幸甚。〔註2〕

朱熹擔憂近習問題若不徹底解決，將會遺患到孝宗以後的皇帝。朱熹的預言不幸成眞，光宗朝的姜特立便被指爲「曾、龍再出」，這樣的指稱也顯示孝宗朝近習留在道學型士大夫心中的陰影一直存在。張端義認爲：

> 韓侂胄柄國，皆由道學諸人激之使然。……寧廟即位，諸公便掩侂胄一日之勞，嗾臺諫給舍攻其專輒之罪，此時侂胄本不知弄權怙勢爲何等事，道學諸公反教之如此爲之弄權，如此爲之怙勢，及至太阿倒持，道學之禍起矣。〔註3〕

這雖可能誇張了韓侂胄的無辜，但也點出了道學型士大夫對近習的過度敏感。平心而論，在道學型士大夫與姜特立、韓侂胄的衝突中，雙方都承受了孝宗以來道學集團與近習衝突的歷史包袱。近習或許干政，但道學集團對「近習」此種身分的過敏，使不論何人，只要一被視爲「近習」，便遭受道學集團毫不留情的堅決反對；面對道學型士大夫的猛力砲火，近習不得不利用皇權加以反擊，雙方必須要爭到有一方徹底失敗才肯罷休。在光宗朝，道學集團戰勝了姜特立；但在寧宗朝，道學集團最後遭到了「慶元黨禁」。慶元元年，黨禁方熾，朱熹在悲憤中，回憶起亡友魏元履諫曾覿事，不免感觸良多，於是寫了〈跋魏元履墓表〉，自白道：

> 元履之塋，熹實銘之，而刻石納壙中矣。其曰：「事有繫安危治亂之機者」，則曾覿召還之命也。時覿勢方盛，熹竊過憂，恐貽異時丘隴之禍，故不欲察察言之，而敬夫（即張栻）復表其墓，亦放此意，故常私念，使吾亡友盡言之忠不白於後世，其咎乃繇於我，每竊愧焉。〔註4〕

愼重地說明魏元履所諫就是當年的近習曾覿。在朱熹的認識中，從孝宗即位

〔註2〕　《晦庵先生朱文公文集》，卷十一〈戊申封事〉，頁594。
〔註3〕　《貴耳集》，卷下，頁63。
〔註4〕　《晦庵先生朱文公文集》，卷八十三〈跋魏元履墓表〉，頁3933。

就出現的近習問題，到自己現在所遇到的黨禁，自有其不可切斷的連貫性。

在南宋中期的政治發展中，宋孝宗扮演著關鍵影響力。他專斷獨裁的統治方式，使「御筆政治」成爲常見的施政模式，孝宗以後的皇帝，若未改變這種施政模式，便爲近習的活躍創造了條件。光宗和寧宗既不如孝宗強勢，他們身旁的近習便因較不受約束，而更容易坐大。對道學型士大夫而言，近習的干政使外廷臣僚無法在其職位守其應負之責，不啻是對「紀綱」的嚴重破壞，這即是道學型士大夫堅持驅逐近習的深層因素。

可以想見，道學集團的存在對孝宗來說是一大威脅。孝宗對權力的欲望，使他重用近習以便御筆政治順利進行；對恢復的熱情，使他急於早日恢復中原，無法忍受漫長的準備與等待。然而，道學型士大夫卻夾帶著「公議」的力量，不斷論諫近習，並試圖阻止急進的恢復政策，這便使孝宗數次陷入挫折與兩難。孝宗一方面努力維護皇權，將反近習的道學型士大夫逐出朝廷，但這反而使道學集團獲得美名；另一方面，孝宗則苦惱於自己因此受損的名聲，於是他有時只好放棄近習的除命，甚至將近習逐走。因此，孝宗對道學集團的觀感其實並不好，這從孝宗不斷懷疑反近習者結黨，責怪道學集團「諱言恢復」，並支持曾覿指控龔茂良植黨可見一斑。藉此，我們也看到皇帝與臣僚間的緊張、衝突關係，與彼此的相互制約、影響。淳熙後期，儘管孝宗意識到急進恢復的不可行，並重用若干持穩健態度的道學型士大夫負責軍務，但孝宗對道學集團的觀感並未徹底翻轉，淳熙八年以後，以王淮爲首的官僚集團仍得以攻擊道學，便是這一情形的反映；朱熹在淳熙十五年要去面見孝宗時，也有人提醒他「『正心誠意』之論上所厭聞，戒勿以爲言。」〔註 5〕就此而言，宋孝宗不但是南宋中期近習的製造者，更是慶元黨禁、開禧北伐的始作俑者。

〔註 5〕《宋史》，卷四二九〈道學三・朱熹〉，頁 12757。

參考及徵引文獻

一、史　料

（一）史　籍

1. 漢・司馬遷，《史記》。台北：鼎文，1981 年。

2. 宋・不著撰者，《兩朝綱目備要》，收入《宋史資料萃編》。台北：文海，1967 年。

3. 宋・不著撰者，《皇宋中興兩朝聖政》，收入《宋史資料萃編》。台北：文海，1967 年。

4. 宋・李心傳，《建炎以來朝野雜記》。台北：藝文，1973 年，據吳興張氏采輯善本彙刊本影印。

5. 宋・李心傳，《建炎以來繫年要錄》，收入《四庫全書》。台北：商務，1983 年。

6. 宋・李心傳，《道命錄》，收入《宋史資料萃編》。台北：文海，1981 年。

7. 宋・李燾，《續資治通鑑長編》。北京：中華，2004 年。

8. 宋・徐自明編，《宋宰輔編年錄》，收入《宋史資料萃編》。台北：文海，1967 年。

9. 宋・徐夢莘，《三朝北盟會編》，收入《宋史要籍彙編》。上海：古籍，1987 年。

10. 宋・樵川樵叟，《慶元黨禁》，收入《宋代傳記資料叢刊》。北京：北京圖書館出版社，2006 年。

11. 元・馬端臨，《文獻通考》。台北：商務，1987 年。

12. 元・脫脫等，《宋史》。北京：中華書局，1977 年。

13. 元・脫脫等，《金史》。北京：中華書局，1975 年。

14. 明・馮琦，《宋史紀事本末》。台北：三民，1956 年。

15. 清・徐松輯，《宋會要輯稿》。北京：中華，1957 年。

16. 清・陸心源輯，《宋史翼》。台北：鼎文，1998 年。

17. 清・黃宗羲，《宋元學案》。台北：河洛，1975 年。

（二）文　集

1. 宋・文天祥，《文山先生全集》，收入《四部叢刊正編》。台北：商務，1979 年。

2. 宋・王十朋，《梅溪王先生文集》，收入《四部叢刊正編》。台北：商務，1965 年。

3. 宋・王之望，《漢濱集》，收入《叢書集成續編》。上海：上海書店，1994 年。

4. 宋・王應麟，《困學紀聞》，收入《四部叢刊續編・三編》。台北：商務，1966 年。

5. 宋・史浩，《鄮峰眞隱漫錄》，收入《四庫全書珍本・二集》。台北：商務，1971 年。

6. 宋・朱熹，《晦庵先生朱文公文集》，收入朱傑人、嚴佐之、劉永翔主編《朱子全書》第二十～二十五冊，上海：古籍，2002 年。

7. 宋・吳泳，《鶴林集》，收入《四庫全書》。台北：商務，1983 年。

8. 宋・呂祖謙，《東萊集》，收入《四庫全書》。台北：商務，1983 年。

9. 宋・汪應辰，《文定集》，收入《四庫全書珍本・十集》。台北：商務，出版年不詳。

10. 宋・周必大，《文忠集》，收入《四庫全書珍本・二集》。台北：商務，1971 年。

11. 宋・林光朝，《艾軒集》，收入《四庫全書》。台北：商務，1986 年。

12. 宋・洪适，《盤洲文集》，收入《四部叢刊正編》。台北：商務，1979 年。

13. 宋・徐經孫，《矩山存稿》，收入《四庫全書》。台北：商務，1983 年。

14. 宋・眞德秀，《西山先生眞文忠公文集》，收入《四部叢刊正編》。台北：臺灣商務，1979 年。

15. 宋・袁燮，《絜齋集》，收入《四庫全書》。台北：商務，1983 年。

16. 宋・張栻，《南軒集》。台北：廣學社，1975 年。

17. 宋・陳亮，《龍川集》，收入《四庫全書》。台北：商務，1986 年。

18. 宋・陳亮撰，鄧廣銘點校，《陳亮集》。石家莊市：河北教育，2003 年。

19. 宋・陳傅良，《止齋先生文集》，收入《四部叢刊正編》。台北：商務，1979 年。

20. 宋・陸九淵，《陸象山全集》。台北：世界，1971 年。

21. 宋・彭龜年，《止堂集》，收入《四庫全書珍本・別集》。台北：商務，1975 年。

22. 宋・黃榦，《勉齋集》，收入《文淵閣四庫全書》。台北：商務，1983 年。

23. 宋・楊萬里，《誠齋集》，收入《四部叢刊正編》。台北：商務，1983 年。

24. 宋・葉適，《水心文集》，收入《四部叢刊正編》。台北：商務，1979 年。

25. 宋・劉克莊，《後村先生大全集》，收入《四部叢刊正編》。台北：商務，1979 年。

26. 宋・樓鑰，《攻媿集》，收入《四部叢刊正編》。台北：商務，1979 年。

27. 宋・衛涇，《後樂集》，收入《四庫全書》。台北：商務，1983 年。

28. 宋・薛季宣，《浪語集》，收入《四庫全書珍本・七集》。台北：商務，1977 年。

29. 宋・韓元吉，《南澗甲乙稿》，收入《四庫全書》。台北：商務，1983 年。

30. 宋・魏了翁，《鶴山先生大全集》，收入《四部叢刊正編》。台北：商務，1979 年。

31. 清・全祖望，《鮚埼亭集》，收入《四部叢刊正編》。台北：商務，1979 年。

（三）筆　記

1. 宋・丁傳靖，《宋人軼事彙編》。北京：中華書局，2003 年。

2. 宋・周密，《齊東野語》，收入《唐宋史料筆記叢刊》。北京：中華書局，1983 年。

3. 宋・周密，《癸辛雜試》，收入《歷代史料筆記叢刊》。北京：中華書局，1988 年。

4. 宋・岳珂，《桯史》，收入《歷代史料筆記叢刊》。北京：中華，1981 年。

5. 宋・洪邁，《容齋隨筆》。上海：古籍，1978 年。

6. 宋・張端義，《貴耳集》。鄭州：中州古籍，2005 年。

7. 宋・葉紹翁，《四朝聞見錄》，收入《唐宋史料筆記叢刊》。西安：三秦，2004 年。

8. 宋・羅大經，《鶴林玉露》，收入《唐宋史料筆記叢刊》。北京：中華，1983 年。

9. 明・紹經邦，《弘簡錄》。台北：廣文，1968 年。

（四）地志、其他

1. 宋・史能之，《咸淳毗陵志》。台北：成文，1983 年，據清嘉慶二十五年刊本影印。

2. 宋・何異，《宋中興百官題名》，收入《叢書集成續編》。上海：上海書店，1994 年。

3. 宋・施宿，《嘉泰會稽志》。台北：成文，1983 年，據清嘉慶十三年刊本影印。

4. 宋・黎靖德編、王星賢點校，《朱子語類》。北京：中華，1986 年。

5. 宋・鮑廉，《琴川志》。台北：成文，1983 年，據鈔本影印。

6. 宋・羅濬等，《寶慶四明志》。台北：成文，1983 年，據清咸豐四年刊本影印。

7. 元・楊譓，《至正崑山郡志》。台北：成文，1983 年。

8. 明・楊士奇、黃淮等編，《歷代名臣奏議》，收入《四庫全書》。台北：商務，1983 年。

9. 明・程敏政，《新安文獻志》。合肥：黃山書舍，2004 年。

10. 清・王懋竑撰，何忠禮點校，《朱子年譜》。北京：中華，1998 年。

11. 清・李清馥，《閩中理學淵源考》，收入《四庫全書》。台北：商務，1983 年。

12. 清・董兆熊編，《南宋文錄錄》。北京：線裝書局，2004 年，清光緒十七年刻本。

13. 清・董天工，《武夷山志》。台北：成文，1974 年。

14. 民國・傅增湘，《宋代蜀文輯存》。台北：新文豐，1974 年，據民國 32 年傅增湘自刊本影印。

二、近人研究

（一）專　書

1. 方豪，《宋史》。台北：中華文化，1954 年。

2. 王宇，《永嘉學派與溫州區域文化》。北京：社會科學文獻，2007 年。

3. 王承略，楊錦先，《李燾學行詩文輯考》。上海：古籍，2004 年。

4. 王德毅，《宋史研究論集》。台北：商務，1968 年。

5. 王德毅，《李燾父子年譜》。台北：商務，1963 年。

6. 田浩《功利主義儒家陳亮對朱熹的挑戰》。江蘇：人民出版社，1997 年。

7. 田浩，《朱熹的思維世界》。台北：允晨，2008 年，增訂版。

8. 朱迎平，《永嘉鉅子：葉適傳》。杭州：浙江人民，2006 年。

9. 朱瑞熙，《宋史研究》。福建：人民出版社，2006 年。

10. 何忠禮、徐吉軍，《南宋史稿》。浙江：杭州大學出版社，1999 年。

11. 余英時，《朱熹的歷史世界》。北京：三聯書局，2004 年。

12. 吳洪澤編，《尤袤年譜》。收入吳洪澤、尹波主編，《宋人年譜叢刊》，四川：成都大學，2002 年。

13. 束景南，《朱子大傳》。福建：福建教育社，1992 年。

14. 昌彼得等編，《宋人傳記資料索引》。台北：鼎文，1974 年。

15. 林瑞翰，《宋代政治史》。台北：正中，1989 年。

16. 金豫黻，《宋遼金史》。台北：樂天，1971 年。

17. 高令印《福建朱子學》。福建：人民出版社出版，1986 年。

18. 陳來，《朱子書信編年考證》。上海：人民社出版，1989 年。

19. 陳垣，《二十史朔閏表》。出版地不詳：勵耘書屋，1925 年。

20. 陳振，《宋史》。上海：人民出版社，2003 年。

21. 陳樂素，《求是集》。廣東：廣東人民出版，1986 年。

22. 陳榮捷《朱子新探索》。台北：學生書局，1988 年。

23. 張邦煒，《宋代政治文化史論》。北京：人民，2005 年。

24. 張孟倫，《宋代興亡史》。上海：上海書店，1996 年。

25. 張劍霞，《范成大研究》。台北：學生，1985 年。

26. 程誌華，《學術與政治：南宋「慶元黨禁」之研究》。清華大學歷史所碩士論文，1996 年。

27. 黃俊彥，《韓侂胄與南宋中期的政局變動》。臺灣師範大學歷史所碩士論文，1976 年。

28. 黃寬重，《宋代的家族與社會》。台北：東大，2006 年。

29. 楊世文，《薛季宣年譜》，收入吳洪澤、尹波主編，《宋人年譜叢刊》。四川：成都大學，2002 年。

30. 趙峰，《朱熹的終極關懷》。上海：華東師範大學，2004 年。

31. 劉子健，《兩宋史研究彙編》。台北：聯經，1987 年。

32. 劉樹勛，《閩學源流》。福州市：福建教育出版社，1993 年。

33. 潘富恩，徐余慶，《呂祖謙評傳》。南京：南京大學，1992 年。

34. 鄭鶴聲編，《袁樞年譜》，收入吳洪澤、尹波主編，《宋人年譜叢刊》。四川：成都大學，2002 年。

35. 鄧小南，《祖宗之法北宋前期政治述略》。北京：三聯，2006 年。

36. 盧敦基，《人龍文虎：陳亮傳》。杭州：浙江人民，2006 年。

37. 錢穆，《朱子新學案》，收入《錢賓四先生全集》。台北：聯經，1995 年。

38. 錢穆，《宋明理學概述》。台北：蘭臺，2001 年。

39. 錢穆，《國史新論》。台北：東大，1998 年再版。

40. 錢穆《國史大綱》。台北：商務，200 年 2，第三版。

41. 龔延明，《宋代官制辭典》。北京：中華，1997 年。

42. 日・山根幸夫主編，田人隆，黃正建等譯，《中國史研究入門》。北京：社會科學文獻出版社，2000 年。

43. 日・寺地遵著，劉靜貞、李今芸譯，《南宋初期政治史研究》。台北：稻香，1995 年。

44. 美・Lau Nap Yin. (1986). *The Absolutist Reign of Sung Hsiao-tsung (r. 1163~1189)*. PhD diss: Princeton University.

45. 美・Robert P. Hymes (1986). *Statesmen and Gentlemen: the Elite of Fu-chou, Chiang-hsi, in Northern and Southern Sung*. New York : Cambridge University Press.

46. 美・Peter K. Bol (2008). *Neo-Confucianism in History*. Harvard University Asia Center: Distributed by Harvard University Press.

（二）論 文

1. 方如金，〈試評宋孝宗的統治〉，《浙江師範大學學報（社會科學版）》。第六期，2003 年，浙江，頁 9～13。

2. 王明，〈正色立朝的賢相・陳俊卿〉，《通識研究集刊》。第二期，2002 年，台北，頁 113～164。

3. 王明，〈宋孝宗及其宰相王淮〉，《通識研究集刊》。第五期，2004 年，台北，頁 175～235。

4. 王明，〈陳康伯與南宋初期政局〉，《實踐學報》。第三十四期，2003 年，台北，頁 191～229。

5. 王信霞、劉榮平，〈南宋詞人曾覿生平事蹟考辨〉，《閩西職業技術學院學報》。第十卷第一期，2008 年，福建，頁 44～49。

6. 王德忠，〈宋孝宗"恢復"圖治評述〉，《東北師大學報（哲學社會科學版）》。第一期，1991 年，吉林，頁 57～62。

7. 王德忠，〈宋孝宗加強專治極權淺論〉，《東北師大學報（哲學社會科學版）》。第一期，1989 年，吉林，頁 42～46。

8. 王德忠，〈金世宗與宋孝宗之比較研究〉，《史學月刊》。第六期，1999 年，河南，頁 37～42。

9. 王德毅，〈宋孝宗及其時代〉，《宋史研究集》。第十輯，1972 年，台北，頁 245～302。

10. 田浩，〈余英時：《朱熹的歷史世界》〉，《湖南大學學報》。第十八卷第五期，2004 年，湖南，頁 35～38。

11. 包弼德，〈對余英時宋代道學研究方法的一點反思〉，《世界哲學》。第四期，2004 年，北京，頁 92～102。

12. 朱丹瓊、范立舟，〈南宋中期政治特性之形成與治國理念之嬗遞——以宋

孝宗、韓侂胄爲例〉，《中國礦業大學學報（社會科學版）》。第二期，2005年，江蘇，頁 100～105。

13. 朱瑞熙，〈朱熹是投降派、賣國賊嗎？〉，載《歷史研究》。1978 年九期。

14. 何忠禮，〈試論南宋孝宗朝初年與金人的和戰——兼論對張浚和史浩的評價〉，《浙江學刊》。第六期，1998 年，浙江，頁 102～106。

15. 束景南，〈陳亮生平若干重要問題新考〉，收入盧敦基、陳承革主編《陳亮研究》。2005 年。

16. 李印傳，〈韓侂胄與開禧北伐〉，《安慶師範學院學報（社會科學版）》。第十九卷第四期，2000 年，安徽，頁 55～60、64。

17. 余蔚，〈論南宋宣撫使和制置使制度〉，《中華文史論叢》。第一期，2007年，上海，頁 129～179。

18. 金春鋒，〈宋代的學派與政派——從 "紹興學禁" 到 "慶元黨禁"〉，《湖南科技學院學報》。第二十八卷第三期，2007 年，湖南，頁 1～12。

19. 周揚波，〈楊萬里詩社與南宋孝宗朝政治〉，《景岡山學院學報》。第五期，2006 年，浙江，頁 10～14。

20. 姚兆余，〈論宋孝宗〉，《北方工業大學學報》。第四期，1993 年，北京，頁 85～91。

21. 柳立言，〈南宋政治初探——高宗陰影下的孝宗〉，《宋史研究集》。第十九輯，1989 年，台北，頁 203～256。

22. 范有芳，〈宋孝宗爲改變不平等 "受書禮" 的斗爭〉，《松遼學刊（社會科學版）》。第一期，1997 年，吉林，頁 15～18、79。

23. 范立舟，〈理學在南宋寧宗朝的境遇〉，《暨南學報（哲學社會科學版）》。第二十四卷第三期，2002 年，廣東，頁 116～126。

24. 范立舟，〈乾道、淳熙年間朝野對理學的批評〉，《暨南學報（哲學社會科學版）》。第二十二卷第四期，2000 年，廣東，頁 60～67。

25. 范立舟，〈南宋乾道、淳熙年間理學傳衍述論〉，《暨南學報（哲學社會科學版）》。第四期，2006，廣東，頁 127～133。

26. 卿希泰，〈宋孝宗與道教〉，《宗教學研究》。第三期，1998 年，四川，頁 1～4。

27. 彭琦，〈南宋孝宗與佛教〉，《浙江學刊》。第五期，2002 年，浙江，頁 93～97。

28. 陳曉瑩，〈宋孝宗治國政策與成效之評析〉，《甘肅社會科學》。第三期，2001 年，甘肅，頁 45～47。

29. 張邦煒，〈兩宋無內朝論〉，《河北學刊》。第一期，1994 年，河北，頁 88～95。

30. 張其凡，〈論宋代政治史的分期〉，《中華文史論叢》。第五十一輯，1993

年，上海，頁 1～16。

31. 張義德，〈如何評價慶元黨禁〉，《中國文化研究》。第十八期，1997 年，北京，頁 9～15。

32. 曾其海，〈南宋孝宗崇佛的史料、思想及影響〉，《台舟學院學報》。第四期，2003 年，浙江，頁 17～20。

33. 游彪，〈論南宋孝宗時期的官員蔭補制度〉，《河北大學學報（哲學社會科學版）》。第 3 期，2002 年，河北，頁 24～30。

34. 閆華芳、楊軼群，〈宋孝宗懲治官員貪墨的措施〉，《牡丹江師範學院學報（哲學社會科學版）》。第五期，2006 年，黑龍江，頁 67～69。

35. 黃寬重，〈從和戰到南北人──南宋時代的政治難題〉，收入《中國歷史上的分與合學術研討會論文集》。台北：聯合報系文化基金會出版，1995 年。

36. 趙冬梅，〈試論宋代的閤門官員〉，《中國史研究》。第四期，2004 年，北京，頁 107～121。

37. 蔣義斌，〈史浩與南宋孝宗朝政局──兼論孝宗之不久相〉，《中國歷史學會史學集刊》。第十五期，1982 年，台北，頁 41～76。

38. 蔡東州、唐祿祥，〈論南宋同西夏的關係〉，《四川師範學院學報（哲學社會科學版）》。第二期，1992 年，四川，頁 75～80。

39. 鄧小南，〈掩映之間──宋代尚書內省管窺〉，《漢學研究》。第二十七卷第二期，2009 年，台北，頁 5～42。

40. 閻鴻中，〈職分與制度──錢賓四與中國政治史研究〉，《台大歷史學報》。第三十八期，2006 年，台北，頁 105～158。

41. 謝康倫著，何冠環譯，〈論偽學之禁〉，收入《宋史論文選集》。台北：國立編譯館，1995 年。

42. 韓隆福，〈論韓侂冑與開禧北伐〉，《常德師範學院學報（社會科學版）》。第二十四卷第五期，1999 年，湖南，頁 42～46。

43. 酈家駒〈試論關於韓侂冑評價的若干問題〉，《中國史研究》。第二期，1981 年，北京，頁 147～161。

44. 日‧安倍直之，〈南宋孝宗朝の皇帝側近官〉，《集刊東洋學》。第八十八卷，2002 年，仙台市，頁 83～103。

45. 日‧藤本猛，〈武臣の清要──南宋孝宗朝の政治狀況と閤門舍人〉，《東洋史研究》。第六十三卷第一號，2004 年，京都市，頁 1～35。

46. 日‧寺地遵，〈韓侂冑專権の成立〉，《史學研究》，第二四七期，2005 年，廣島，頁 20～43。

47. 日‧小林晃，〈南宋中期における韓侂冑專権の確立過程〉，《史學雜誌》，第一一五期，2006 年，東京，頁 31～54。

附錄：各章節出現的道學型士大夫

（括弧中爲不確定者）

第一章

第一節：陳俊卿（1113～1186）、金安節（1095～1171）、周必大（1126～
1204）、胡沂（1107～1174）、朱熹（1130～1200）、汪應辰（1119
～1176）、黃中（1096～1180）、劉夙（1124～1171）、劉朔（1127
～1170）、龔茂良（1121～1178）、林光朝（1114～1178）、（周操）、
（馬騏）

第二節：張浚（1097～1164）、朱熹、張栻（1133～1180）、汪應辰、陳良
翰（1108～1172）、黃中、（周操）

第三節：陳俊卿、劉珙（1122～1178）、張栻、朱熹、傅自得（1116～1183）、
汪應辰、魏元履（1116～1173）、李燾（1115～1184）、劉夙

第四節：陳俊卿、劉珙、金安節、（杜莘老（1107～1164））

第二章

第一節：李椿（1111～1183）、陳俊卿、朱熹、張栻、薛季宣（1134～1173）、
陳良翰、陳亮（1143～1194）

第二節：陳俊卿、汪應辰、龔茂良、李燾、朱熹

第三節：劉珙、薛季宣、劉光祖（1142～1222）、陳良翰、陳俊卿、朱熹、
張栻、李浩（1116～1176）、胡沂、呂祖謙（1137～1181）、趙汝愚、
黃中、陳亮、劉朔、劉夙

第三章

　　第一節：張栻、楊萬里（1127～1206）、陳良翰、（王希呂）、（李衡）、周必
　　　　　　大、（莫濟）、尤袤（1124～1193）、趙汝愚（1140～1196）、袁樞
　　　　　　（1131～1205）、蔡幼學（1154～1217）、陳傅良（1137～1203）、
　　　　　　薛季宣、李椿（1111～1183）、留正（1129～1206）、林光朝、呂祖
　　　　　　謙

　　第二節：龔茂良、李椿、鄭鑑（？～1180）、袁樞、林光朝、傅伯壽、柴衛、
　　　　　　樓鑰（1137～1213）、陳傅良、李燾、李塾（1148～1180）、呂祖
　　　　　　謙、張栻、朱熹

　　第三節：史浩（1106～1194）、呂祖謙、朱熹、袁樞、李椿、周必大、李燾、
　　　　　　劉珙、陳俊卿

　　第四節：（胡晉臣）、朱熹、黃中、趙汝愚、章穎（1140～1217）、蕭燧（1117
　　　　　　～1193）

第四章

　　第二節：周必大、留正、劉光祖、楊萬里、陳傅良、羅點（1150～1194）、
　　　　　　彭龜年（1142～1206）、沈有開（1134～1212）、吳獵（1143～1213）、
　　　　　　項安世（？～1208）